박문각

합격을 결정짓는

강철의
필수서

부동산공시법령 2차

박문각 공인중개사

이 책의 **차례**

PART
01

공간정보의 구축
및 관리에 관한
법률 = 지적법

Chapter 01 공간정보의 구축 및 관리에 관한 법률 = 지적법 총설
01 기본이념 · · · · 14
02 지적법의 용어정리 · · · · 14

Chapter 02 토지의 등록
01 토지의 등록단위(필지) · · · · 18
02 필지의 등록사항 · · · · 19

Chapter 03 지적공부
01 서설 · · · · 42
02 지적공부의 등록사항 · · · · 43
03 지적공부의 보관, 반출 및 공개 등 · · · · 57
04 지적공부의 복구 · · · · 61
05 부동산종합공부 · · · · 64
06 연속지적도 · · · · 67

Chapter 04 토지의 이동 및 지적정리
01 서설 · · · · 69
02 축척변경 · · · · 88
03 토지이동의 신청권자 · · · · 96
04 지적공부의 정리(등기촉탁, 지적정리의 통지, 소유자란 정리) · · · · 98

PART
02

부동산등기법

CONTENTS

이 책의 **차례**

공간정보의 구축 및
관리에 관한 법률
= 지적법

* 지적법 체계도

/ 제1장 총칙:

(1) 용어의 정리
(2) 기본이념

/ 제2장 토지의 등록

1절: 1필지 → 성립요건(= 합병요건)

① 지번부여지역동일 ② 소유자동일 ③ 지목동일 ④ 축척동일 ⑤ 물리적연속
⑥ 등기여부동일(부여 소, 목, 축, 연 등)

2절: 4가지 구성요소(지번, 지목, 경계, 면적)

① 지번★ (모두)
   ㉠ 표기 : 아라비아(100), 단 임야대장(임야도) 산100
   ㉡ 구성 : 본번(7), 부번(-1.-2)
   ㉢ 북서기번법
   ㉣ 토지이동시 부여방법
      ❶ 신규등록 = 등록전환 : 등신부, 여인멀리 = 본 이된다
      ❷ 분할 : 부부다
      ❸ 합병 = 병신
      ❹ 지적확정측량지역 = 지축행 본번으로 확정
② 지목 ★(목, 도, 장)
   ㉠ 원칙(영속성 등)
   ㉡ 종류(28가지, 다만)
   ㉢ 표기방법(토지대장 : 정식명칭, 도면 : 부, 호(차, 장, 천, 원))
③ 경계 ★(도면에)
   ㉠ 기준(고저무중, 고하, 절상)
   ㉡ 분할시 경계결정 : 공사계판
   ㉢ 지상경계점등록부 : 소, 지, 목, 경계점종, 좌, 사, 위
④ 면적★ (토지(임야)대장에)
   ㉠ 측정대상 : 복, 현이 지, 목이 합병하면 면적측정x
   ㉡ 산출방식★ (경좌+1/600 = 0.1m², 1/1000 ~ 1/6000 = 1m²)

제3장 지적공부의 종류 및 등록사항

구분★		소재, 지번	지(목)=(축)척	(고)유번호	(면)적	좌표	경계	(소)유자	소유권(지분)	대지권비율	고유한 등록사항
대장	토지, 임야대장	○	(장)(정식명칭)	○		×	×	○	×	×	토지(이동)사유 (면)적 (개)별공시지가
	공유지 연명부	○	×	○	×	×	×	○	○공	×	(고), (소), (지분)
	대지권 등록부	○	×	○	×	×	×	○	○대	○	(건)물의 명칭 (전)유건물표시 (대)지권(비)율
경계점좌표 등록부		○	×	○	×	○	×	×	×	×	(번)호, (부)호, (좌)표
도면	지적도, 임야도	○	(도)(부호) 차, 장, 천, 원	×(도)	×	×	○	×	×	×	(경)계 (경)인도. (도)곽선과 수치 경계점간 (거)리 지적기준점(위)치 건축물의 (위)치

암기 소, 지는 공통, (목)(도)(장)=(축)도장, (고)(도)리 없다, (소)대장, (지분)은 공, 대에만

축척변경의 절차(암 : 20시, 30경, 청산가리 15개, 고통 20배, 6,6,1)

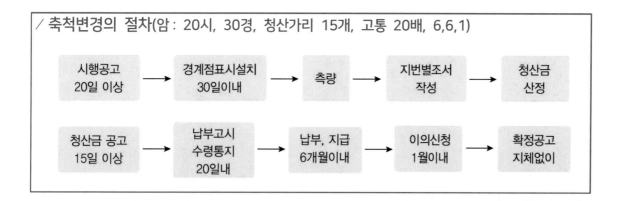

시행공고 20일 이상 → 경계점표시설치 30일이내 → 측량 → 지번별조서 작성 → 청산금 산정

청산금 공고 15일 이상 → 납부고시 수령통지 20일내 → 납부, 지급 6개월이내 → 이의신청 1월이내 → 확정공고 지체없이

/ 제4장 토지이동의 종류별 특징

종류	대상토지	신청의무 (60일)	지적측량 (경계, 면적)	등기 촉탁	소유자 변동	특징
신규 등록	공유수면매립지	○	○	×	없다	1) 등 "나오면 틀린다 2) 등기촉탁×
등록 전환	㉑ : 계획, ㉖㉑	○	○	○		초권, 이등
분할	1) ㉒유권이전 2) ㉓계시정 3) ㉙매 4) ㉛도변경	1) 원칙× 2) 용도변경○	○	○		지목(용도)변경시 신청의무
합병	부여, 소, 목, 축, 연, 등, 신, 임창용 승	1) 원칙 : × 2) 주공, 짝수지 목○	×	○		지적측량×
지목 변경	형질+용도+합병	○	×	○		지적측량×
바다 말소	1) 원상회복× 2) 다른지목×	90일	전부× 일부○	○		측량비용부담×
축척 변경	지적도만 소축척 → 대축척	2/3동의 → 축변 → 시, 도승인 → 20일이상 시행공고 → 30일이내 경계점표시의무 → 새로이표시사항결정 → 청산 → 확정공고 → 지적 공부정리및등기촉탁(암: 20시, 30경, 청산가리 15개, 고통 20배, 6, 6, 1)				

/ 제5장 지적측량절차

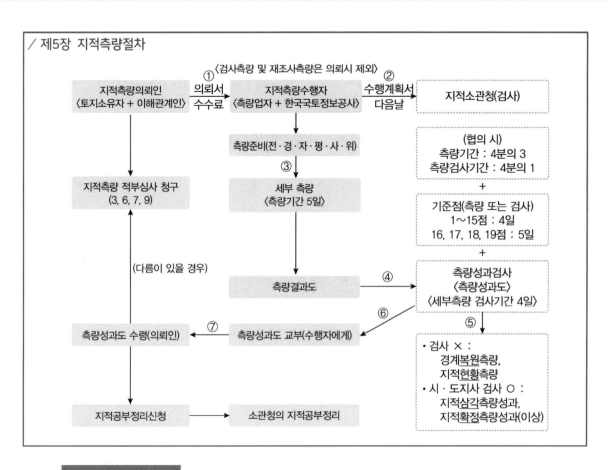

등록사항의 오류정정

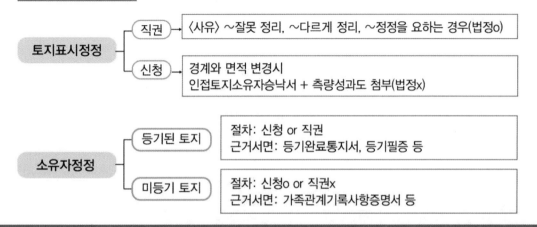

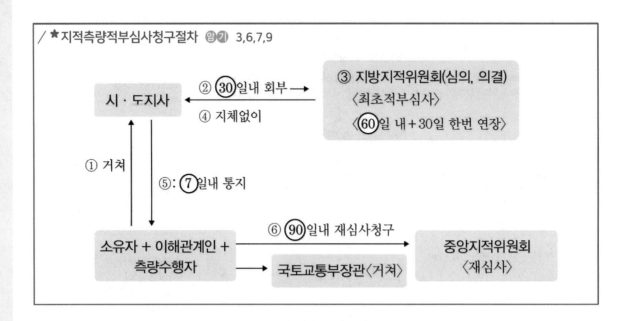

★ 지적측량적부심사청구절차 **암기** 3,6,7,9

시 · 두지사 ← ② ㉚일내 회부 → ③ 지방지적위원회(심의, 의결)
④ 지체없이 〈최초적부심사〉
〈㉥일 내＋30일 한번 연장〉

① 거쳐

⑤: ⑦일내 통지

소유자 ＋ 이해관계인 ＋ 측량수행자

⑥ ㉝일내 재심사청구 → 중앙지적위원회 〈재심사〉

국토교통부장관〈거쳐〉

/ 지적법의 이해

우리가 땅(토지)를 사고, 팔려면 토지에 대한 정보가 필요하겠죠?

(1) 즉 토지의 소재기가 어디에 있는 땅인지(서울 강남, 시골)
(2) 몇 번지 토지이고**(지번)**
(3) **지목**은 뭐고(채소를 심을 수 있는 '전'인지, 집을 지을 수 있는 '대'인지
(4) 인접토지사이의 경계분쟁시 내 땅은 어디까지인지**(경계)**
(5) 몇 평짜리 토지인지**(면적)** 이런 정보가 중요하겠죠. 이런 정보가 궁금하다 그럼 우리는 어떤 장부를 보아야 하죠? 구청에 있는 **토지대장(지적도)**을 보면 알 수 있습니다. 따라서 지적법은 이렇게 **토지대장(지적도)**에 등록되어있는 토지의 **지번, 지목, 경계, 면적**을 구청에서 결정할 때 어떻게 결정하여 **등록하고, 관리하는 절차를 배우는 법**입니다.

/ ★부동산공시법 2025년 출제될 유력한 부분들(지적법 = 12문제) + 등기법 = 12문제

1. 먼저 공간정보의 구축 및 관리에 관한 법(지적법)을 마스터 하세요, 그리고 등기법을 공부하세요.
2. 먼저 전체적인 체계와 용어를 읽히고, 암기하세요.
   (※ 특히 네이버 밴드, '강철 공시샘'에 들어가셔서 암기사항을 반복해서 들으세요,
   손쉽게 합격이 확실하게 보장됩니다.
3. 등기법은 보물노트＋해설서가 보물입니다.
4. 책을 읽기전에 먼저 기출문제를 보세요.
5. 강의 계획표에 ★친 테마를 우선적으로 깊게 여러번 반복 공부하세요.

강의 목표 및 계획표

행복한 공시법 담당 : 강철의 교수, 네이버밴드 : 강철 공시샘

강의 계획	세부내용 / 기출부분		28	29	30	31	32	33	34	35
지적법 1주차	테마1	토지의 등록원칙	0				0	0		
	테마2	지번	0	0						0
2주차	테마3	지목 (2문제)	02	02	0(2)	2	0	0	0	02
	테마4	경계(지상경계점등록부)	0	0	0		0		0	0
	테마5	면적			0				0	0
	테마6	지적공부등록사항	0		0	0	0	0	0	0
	테마7	대장등록사항					0	0	0	
	테마7	도면의 등록사항 경계점좌표등록부		0 (2)			0		0	0
	테마8	지적공부의 복구 부동산종합공부	0			0	0	0		0
	테마9	토지이동의 종합		0	0,2					
	테마10	신규등록,등록전환				0				
	테마11	분할,합병			0					0
3주차	테마12	등록사항 오류정정			0	0				0
	테마12	축척변경	0	0	0	2	0	2	2	0
	테마13	지적공부정리(등기촉탁, 지적통지,소유자정리)	0(2)	0	0			0	0	0
	테마14	지적측량대상	0		0		0	0		
	테마15	지적측량절차	0	0		0	0	0	0	
	테마16	지적측량적부심사			0	0	0	0	0	

01 공간정보의 구축 및 관리에 관한 법률 = 지적법 총설

제1절 기본이념

> **출제예상 포인트**
>
> 이 장은 출제비중이 적은 부분이다.

1 지적의 의의

지적이란 전 국토를 대상으로 하나하나의 토지에 대한 지번·지목·면적·경계 등 기타 토지에 관한 주요한 내용을 등록하는 장부 또는 문서이다. 즉, **토지에 대한 호적(戶籍)을** 말한다.

제2절 지적법의 용어정리★ (15,16,17,18,20회)

▨ 지적법은 용어를 정확히 아는 것이 아주 중요하다는 것 아시죠?

1 지적공부 ㈜ 지적공부는 토 임 공 대 좌 지 임 이다

"지적공부"란 ① 토지대장 ② 임야대장, ③ 공유지연명부, ④ 대지권등록부, ⑤ 경계점 좌표등록부 및 ⑥ 지적도, ⑦ 임야도(일람도×)등 지적측량 등을 통하여 조사된 토지의 표시와 해당 토지의 소유자 등을 기록한 대장 및 도면(정보처리시스템을 통하여 기록·저장된 것을 포함한다)을 말한다.❋

① 토지대장	전국의 토지 중 임야대장에 등록된 토지를 제외한 평지들의 1필지에 대한 토지의 소재, **지목**, **면적, 소유자** 등 여러 가지 사항을 적어 구청에 비치해 두는 장부를 말한다.
② 임야대장	우리나라 전국의 토지 중 토지대장에 등록된 토지를 제외한 산간벽지의 토지(**임야** 등)**나 섬에** 있는 토지의 소재지, 지목, 면적, 소유자 등 여러 가지 사항을 적어 구청에 비치해 두는 장부를 말한다.
③ 공유지 연명부	1필지에 대해 **토지소유자가 2인 이상인** 경우에 그 소유자들이 누구이고, **소유권지분**은 어떻게 가지고 있는지를 적어놓은 공적장부를 말한다.
④ 대지권 등록부	아파트소유자들에 아파트가 땅에 대해서 갖는 권리를 대지권이라고 하는데, 이때 그 아파트 소유자들이 누구고, 아파트 주민들이 땅에 대해서 갖는 비율(대지권비율)을 얼마 가지고 있는 지를 적어 놓은 공적장부를 말한다.
⑤ 지적도 (임야도)	지적도란 토지대장에 등록된 실제토지가 어떤 모양인지를 축소해서 그림으로 그려놓은 지도, 임야도란 임야대장에 등록된 실제토지가 어떤 모양인지를 축소해서 그림으로 그려놓은 지도를 말한다(토지대장에 있는 땅의 그림은 반드시 지적도에 있고, 임야대장에 있는 땅의 그림은 임야도에 있다).
⑥ 경계점 좌표등록부	지적도는 실제거리를 축소해서 등록되었기 때문에 경계측량시 정확도가 떨어진다는 단점이 있다 따라서 지적도의 단점을 보완하기 위하여 토지의 **경계점위치를 실제거리 값으로 측정한 좌표 형태로** 올려놓은 장부를 말한다. 경계를 선이 아닌 좌표(x, y)로 등록하기 때문에 경계, 면적측정시 정밀도가 높다.

2 지적소관청

"지적소관청"이란 지적공부를 관리하는 특별시장·시장·군수 또는 구청장(자치구가 아닌 구의 구청장을 포함한다)을 말한다.✱

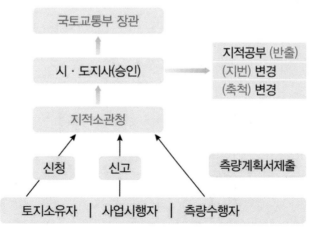

> ※ 시, 도지사 또는 대도시사장의 승인을 얻어야 하는 경우
>
> ❶ 지적공부를 (반)출하는 경우
>
> ❷ (지)번을 변경하는 경우
>
> ❸ (축)척변경을 하는 경우
>
> 암기 : 반, 지, 축은 시, 도지사의 승인사항이다

3 필지

필지라 함은 대통령령이 정하는 바에 의하여 구획되는 토지의 등록단위를 말한다.✱

4 토지의 표시   암기 토지의 표시는 (소)(지)(목) (경)(좌)(면)이다

"토지의 표시"란 지적공부에 토지의 ①(소)재, ②(지)번(地番) ③지(목)(地目) ④(경)계 또는 ⑤(좌)표・⑥(면)적을 등록한 것을 말한다.✱ 토지의 이동과 연결된다.

(1) 지번	필지에 부여하여 지적공부에 등록한 **토지의 번호**를 말한다.✱
(2) 지번 부여지역	지번을 붙이는 단위지역을 말하며 동, 리(읍, 면×) 또는 이에 준하는 지역을 말한다.
(3) 지목	토지의 **주된** 용도(형상×)에 따라 토지의 종류를 구분한 명칭을 말한다.
(4) 경계	**지적측량에** 의하여 필지별로 경계점들을 **직선**(곡선×)으로 연결하여 **도면(지적도/임야도)에 등록한 선**
(5) 면적	**지적측량에** 의하여 지적공부(토지대장/임야대장)에 등록된 토지의 **수평면상**(경사상×)의 넓이를 말한다.✱

5 토지 이동(異動)

토지의 이동(異動)이란 <u>토지의</u> 표시(소재, 지번, 지목, 경계, 좌표, 면적 등)를 <u>새로이 정하거나 변경 또</u>는 <u>말소하는 것</u>이다.✱ 토지의 소유자는 토지의 표시가 아니다.

(1) 신규등록	새로 조성된 토지와 등록이 누락되어 있는 토지를 지적공부에 등록하는 것을 말한다.✱ (바닷가를 매립한 토지를 토지대장에 처음 등록시키는 행위)
(2) 등록전환	**임야대장 및 임야도에 등록된 토지를** 토지대장 및 지적도에 <u>옮겨 등록</u>하는 것을 말한다.
(3) 분할	지적공부에 등록된 1필지를 2필지 이상으로 **나누어 등록**하는 것을 말한다.
(4) 합병	지적공부에 등록된 2필지 이상을 **1필지로 합하여 등록**하는 것을 말한다. (지적측량×)
(5) 지목변경	지적공부에 등록된 지목을 다른 지목**으로 바꾸어 등록**하는 것을 말한다. (전, 답에 관계법령에 의해 건물의 신축했을 때 지목이 '전'에서 '대'로 변경되어 등록되는 것)
(6) 축척변경	지적도(임야도×)에 등록된 토지의 경계점의 정밀성을 높이기 위하여 <u>작은 축척(1/2,400)에서</u> 큰 축척으로(1/500) 변경하여 등록하는 것을 말한다.

6 지적측량

"지적측량"이란 토지를 지적공부에 등록하거나 지적공부에 등록된 경계점을 지상에 복원하기 위하여 필지의 경계 또는 좌표와 면적**을** 구하는 측량을 말한다.✱
(이웃 간에 건물신축 등으로 토지의 경계분쟁시 경계측량해 보자고 하는데 그 때 하는 측량을 지적측량이라 말한다)

출제예상
포인트

이 장은 출제비중이 매우 높은 부분이다.
① 1필지성립요건(합병요건)
② 토지이동시(신규등록 등)의 지번부여방법
③ 지목의 구분(28개) : 매년 2문제이상 나온다.
④ 경계결정기준
⑤ 면적산출방법 등이 매우 중요하다.

제1절 토지의 등록단위(필지)

영 제6조(1필지로 정할 수 있는 기준)
① 지번부여지역 안의 토지로서 소유자와 용도가 동일하고 지반이 연속된 토지는 이를 1필지로 할 수 있다.⊛

---

1 1필지의 성립요건 = 합병요건 암기 (부여)에 가면 (소)도 (목),(축)하고,(연),(등)을 켜야 1필지가 될 수 있다. ⊛합병요건에서 중요하다

① 지번(부여)지역동일	신림동과 봉천동의 토지는 1필지가 될 수 없다
② (소)유자동일	甲(갑)토지와 乙(을) 토지는 1필지가 될 수 없다
③ 지(목)(용도)동일	지목이 다른 토지(전과 답)는 1필지가 될 수 없다
④ (축)척동일	축척이 다른(1/500, 1/2,400) 토지는 1필지가 될 수 없다
⑤ 지반의 물리적 (연)속	도로, 하천 등으로 단절된 토지는 1필지가 될 수 없다
⑥ (등)기여부동일	등기된 토지와 미등기된 토지는 1필지가 될 수 없다

제2절 필지의 등록사항

01. 지번 [핵심테마 2] (21,23,24,26,27,29,35회 기출)

1 부여 주체

지번은 <u>지적소관청(국토교통부장관×)</u>이 지번부여지역별로(리, 동)(시, 군, 구별×) 순차적으로 부여한다.

2 지번의 표기와 구성

① 표기 : 지번은 아라비아숫자로 표기하되, <u>임야대장</u> 및 <u>임야도</u>에 등록하는 토지의 지번은 <u>숫자 앞에</u> (뒤에x) '<u>산</u>'(임×)자를 붙인다.(예 산123-4, 산15)

② 구성(본번과 부번) : <u>123-2, 234-5</u>
지번은 본번(本番)(123)과 부번(副番)(-2)으로 구성하되, 본번과 부번 사이에 "－"표시로 <u>연결한</u> <u>다.</u> 이 경우 "－" 표시는 "<u>의</u>"라고 <u>읽는다</u>.

3 지번의 부여방법

① 북동기번법 : 북동에서 기번하여 남서쪽으로 지번을 부여하는 방법, 한자로 지번을 붙일 때 적합한 방법이다.

② 북서기번법 : 북서쪽에서 기번하여 남동쪽으로 순차적으로 지번을 부여하는 방법으로 아라비아숫자로 지번을 부여할 때 적합한 방법이다(우리나라)✽.

4 공간정보의 구축 및 관리에 관한 법(토지이동 등에 따른 지번부여방법) ★★★

핵심 1 (이부분, 꼭 꼭 기억하세요)

▨ 이 부분이 시험에 자주 출제되는 부분이고, 그림을 보고 말을 만들어 보시는 연습이 필요합니다.

(1) ㉙규등록 = ㉤록전환에 따른 지번부여

▨ 바닷가를 매립한 토지(신규등록), 임야도에 있는 토지가 지적도로 옮겨갈 때(등록전환) 구청에서 지번을 어떻게 붙여 줄 것인가의 문제이죠?

원칙	① 그 지번부여지역의 **인접토지의 본번**에 ㉨번을 붙여서 부여한다. 암기 ㉤,㉙,㉨
예외	다음의 경우는 그 **지번부여지역의** 최종본번(300)의 다음 순번의 본번(301, 302)으로 하여 순차적으로 지번을 부여할 수 있다(= 자유식). ㉠ 대상 토지가 ㉫러 필지인 경우(301.302--) ㉡ 대상 토지가 그 지번부여지역의 최종 지번의 토지에 ㉠접(301)하여 있는 경우 ㉢ 대상 토지가 이미 등록된 토지와 멸리 떨어져(301) 있어서 등록된 토지의 본번에 부번을 붙이는 것이 불합리한 경우 암기 ㉫ ㉠, 멸리해야 ㉩이 된다

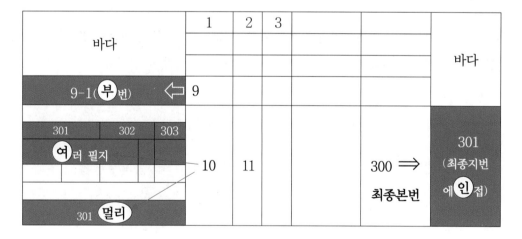

(2) 분할에 따른 지번부여

▨ 토지가 나누어졌을 때 구청에서 지번을 어떻게 붙여줄 것인가의 문제죠?

원칙	① 1필지는 <u>분할 전</u> 지번으로 하고, ② 나머지필지는 본번의 최종 ㊌번(**본번×**)의 <u>다음순번의</u> ㊌번(본번×)을 부여한다. **암기** 분할은 ㊌㊌다
예외 (주거)	이 경우 분할되는 필지에 주거·사무실 등의 <u>건축물</u>이 있는 필지에 대하여는 분할 전의 지번을 <u>우선</u>(신청×)하여 **부여하여야 한다.**

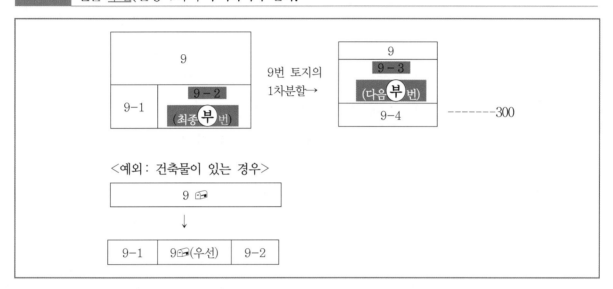

(3) 합㉥에 따른 지번부여

▨ 토지가 합해졌을 때 구청에서 지번을 어떻게 붙여줄 것인가의 문제죠?

원칙	① 합병대상지번 중 <u>선순위</u> 지번으로 하되, 본번으로 되는 지번이 있을 때에는 ㊊번 중 ㊝<u>순위</u> (**최종순위x**) <u>지번</u>을 합병 후의 지번으로 한다. **암기** ㊊,㊝
예외 (주거)	㉠ 이 경우 <u>토지소유자</u>가 합병 전의 필지에 주거·사무실 등의 <u>건축물</u>이 있어서 그 건축물이 위치한 지번을 합병 후의 지번으로 ㉥청할 때에(우선×)는 그 지번을 합병 후의 지번으로 **부여하여야 한다.** **암기** ㉥,㉥

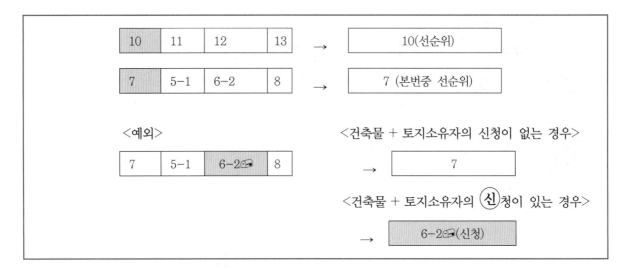

(4) 지적 확정 측량 실시지역(도시개발사업시행지역)의 지번부여

▨ 세종 신도시지역에서 새로이 지번을 붙일 때 구청에서 지번을 어떻게 붙여줄 것인가의 문제죠?

원칙 (본번)	지적확정측량을 실시한 지역의 각 필지에 지번을 새로 부여하는 경우에는 다음 각 목의 지번을 제외한 **본번**(부번×)으로 부여할 것 ㉠ 지적확정측량을 실시한 지역 안의 종전의 지번과 지적확정측량을 실시한 지역 밖에 있는 본번이 같은 지번이 있을 때에는 그 지번은 제외한다(10) ㉡ 그지적확정측량을 실시한 지역에 경계에 걸쳐있는 지번은 제외한다(7)
예외 (블록, 자유식)	다만 부여할 수 있는 종전의 지번의 수가 새로이 부여할 지번의 수보다 적은 때에는, ㉠ 블록단위로 하나의 본번을 부여한 후 필지 별로 부번을 부여하거나, ㉡ 그 지번부여지역의 최종본번(부번×)의 다음순번부터 본번(부번×)으로 하여 지번을 부여할 수 있다(＝자유식).
준용	다음의 경우에는 지적 확정 측량 실시지역의 지번부여방법을 준용한다. ① 지번부여지역 안의 ㉑번변경 할 때: 시, 도지사 승인 ② ㉕척변경시행지역에서의 지번부여 할 때: 시, 도지사 승인 ③ ㉻정구역개편에 따라 새로이 지번을 부여할 때 암기 ㉑, ㉕, ㉻ 본번으로 확정됐다

지적확정측량시 = 도시개발사업지역 지번부여방법

〈도시개발시행 전 지번〉

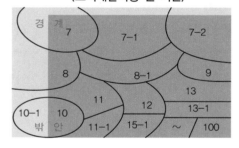

원칙 ➡

〈도시개발시행 후 지번〉

8	9	11	12
13	–	–	–

8–1	8–2	8–3	8–4
8–5	8–6	8–7	8–9
9–1	9–2	9–3	9–4
9–5	9–6	9–7	9–8
예외① (블록식)			

예외 ➡

101	102	103	104
105	106	107	108
예외② 자유식(최종본번 다음본번)			

※ ① 지번변경지역 ② 축척변경지역 ③ 행정구역개편지역에 준용함

(5) 도시개발사업 등이 준공되기 전의 지번부여

지적소관청은 도시개발사업 등이 준공되기 전에 사업시행자(토지 소유자×)가 지번부여 신청을 하면 사업계획도(지번별조서×)에 따르되, 지적확정측량방법에 따라 지번을 부여하여야 한다.

(6) 지번의 변경

① 의의 : 지적소관청(소유자의 신청×)은 지적공부에 등록된 지번을 변경할 필요가 있다고 인정하면 (=분할, 합병 등 빈번한 토지이동으로 지번이 무질서하게 부여된 경우) 시·도지사나 대도시 시장의 승인(국토교통부장관 승인×)을 받아 지번부여지역의 전부 또는 일부에 대하여 지번을 새로 부여 할 수 있다.✽

1	7-3	3-7	4
6-1	5	6-5	7

➡

1	4	5	7

② 승인신청 : 지적소관청은 지번을 변경하려면 지번변경 사유를 적은 **승인신청서에** 지번변경 대상지역의 지번·지목·면적·소유자에 대한 상세한 내용(이하 "지번등 명세"라 한다)을 기재하여 시·도지사 또는 대도시 시장에게 제출해야 한다.

이 경우 시·도지사 또는 대도시 시장은 「전자정부법」 제36조 제1항에 따른 행정정보의 공동이용을 통하여 지번변경 대상지역의 지적도 및 임야도를 확인해야 한다.

③ 통지 : 신청을 받을 **시, 도지사** 또는 대도시장은 지번변경사유를 심사한 후 그 결과를 **지적소관청에 통지**하여야 한다.

④ 지번부여방법 : 도시개발사업 등의 완료로 지적확정측량(등록전환×) 시행지역 지번부여방법규정을 준용한다.

⑤ 등기촉탁 : 지적소관청은 지번변경 후에 등기소에 등기를 **촉탁**하고,

⑥ 지적정리의 통지 : 지적소관청은 지번변경 후에 토지소유자에게 지적정리를 통지한다.

토지이동시 지번부여방법

1. 신규등록 = 등록전환 :	원칙	인접토지의 본번에 부번
	예외	최종 본번 다음 본번 : ①여러, ②인접, ③멀리
2. 분할	원칙	최종 부번의 다음 순번의 부번
	예외	건축물 + 우선
3. 합병	원칙	본번 중 선 순위
	예외	건축물 + 소유자의 신청
4. 지적확정측량 = 도시개발사업지역	원칙	종전 지번 중 본번
	준용	지번변경, 축척변경, 행정구역개편시

토지이동시 지번부여방법

① **등,신, 분할**은 ~ **부번**이 원칙이다(등록전환, 신규등록, 분할은 ~부번이 원칙이다)

② **여,인,멀리 는 본번**이다(여러필지, 최종지번에 인접, 멀리 떨어짐은 최종본번의 다음순번의 본번을 부여할 수 있다)

③ **지,축,행은 본번**이다(지번변경, 축척변경, 행정구역개편은 종전지번 중 본번을 부여한다)

④ **병,신**(합병은 건축물이 있을 때 소유자의 신청시 부여한다)

---

5 **결번대장(지번대장×)** ★★ 핵심 2

▨ 우리 마을에 있던 지번이 사라진 이유를 적어 놓은 장부를 말하는 것이죠?

(1) 의의

결번이란 하나의 지번부여지역 내에서 종전에는 사용하다가 현재는 사용하지 않는 지번을 말한다.

(2) 결번대장의 비치

지적소관청은 행정구역개편, 도시개발사업의 시행, 지번변경, 축척변경, 지번정정 등의 사유로 결번이 생긴 때에는 지체 없이 그 사유를 결번대장(지번대장×)에 적어 영구히 보존하여야 한다.

(3) 결번발생 사유

① 결번이 발생하는 경우		② 결번이 발생하지 않는 경우
㉠ 행정구역개편 ㉡ 도시개발사업의 시행		㉠ 지목변경
㉢ 지번변경 ㉣ 축척변경		㉡ 분할
㉤ 지번정정 ㉥ 등록전환		㉢ 신규등록
㉦ 합병 ㉧ 바다로 된 토지의 등록말소		

암기 지목이 분신하면 결번이 생기지 않는다.

관련기출문제

01 지번의 구성 및 부여방법 등에 관한 설명으로 옳은 것은? (29회 변형)

① 지번은 아라비아숫자로 표기하되, 임야대장 및 임야도에 등록하는 토지의 지번은 숫자 앞에 "임"자를 붙인다.

② 지번은 남동에서 북서로 순차적으로 부여한다.

③ 분할의 경우에는 분할 후의 필지 중 1필지의 지번은 분할 전 지번으로 하고, 나머지 필지는 본번의 최종 부번의 다음 순번으로 부번을 부여한다.

④ 등록전환토지가 여러 필지인 경우에는 그 지번부여지역의 최종부번의 다음순번의 부번을 붙여서 부여할 수 있다.

⑤ 합병의 경우에는 합병대상 지번 중 선순위의 지번을 그 지번으로 하되, 본번으로 된 지번이 있는 때에는 본번 중 최종순위의 지번을 합병 후의 지번으로 하는 것을 원칙으로 한다.

정답 ▶ ③

① "산"자를 붙인다.

② 지번은 북서에서 남동으로 순차적으로 부여한다.

④ 등록전환토지가 여러 필지인 경우에는 그 지번부여지역의 최종본번의 다음순번의 본번을 붙여서 부여할 수 있다.

⑤ 본번 중 선순위의 지번을 합병 후의 지번으로 하는 것을 원칙으로 한다.

02 공간정보의 구축 및 관리에 관한 법령상 지적확정측량을 실시한 지역의 각 필지에 지번을 새로이 부여하는 방법을 준용하는 것을 모두 고른 것은? (28회)

㉠ 지번부여지역의 지번을 변경할 때

㉡ 축척변경 시행지역의 필지에 지번을 부여할 때

㉢ 행정구역 개편에 따라 새로 지번을 부여할 때

㉣ 등록사항정정으로 지번을 정정하여 부여할 때

㉤ 바다로 된 토지가 등록말소된 후 다시 회복등록을 위해 지번을 부여할 때

① ㉠ ② ㉠㉡ ③ ㉠㉡㉢

④ ㉠㉡㉢㉣ ⑤ ㉡㉢㉣㉤

정답 ▶ ③

(암기 지, 축, 행. 본번은 확정됐다)

03 공간정보의 구축 및 관리 등에 관한 법령상 등록전환에 따른 지번부여시 그 지번부여지역의 최종 본번의 다음 순번부터 본번으로 하여 순차적으로 지번을 부여할 수 있는 경우에 해당하는 것을 모두 고른 것은? (35회)

> ㉠ 대상토지가 여러 필지로 되어 있는 경우
> ㉡ 대상토지가 그 지번부여지역의 최종 지번의 토지에 인접하여 있는 경우
> ㉢ 대상토지가 이미 등록된 토지와 멀리 떨어져 있어서 등록된 토지의 본번에 부번을 부여하는 것이 불합리한 경우

① ㉠　　　　　　　② ㉠, ㉡　　　　　　　③ ㉠, ㉢

④ ㉡, ㉢　　　　　　⑤ ㉠, ㉡, ㉢

정답 ▶ ⑤

(암기 여, 인, 멀리 본번이다)

02. 지목　핵심테마 3 (21~35회 기출)

▨ 지목은 매년 2문제 출제되고, <u>다만,</u> 부분을 주의하셔야 합니다.

(1) 의의

지목이라 함은 토지의 <u>주된</u> 용도(형상×)에 따라 토지의 종류를 구분하여 지적공부에 등록한 것을 말한다(용도지목).

(2) 종류(28가지)

지목은 전·답·과수원·목장용지·임야·광천지·염전·대(垈)·공장용지·학교용지·주차장·주유소용지·창고용지·도로·철도용지·제방(堤防)·하천·구거(溝渠)·유지(溜池)·양어장·수도용지·공원·체육용지·유원지·종교용지·사적지·묘지·잡종지로 구분하여 정한다.

(3) 지목설정의 원칙 (17,19회 기출)

> ❶ 1필 1목의 원칙(단식지목의 원칙) : 하나의 필지마다 <u>하나의</u> 지목을 설정한다.
> ❷ 주지목추종의 원칙 : 1필지가 둘 이상의 용도로 활용되는 경우에는 **주된 용도에** 따라 지목을 설정한다.
> 　※ ~A접속된(안에) B부속시설물
>
>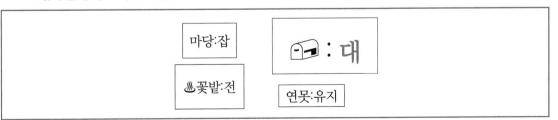

❸ 영속성의 원칙(일시변경불변의 원칙)

'토지가 **일시적 또는 임시적(임대), 원상회복**의 용도로 사용될 때에는 **지목을 변경하지 아니한다**'

❹ 사용목적추종의 원칙

이 지역이 '택지개발사업시행지역'이면 그 사업목적에 따라 지목을 '대'로 설정하는 원칙을 말한다.

(4) 지목의 구분 ★★★ [핵심 1] (다만, 나오는 부분, 꼭 꼭 기억요)

① 전(田)	㉠ 물을 상시적으로 이용하지 아니하고 곡물·원예작물(과수류 제외(포함×)·약초·뽕나무·닥나무·묘목·관상수 등의 식물을 주로 재배하는 토지와 ㉡ 식용을 위하여 죽순을 새배하는 토지는 '전'으로 한다.
② 답(畓)	㉠ 물을 상시적으로 직접 이용하여 벼·연·미나리·왕골 등의 식물을 주로 재배하는 토지는 '답'으로 한다. ※ 연, 왕골이 자생하는 토지는 유지다
③ 과수원	㉠ 사과·배·밤·호도·귤나무 등 과수류를 집단적으로 재배하는 토지와 이에 접속된 저장고 등 부속시설물의 부지 ㉡ 다만, 주거용 건축물의 부지는 '대'(과수원×)로 한다.
④ 목장용지	㉠ 축산업 및 낙농업을 하기 위하여 초지를 조성한 토지 ㉡ 「축산물 위생관리법」규정에 의한 가축을 사육하는 축사 등의 부지와 접속된 부속시설물의 부지 ㉢ 다만, 주거용 건축물의 부지는 '대'(목장용지×)로 한다.
⑤ 임야	산림 및 원야(原野)를 이루고 있는 ⓐ석지·ⓐ갈땅·ⓐ래땅·ⓐ지·ⓐ무지, ⓐ림지 ⓐ림지 등의 토지 암기 임야에(산에) ⓐ,ⓐⓐⓐ,ⓐ무해서 ⓐ,ⓐ었다
⑥ 광천지	㉠ 지하에서 온수·약수·석유류 등이 용출되는 용출구와 그 유지(維持)에 사용되는 부지 ㉡ 다만, 온수·약수·석유류 등을 일정한 장소로 운송하는 송수관·송유관 및 저장시설의 부지를 제외한다(잡종지다).
⑦ 염전	㉠ 바닷물을 끌어들여 소금을 채취하기 위하여 조성된 토지와 이에 접속된 제염장 등 부속시설물의 부지 ㉡ 다만, 천일제염방식에 의하지 아니하고 동력에 의하여 바닷물을 끌어들여 소금을 제조하는 공장시설물의 부지를 제외한다(공장용지다).
⑧ 대	㉠ 영구적 건축물 중 주거·사무실·점포(도매시장, 소매시장)와 박물관·극장·미술관 등 문화시설과 이에 접속된 정원 및 부속시설물의 부지 ㉡ 「국토의 계획 및 이용에 관한 법률」등 관계법령에 의한 택지조성공사가 준공된 토지 ※ 동물원, 식물원, 민속촌은 유원지다.

⑨ 공장용지		㉠ 제조업을 하고 있는 공장시설물의 부지 ㉡ 「산업집적활성화 및 공장설립에 관한 법률」등 관계법령에 의한 공장부지 조성공사가 준공된 토지와 같은 구역 안에 있는 의료시설 등 부속시설물의 부지
⑩ 학교용지		학교의 교사와 이에 접속된 체육장 등 부속시설물의 부지는 '학교용지'로 한다.
⑪주차장		㉠ 자동차 등의 주차에 필요한 독립적인 시설을 갖춘 부지와 주차전용 건축물 및 이에 접속된 부속시설물의 부지는 '주차장'으로 한다. ㉡ 「주차장법」 제19조 제4항의 규정에 의하여 시설물의 부지 인근에 설치된 부설주차장은 주차장이다. ㉢ 다만, 다음에 해당하는 시설의 부지를 주차장에서 제외한다. ⓐ 「주차장법」 제2조 제1호 가목 및 다목의 규정에 의한 노상주차장(=도로)및 부설주차장 ⓑ 자동차 등의 판매 목적으로 설치된 물류장 및 야외전시장(잡종지)
⑫ 주유소용지		㉠ 석유·석유제품 또는 액화석유가스, 전기 또는 수소 등의 판매를 위하여 일정한 설비를 갖춘 시설물의 부지 ㉡ 저유소 및 원유저장소의 부지와 이에 접속된 부속시설물의 부지 ㉢ 다만, 자동차·선박·기차 등의 제작 또는 정비공장 안에 설치된 유·송유시설 등의 부지를 제외한다(공장용지).
⑬ 창고용지		물건 등을 보관 또는 저장하기 위하여 독립적으로 설치된 보관시설물의 부지와 이에 접속된 부속시설물의 부지는 '창고용지'로 한다.
⑭ 도로		㉠ 일반공중의 교통운수를 위하여 보행 또는 차량운행에 필요한 일정한 설비 또는 형태를 갖추어 이용되는 토지 ㉡ 「도로법」 등 관계법령에 의하여 도로로 개설된 토지 ㉢ 고속도로 안의 휴게소 부지 ㉣ 2필지 이상에 진입하는 통로로 이용되는 토지 다만, 아파트·공장 등 단일용도의 일정한 단지 안에 설치된 통로 등을 제외한다. (질)국도 및 지방도로의 휴게소 ⇨ 대
⑮ 철도 용지		교통운수를 위하여 일정한 궤도 등의 설비와 형태를 갖추어 이용되는 토지와 이에 접속된 역사·차고·발전시설 및 공작창 등 부속시설물의 부지는 '철도용지'로 한다.
⑯ 제방		조수, 자연유수, 모래, 바람 등을 막기 위하여 설치된 방조제, 방수제, 방사제, 방파제 등의 부지
⑰ 하천		자연의 유수(流水)가 있거나 있을 것으로 예상되는 토지
⑱ 구거		㉠ 용수 또는 배수를 위하여 일정한 형태를 갖춘 인공적인 수로, 둑 및 ㉡ 자연의 유수가 있거나 있을 것으로 예상되는 소규모 수로 부지
⑲유지(溜池)		물이 고이거나 상시적으로 물을 저장 하고 있는 댐·저수지·소류지·호수·연못 등의 토지와 연·왕골 등이 자생하는 배수가 잘 되지 아니하는 토지는 '유지'로 한다.

⑳ 양어장	육상에(해상에×) 인공으로 조성된 수산생물의 번식 또는 양식을 위한 시설을 갖춘 부지와이에 접속된 부속시설물의 부지
㉑ 수도용지	물을 정수하여 공급하기 위한 취수·저수·도수(導水)·정수·송수 및 배수시설의 부지 및 이에 접속된 부속시설물의 부지
㉒ 공원	㉠ 일반 공중의 보건·휴양 및 정서생활에 이용하기 위한 시설을 갖춘 토지로서「국토의 계획 및 이용에 관한 법률」에 의하여 공원 또는 녹지로 결정·고시된 토지는 '공원'으로 한다. ㉡ 다만,「도시공원법」에 의하여 묘지공원으로 결정·고시된 토지는 '묘지'로 한다. ㉢ 또한「자연공원법」에 의한 국립공원, (설악산국립공원 등) 도립공원, 군립공원 등은 지목을 공원으로 설정하지 않고 '임야'로 설정하고, 과천어린이 대공원은 '유원지'이다.
㉓ 체육용지	㉠ 국민의 건강증진과 여가선용을 위하여 체육활동에 적합한 시설과 형태를 갖춘 종합운동장·실내체육관·야구장·골프장·스키장·승마장·경륜장 등 체육시설의 토지와 이에 접속된 부속시설물의 부지는 '체육용지'로 한다. ㉡ 다만, 체육시설로서의 영속성과 독립성이 미흡한 정구장·골프연습장·실내수영장 및 체육도장(=대), 유수를 이용한 요트장 및 카누장(=하천), 등의 토지는 제외한다.
㉔ 유원지	일반 공중의 위락·휴양 등에 적합한 시설물을 종합적으로 갖춘 수영장·유선장·낚시터·어린이놀이터·동물원·식물원·민속촌·경마장·야영장 등의 토지와 접속된 부속시설물의 부지는 '유원지'로 한다. 다만, 이들 시설과의 거리 등으로 보아 독립적인 것으로 인정되는 숙식시설 및 유기장의 부지와 하천·구거 또는 유지로 분류되는 것을 제외한다.
㉕ 종교용지	일반공중의 종교의식을 위하여 예배·법요·설교·제사 등을 하기 위한 교회·사찰·향교 등 건축물의 부지와 이에 접속된 부속시설물의 부지는 '종교용지'로 한다.
㉖ 사적지	㉠ 국가유산으로 지정된 역사적인 유적·고적·기념물 등을 보존하기 위하여 구획된 토지는 '사적지'로 한다. ㉡ 다만, 학교용지·공원·종교용지 등 다른 지목으로 된 토지 안에 있는 유적·고적·기념물 등을 보호하기 위하여 구획된 토지를 제외한다.
㉗ 묘지	㉠ 사람의 시체나 유골이 매장된 토지,「도시공원법」에 의한 묘지공원으로 결정·고시된 토지 및 ㉡「장사 등에 관한 법률」제2조 제8호의 규정에 의한 봉안시설과 이에 접속된 부속시설물의 부지는 '묘지'로 한다. ㉢ 다만, 묘지의 관리를 위한 건축물의 부지는 '대'로 한다.

㉘ 잡종지

㉠ 영구적 건축물 중 ⓥ변전소 · ⓢ송신소 · ⓢ송유시설 · 공동우물, ⓞ오물처리장 및 쓰레기장 등의 부지, ⓞ여객자동차 터미널, ⓟ폐차장 등 자동차와 관련된 독립적인 시설을 갖춘 부지, 자동차ⓞ운전학원, ⓞ도축장, 야외시장, ⓞ흙을 파내는 곳(채사장), ⓞ돌을 캐내는 곳(채석장), ⓞ실외에 물건을 쌓아두는 곳(야적장), 수신소, ⓞ공항시설 및 ⓞ항만시설 부지, 갈대밭

㉡ 다른 지목에 속하지 아니하는 토지(비행장 내에 있는 골프장, 예비군훈련장)

㉢ 다만, 원상회복을 조건으로 돌을 캐내는 곳 또는 흙을 파내는 곳으로 허가된 토지를 제외한다(영속성원칙).

암기 소녀 ⓥ변ⓢ송ⓢ송이는 공동우물에 ⓞ오물과 쓰레기를 버리고 ⓞ여객 ⓟ폐차 ⓞ운전, ⓞ도 하면서 야시시한 옷에 ⓞ흙과 ⓞ돌을 넣고 에 ⓞ실외 있는 수신소, ⓞ공항 ⓞ항만시설을 지나 갈대밭으로 간다.

"비행소녀 변송송이"

갈대밭, 야적장, 채석장, 채사장, 야외시장, 비행장, 공동우물, 변전소, 송신소, 수신소, 송유시설, 도축장, 쓰레기맛 오물처리장

2. 변송송
7. 야시시
9. 돌
6. 운전
여객, 폐차
10. 수신소
11. 공항, 항반시설
12. 갈대밭
5. 쓰레기
8. 흙
4. 오물
공동우물
3. 공동우물

잡종지 소녀 변송송이는 공동우물에 오물과 쓰레기를 버리고, 운전 도(축장) 하면서 야시시한(야외시장) 옷에 흙과 돌을 넣고, 실외에 있는 수신소 공항, 항만시실을 지나 갈대밭으로 간다.

▶ 지목정리

★① **전**: 물 없이 식물 재배(과수류제외)

② **답**: 물 이용 식물 재배(연,왕골+재배)

③ **과수원**: ~나무 집단적 재배(단, 주거용 건축물 : 대)

④ **목장용지**: 가축의 초지 or 축사

⑤ **임야**: 산림 및 원야~암, 자, 모, 습, 황무, 죽, 수

⑥ **광천지**: 석유류+용출

⑦ **염전**: 소금

⑧ **대**: ㉠ 주기, 사무실, ㉡박물관, 미술관

⑨ **공장용지**: ~공장

⑩ **학교**: 학교

⑪ **주차장**: ㉠ 자동차 주차(판매x), ㉡ 주차전용건축물 ㉢ ~인근 부설주차장

⑫ **주유소용지**: ㉠ 석유+판매, ㉡ 저유소, 원유저장

⑬ **창고**: 물건+보관

⑭ **도로**: ㉠ 보행 or 차량, ㉡ 고속도로 휴게소(단, 아파트 단지통로×)

⑮ **철도용지**: 궤도 or 역사

⑯ **제방**: 방~제.방~제

⑰ **구거**: ㉠ ~인공적수로, ㉡ 소규모수로

⑱ **하천**: 자연유수

⑲ **유지**: 물+고여(저장) (연,왕골+자생)

⑳ **양어장**: 육상에(해상에×)~

㉑ **수도용지**: ㉠ 물+정수, ㉡ ~수 ~수

㉒ **공원**: 휴양+국계법상 공원

㉓ **체육용지**: 종합운동장, 실내체육관, 야구장, 골프장, 스키장, 승마장, 경륜장등

㉔ **유원지**: 위락+유선장, 낚시터, 어린이 놀이터, 동물원, 식물원, 민속촌, 경마장, 야영장등

㉕ **종교용지**: 교회, 사찰, 향교

㉖ **사적지**: 국가유산+유적(단, 종교용지, 공원, 학교 안의 유적은 제외)

㉗ **묘지**: ㉠ 시체+유골(㉡ 봉안시설, ㉢ 묘지공원)

㉘ **잡종지**: 소녀 변, 송, 송, 이, 공동, 우물, 오물, 쓰레기, 여객, 폐차, 운전, 도, 야시시, 흙, 돌, 실외, 수신소, 공항, 항만시설, 갈대밭

(5) 지목의 표시방법 ★ 핵심 2 (이부분, 꼭 꼭 기억하세요)

① 토지(임야)대장에 등록할 때는 **지목명칭 전체**(정식명칭)와 코드번호(예 학교용지(10),목장용지)로 등록한다.

② **지적도와 임야도(도면)**에는 '부호'로 표기한다.

　㉠ 원칙 : 머리글자(첫 문자)로 표기한다.

　㉡ 예외 : 차문자(次文字)로 표기 : ⓐ주**차**장, ⓑ공**장**용지, ⓒ하**천**, ⓓ유**원**지

　　　　암기 도면의 **차**,**장**,**천**,**원**은 차(次) 문자이다

도면(지적도/임야도)			
3**주**유소용지	5**공**원	7**학**교용지	9**유**지
4주**차**장 ⇨ **차**	6공**장**용지 ⇨ **장**	8하**천** ⇨ **천**	10유**원**지 ⇨ **원**

③ **공유지연명부, 대지권등록부, 경계점좌표등록부에는 지목을 등록하지 않는다.**

　암기 **목도장**에는 지목이 등록되어 있으나 **공대좌**에는 지목이 등록되어 있지 않다.

관련기출문제

01　공간정보의 구축 및 관리에 관한 법령상 지목과 지적도면에 등록하는 부호의 연결이 틀린 것을 모두 고른 것은? (29회)

㉠ 공원 – 공	㉡ 목장용지 – 장	㉢ 하천 – 하
㉣ 주차장 – 차	㉤ 양어장 – 어	

① ㉡㉢㉣　　　　② ㉡㉢㉤　　　　③ ㉢㉣㉤
④ ㉠㉡㉢㉣　　　⑤ ㉠㉡㉣㉤

정답 ▶ ②
(암기 차, 장, 천, 원)은 도면에 차문자로 등록된다.

02　**공간정보의 구축 및 관리 등에 관한 법령상 지목의 구분으로 옳은 것은?** (34회)

① 온수·약수·석유류 등을 일정한 장소로 운송하는 송수관·송유관 및 저장시설의 부지는 "광천지"로 한다.
② 일반 공중의 종교의식을 위하여 예배·법요·설교·제사 등을 하기 위한 교회·사찰·향교 등 건축물의 부지와 이에 접속된 부속시설물의 부지는 "사적지"로 한다.
③ 자연의 유수(流水)가 있거나 있을 것으로 예상되는 토지는 "구거"로 한다.
④ 제조업을 하고 있는 공장시설물의 부지와 같은 구역에 있는 의료시설 등 부속시설물의 부지는 "공장용지"로 한다.
⑤ 일반 공중의 보건·휴양 및 정서생활에 이용하기 위한 시설을 갖춘 토지로서 「국토의 계획 및 이용에 관한 법률」에 따라 공원 또는 녹지로 결정·고시된 토지는 "체육용지"로 한다.

정답 ▶ ④

(암기) ① 온수·약수·석유류 등을 일정한 장소로 운송하는 송수관·송유관 및 저장시설의 부지는 "광천지"에서 제외된다(잡종지다).

② 일반 공중의 종교의식을 위하여 예배·법요·설교·제사 등을 하기 위한 교회·사찰·향교 등 건축물의 부지와 이에 접속된 부속시설물의 부지는 "종교용지"로 한다.

③ 자연의 유수(流水)가 있거나 있을 것으로 예상되는 토지는 "하천"으로 한다.

⑤ 일반 공중의 보건·휴양 및 정서생활에 이용하기 위한 시설을 갖춘 토지로서 「국토의 계획 및 이용에 관한 법률」에 따라 공원 또는 녹지로 결정·고시된 토지는 "공원"으로 한다.

03 공간정보의 구축 및 관리 등에 관한 법령상 지목을 '잡종지'로 정할 수 있는 기준에 대한 내용으로 틀린 것은? (단, 원상회복을 조건으로 돌을 캐내는 곳 또는 흙을 파내는 곳으로 허가된 토지는 제외함) (35회)

① 공항시설 및 항만시설 부지

② 변전소, 송신소, 수신소 및 송유시설 등의 부지

③ 도축장, 쓰레기처리장 및 오물처리장 등의 부지

④ 모래·바람 등을 막기 위하여 설치된 방사제·방파제 등의 부지

⑤ 갈대밭, 실외에 물건을 쌓아두는 곳, 돌을 캐내는 곳, 흙을 파내는 곳, 야외시장 및 공동우물

정답 ▶ ④

④는 제방이다.

03. 경계 핵심테마 4 (25,26,27,28,29,30,32,34,35회 기출)

(1) 경계의 의의

경계라 함은 지적측량에 의하여 필지별로 경계점 간을 직선으로 연결하여 도면(지적도 + 임야도)에만 등록한 선을 말한다.

(2) 지상경계의 결정기준 ★★ 핵심 1 (이부분, 꼭 꼭 기억하세요) 암기 경계는 고저무중, 고하, 절상, 바다만조, 공유바깥이다

① 높낮이 차가 없는 경우

연접되는 토지 사이에 높낮이(고저)가 없는 경우에는 그 구조물 등의 중앙

② 높낮이(고저) 차가 있는 경우

연접되는 토지 사이에 높낮이(고저)가 있는 경우에는 그 구조물 등의 하단부

③ 절토된 부분

도로·구거 등의 토지에 절토된 부분이 있는 경우에는 그 경사면의 상단부

④ 바다와 육지

토지가 **해면** 또는 수면에 접하는 경우에는 **최대** 만조위 또는 최대만수위가 되는 선

⑤ 제방 등

공유 **수면**매립지의 토지 중 제방 등을 토지에 편입하여 등록하는 경우에는 바깥쪽 어깨부분 :
다만, 지상경계의 구획을 형성하는 구조물 등의 소유자가 다른 경우에는 위의 (2)의 ① ② ③의 내용에
도 불구하고 그 소유권에 의하여 지상경계를 결정한다.

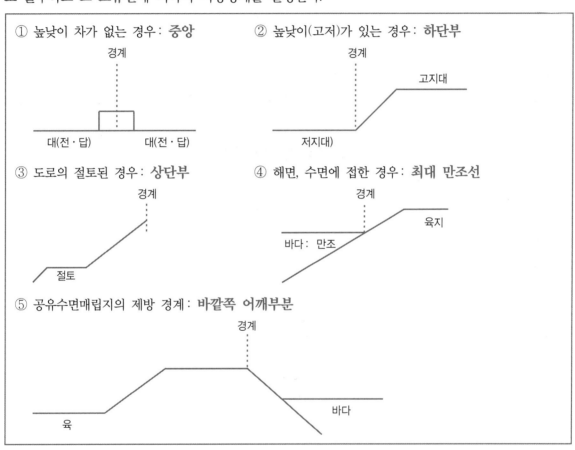

(3) 분할에 따른 지상경계결정 ★★ 핵심 2

① 원칙 : 분할에 따른 지상경계는 지상건축물을 걸리게 결정하여서는 안 된다.☀
즉, ㉠ 매매나 ㉡ 소유권이전 또는 ㉢ 토지이용상 불합리한 지상경계를 시정하기 위하여 분할하는
경우, ㉣ 1필지일부가 용도가 다르게 되어 분할하는 경우에는 지상경계는 지상건축물이 걸리게 결정
하여서는 아니된다.

② 예외 : 다음의 경우 분할에 따른 지상경계는 지상건축물을 걸리게 결정할 수 있다.

암기 (공)(사)가 (계)(판) 되면 경계가 건축물에 걸릴 수 있다(**공익**).

㉠ (공)공사업으로 인하여 수도용지, 학교용지 · 도로 · 철도용지 · 제방 · 하천 · 구거 · 유지(유원지×) 등의 지목으로 되는 토지를 분할하는 경우

㉡ 도시개발(사)업 등의 사업시행자가 사업지구의 경계를 결정하기 위하여 분할하고자하는 경우

㉢ 「국토의 계획 및 이용에 관한 법률」의 규정에 의한 도시계획결정고시와 지형도면고시가 된 지역의 도시, 군관리(계)획선에 따라 토지를 분할하는 경우

㉣ 법원의 확정(판)결이 있는 경우

(4) 지상경계의 위치표시(지상경계점등록부)★★ 〔핵심 3〕

① 토지의 지상경계는 둑, 담장 그 밖에 구획의 목표가 될 만한 구조물 및 경계점표시 등으로 표시한다.❋

② **지상경계점등록부**
지적소관청은 토지의 이동에 따라 지상경계를 새로 정한(복원×) 경우에는 지상경계점등록부(**경계점좌표등록부x**)를 작성, 관리하여야 한다.❋

③ 지상경계점등록부의 등록사항

암기 지상경계점등록부는 (소)(지)(목), 경계점, (종,좌,사,위)

㉠ 토지의 (소)재

㉡ (지)번

㉢ 공부상 **지**(목)**과** 실제 토지이용 지(목)

㉣ (경계점)표지의 (종)류(철못 1호, 2호) 및 경계점 위치

㉤ 경계점의 (좌)표(경계점좌표등록부시행지역에 한한다)

㉥ 경계점의 (사)진파일

㉦ 경계점의 (위)치설명도(단, 소유자, 고유번호, 도면번호 ×)

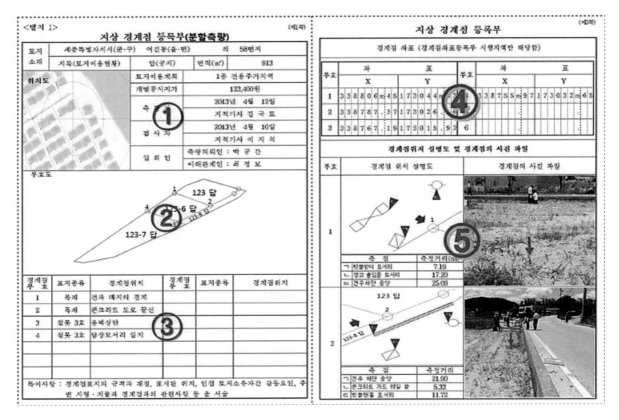

(5) 지적확정측량의 경계

지적확정측량의 경계는 공사가 완료된 현황대로 결정하되, 공사가 완료된 현황이 사업계획도와 다를 때에는 미리 사업시행자에게 그 사실을 통지하여야 한다.

관련기출문제

01 공간정보의 구축 및 관리 등에 관한 법령상 지상경계의 결정기준으로 옳은 것은? (단, 지상경계의 구획을 형성하는 구조물 등의 소유자가 다른 경우는 제외함) (32회)

① 연접되는 토지 간에 높낮이 차이가 있는 경우: 그 구조물 등의 하단부
② 공유수면매립지의 토지 중 제방 등을 토지에 편입하여 등록하는 경우: 그 경사면의 하단부
③ 도로·구거 등의 토지에 절토(땅깎기)된 부분이 있는 경우: 바깥쪽 어깨부분
④ 토지가 해면 또는 수면에 접하는 경우: 최소만조위 또는 최소만수위가 되는 선
⑤ 연접되는 토지 간에 높낮이 차이가 없는 경우: 그 구조물 등의 상단부

정답 ▶ ①
(암기 고저무중, 고하, 절상, 바다만조, 공유바깥)

02 분할에 따른 지상경계가 지상건축물을 걸리게 결정하여서는 아니 되는 경우는? (24회)

① 공공사업 등으로 인하여 학교용지·도로·철도용지·제방·하천·구거·유지·수도용지 등의 지목으로 되는 토지의 경우
② 도시개발사업 등의 사업시행자가 사업지구의 경계를 결정하기 위하여 분할하고자 하는 경우
③ 국토의 계획 및 이용에 관한 법률의 규정에 의한 도시, 군 관리계획결정고시와 지형도면고시가 된 지역의 도시, 군관리계획선에 따라 토지를 분할하고자 하는 경우
④ 법원의 확정판결이 있는 경우
⑤ 소유권이전 및 매매를 위하여 토지를 분할하는 경우

정답 ▶ ⑤
(암기 공, 사, 계, 판)은 지상경계 걸리게 경계를 결정할 수 있다

03 공간정보의 구축 및 관리 등에 관한 법령상 지상경계점등록부의 등록사항으로 틀린 것은? (34회)

① 지적도면의 번호
② 토지의 (소)재
③ 공부상 지(목)과 실제 토지이용 지목
④ 경계점의 (사)진 파일
⑤ 경계점표지의 (종)류 및 경계점 (위)치

정답 ▶ ①
(암기 소, 지, 목, 경계점, 종, 좌, 사, 위)

04 공간정보의 구축 및 관리 등에 관한 법령상 지상경계 및 지상경계점등록부 등에 관한 설명으로 틀린 것은? (35회)

① 지적공부에 등록된 경계점을 지상에 복원하는 경우에는 지상경계점등록부를 작성·관리하여야 한다.
② 토지의 지상경계는 둑, 담장이나 그 밖에 구획의 목표가 될 만한 구조물 및 경계점표지 등으로 구분한다.
③ 지상경계의 구획을 형성하는 구조물 등의 소유자가 다른 경우에는 그 소유권에 따라 지상경계를 결정한다.
④ 경계점 좌표는 경계점좌표등록부 시행지역의 지상경계점등록부의 등록사항이다.
⑤ 토지의 소재, 지번, 공부상 지목과 실제 토지이용 지목, 경계점의 사진 파일은 지상경계점등록부의 등록사항이다.

정답 ▶ ①
① 지적소관청은 토지이동에 따라 지상경계를 새로 정한 경우에는 지상경계점등록부를 작성·관리하여야 한다.

04. 면적 [핵심테마 5] (25,27,28,30,34회 기출) ★★

(1) 의의

면적이라 함은 <u>지적측량</u>에 의하여 <u>지적공부(토지대장과 임야대장에만)</u>에 등록된 1필지의 <u>수평상의 넓이</u>를 말한다.

축척 1/1200 or 1/600		토지(임야)대장	
대	72m²		甲외 7인
	72,6m²		

(2) 면적의 등록단위 : 면적의 단위는 **제곱미터(평×)로** 한다.

$$평 \times 400/121(= 3.3058) = m^2$$

(3) ★면적의 측정대상★ (24회) [핵심 1] (이부분, 꼭 꼭 기억하세요)

<u>세부측량</u>을 하는 경우 다음 각 호의 어느 하나에 해당하면 <u>필지마다 면적을 측정</u>하여야 한다.

면적측정의 대상 ○	면적측정의 대상 ×
① 경계**복원**측량 및 지적**현황**측량 등에 의하여 **면적측정**이 수반되는 경우	㉠ 경계(복)원측량 및 지적(현)황측량
② 토지를 신규등록하는 경우	㉡ (지)번변경
③ 등록전환을 하는 경우	㉢ 지(목)변경
④ 분할을 하는 경우	㉣ (합병)
⑤ 도시개발사업 등으로 토지의 표시를 새로이 확정하는 경우	㉤ 평을 제곱미터로 면적(환산)시
⑥ 축척변경을 하는 경우	(암기) (복),(현),이와 (지),(목),이 (합병)(환산)하면 면적 측정하지 않는다.
⑦ 지적공부를 복구하는 경우	
⑧ 면적 또는 경계의 오류정정을 하는 경우	

(4) 면적의 결정 및 단수처리★★ [핵심 2] (이부분, 꼭 꼭 기억하세요)

① 지적도의 축척이 1/1000, 1/1200, 1/2400, 1/3000, 1/6000인 지역 :
   ㉠ 표기: 이 지역 토지는 **1m²(정수단위)**까지 구한다.
   다만, 1필지의 면적이 1m² 미만인 때에는 1m²로 한다.
② 지적도의 축척이 1/500, 1/600인 지역과 경계점좌표등록부 시행지역인 경우 :
   ㉠ 표기: 이 지역의 토지의 면적은 **m² 이하 소수점** <u>한</u> 자리 단위로 한다.
   다만, 1필지의 면적이 0.1m² 미만인 때에는 0.1m²로 한다.
   예 면적의 등록단위와 끝수 처리

구 분	축 척	등록단위	끝수 처리
지적도	1/500, 1/600 (경계점좌표등록부지역)	0.1m²	0.05 m²초과 ▷ 올림
			0.05 m²미만 ▷ 버림
			0.05 m²인 때 앞자리가 0 or 짝수 ▷ 버림, 홀수 ▷ 올림
			암기 홀아비 불쌍해서 더해 준다
	1/1000, 1/1200, 1/2400 1/3000, 1/6000	1m²	0.5 m²초과 ▷ 올림
			0.5 m²미만 ▷ 버림
임야도	1/3000, 1/6000		0.5 m²인 때 앞자리가 짝수 ▷ 버림 홀수 ▷ 올림

축척(1/1000,1/1200,1/2400,1/3000,1/6000)		경계점좌표등록부 시행지역 1/500, 1/600	
측량면적 (m²)	등록면적 (1m²)	측량면적 (m²)	등록면적 (0.1m²)
123.4	123	123.32	123.3
123.6	124	123.37	123.4
123.5	124	123.55	123.6
120.5	120	123.05	123.0
124.50	124	123.650	123.6
124.52	125	123.653	123.7
0.7(1m²미만)	1	0.05(0.1m²미만)	0.1

(5) 면적측정방법

① 전자면적계산법 : 평판측량방법으로 세부측량을 한 **지적도나 임야도에** 등록하는 지역에서 사용한다. 즉, 도면상에서 2회 측정하여 그 평균치를 측정면적으로 한다.

② 좌표면적계산법 : 경위의측량방법으로 세부측량을 한 경계점좌표등록부 시행지역의 면적측정은 '경계점좌표'에 따른다.

2025 강철의 필수서 2차 부동산공시법령

관련기출문제

01 공간정보의 구축 및 관리에 관한 법령상 세부 측량시 필지마다 면적을 측정하여야 하는 경우가 아닌 것은? (24회)

① 지적공부를 복구하는 경우　　　　　② 등록전환을 하는 경우
③ 지목변경을 하는 경우　　　　　　　④ 축척변경을 하는 경우
⑤ 도시개발사업으로 인한 토지이동에 따라 토지의 표시를 새로이 결정하는 경우

정답 ▶ ③

암기 복, 현, 지, 목이 합병하면 면적측정 안 한다.

02 경계점좌표등록부(경위의 측량방법)에 등록하는 지역에서 1필지의 면적 측정을 위해 계산한 값이 1,029.551m²인 경우 토지대장에 등록할 면적으로 옳은 것은? (27회)

① 1,029.55m²　　　　　② 1,029.56m²　　　　　③ 1,029.5m²
④ 1,029.6m²　　　　　⑤ 1,030.0m²

정답 ▶ ④

경계점좌표등록부(경위의 측량방법)에 등록하는 지역은 0.1㎡ 단위까지 등록한다.

03 축척이 1/1200로 등록하는 지역에서 1필지의 면적 측정을 위해 계산한 값이 234.5m²인 경우 토지대장에 등록할 면적으로 옳은 것은?

① 234.5m²　　　　　② 235m²　　　　　③ 235.5m²
④ 234m²　　　　　⑤ 233.5m²

정답 ▶ ④

1/1200로 등록하는 지역에서는 1㎡ 단위까지 등록한다.

04 공간정보의 구축 및 관리 등에 관한 법령상 지적도의 축척이 600분의 1인 지역에서 신규등록할 1필지의 면적을 측정한 값이 145.450m²인 경우 토지대장에 등록하는 면적의 결정으로 옳은 것은? (34회)

① 145m²　　　　　② 145.4m²　　　　　③ 145.45m²
④ 145.5m²　　　　　⑤ 146m²

정답 ▶ ②

1/600로 등록하는 지역에서는 0.1㎡ 단위까지 등록한다. 구하고자 하는 다음 숫자가 5인 경우 구하는 숫자가 0, 짝수이면 버린다.

03 지적공부

이 장은 출제비중이 매우 높은 부분이다.

㉠ 지적공부별 등록사항(대장, 도면 등의 등록사항)

㉡ 지적공부의 복구절차

㉢ 부동산종합공부 등이 매우 중요하다.

제1절 **서설**

1 지적공부의 의의

지적공부라 함은 토지에 관한 물리적 현황(즉, 토지의 소재, 지번, 지목, 경계, 좌표와 면적 등)과 소유자 관계 등을 등록하여 그 내용을 공적으로 증명하는 장부를 말하는 것으로 <u>토지에 대한 호적부(戸籍簿)</u>를 의미한다.

2 지적공부의 종류 암기 지적공부는 토, 임, 공, 대, 좌, 지, 임이다

① 대장 : (토지대장 + 임야대장 + 공유지연명부 + 대지권등록부)

② 경계점좌표등록부

③ 도면 : (지적도 + 임야도) 등

제2절 지적공부의 등록사항 ★★★

1 토지대장 및 임야대장 [핵심테마 6] (20,24,25,26,31,35회 기출) ★★

(1) 의의

토지대장은 임야대장에서 제외된 1필지 토지의 소재지, 지목, 면적, 소유자 등 여러 가지 사항을 적어 구청에 비치해 두는 장부를 말한다.

(2) 대장의 등록사항 (암기) (소)(지)는 공통, (목)(도)(장), (축)(도)(장), (소)(대장)

① 고유번호(도면x) 1234567890 – 1 – 0018 0000		**토지(임야)대장**		장번호(도면x)
② 소재	③ 지번 18	⑦ 축척 1/1200		도면번호(공,대x)
토지의 표시			⑧ 소유자(성명,주소,주민번호)	
④ 지목	❺ (면)적 m²	❻ 토지(이동) 사유	⑨ 소유권 변동 원인과변동일자	甲
01전	100	2012 신규등록		
전	60	2113 분할되어 –1을 부합		甲외 3인
10공장용지	60	2015 지목변경		
공장용지	120	2017년 19번과 합병		
❿ (개)별공시지가	12,000	13,000	(암기) : 이동, 면, 개	

> **핵심 다지기**
>
> ㉠ 토지의 (이동)사유, (면)적, (개)별공시지가 등은 토지대(장)과 임야대장에만 등록된다.
>
> (암기) (이동),(면),(개)는 토지(임야)대장에만 있다

> ① *토지의 고유번호 ★ (암기) (고)(도)리 없다.
>
> 구성(총 19자리)
>
> <u>1318010500</u> – <u>1</u> – <u>0025 0007</u>
>
> 행정구역표시,　　　대장표시,　　　지번표시,
> 　　　　　　　　　1:토지대장　　　(본번 –부번)
> 　　　　　　　　　2:임야대장
>
> * (고)유번호는 (도)면(지적도, 임야도)**에는 등록되지 않으며**, 고유번호는 행정구역, 대장, 지번을 나타내며, 지목 등은 알 수 없다.

관련기출문제

01 다음 중 부동산 중개업자 甲이 매도의뢰 대상토지에 대한 소재, 지번, 지목, 면적을 모두 매수의뢰인 乙에게 설명하고자 하는 경우 적합한 지적공부는? (22회)

① 경계점좌표등록부   ② 임야도 등본   ③ 토지대장등본
④ 지적도 등본   ⑤ 지적측량기준점성과 등본

정답 ▶ ③
(암기) 이동, 면, 개)는 토지(임야)대장에만 등록된다.

02 다음은 소유자부분을 생략한 토지내상이다. 중개대상물인 이 토지에 대한 공인중개사 乙의 설명 중 틀린 것은?

고유번호	5333310100 − 10018 − 000					
토지소재	△△도 ○○시 ◇◇동		( )대장			
지 번	( )	축 척	1 : 1,200			

토 지 표 시						
지 목	면적(㎡)	사 유				
(01) 전	*100	(02)2000년 8월 1일 신규등록(매립준공)				
(01) 전	*60	(02)2002년 2월 2일 분할되어 본번에 18−1을 부함				
(08) 대	*60	(40)2005년 9월 9일에 지목변경				
(08) 대	*80	(30)2007년 1월 3일 159번과 합병				
개별공시지가기준일	2006년 1월 2일	2007년 1월 1일				
개별공시지가(원/㎡)	1,200,000	1,500,000				

( )대장에 의하여 작성한 등본입니다.
2017년 1월 9일   △△도 ○○시장

① 18번지 토지는 2000년 8월 1일 토지대장과 지적도에 최초로 등록되었다.
② 2002년 2월 2일 분할된 18−1번지 토지의 최초면적은 60㎡이다.
③ 18번지 토지는 2005년 9월 9일 '전'에서 '대'로 지목이 변경되었다.
④ 2007년 1월 3일 합병되어 말소된 159번지 토지의 면적은 20㎡이다.
⑤ 18번지 토지는 2007년 1월 3일 159번지와 합병되어 면적이 80㎡가 되었다.

정답 ▶ ②
2002년 2월 2일 분할된 18−1번지 토지의 최초면적은 40㎡임은 18번지 토지의 신규등록 당시의 면적이 100㎡였고, 분할 후 면적이 60㎡이므로 분할 전후의 면적 차이로 이를 알 수 있다.
① 18번지 토지는 2000년 8월 1일 토지대장과 지적도에 최초로 등록되었다는 것은 이동사유 중 신규등록을 보고 알 수 있다.
④ 2007년 1월 3일 합병되어 말소된 159번지 토지의 면적은 20㎡임은 18번지의 합병 전 면적이 60㎡이고 합병 후 면적이 80㎡이므로 합병 전후의 면적 차이로 이를 알 수 있다.

2 공유지 연명부 (22,26,29,32,35회 기출)

(1) 의의 : 토지대장이나 임야대장에 등록된 1필지에 대한 <u>토지소유자가 2인 이상</u>인 경우에 소유권표시사항을 체계적이며 효율적으로 등록·관리하기 위하여 토지대장·임야대장 이외에 별도로 작성하는 장부를 의미한다.

(2) 등록사항

❶ 고유번호	1234567890 - 1 - 0018 0000	공유지 연명부	장번호(도면번호x)
소재	지번 18		
토지의 표시		❷ 소유자(성명,주소,주민번호)	
❸ 소유권 지분		❹ 변동일자	갑·을·병
	갑 1/2		
	을 1/4	암기 : 고, 소, 한 지분	
	병 1/4		

★ 암기 <u>소재＋지번</u>, 고유번호 소유자, 한 소유권 지분 공유지 연명부의 등록사항이다.

3 대지권등록부 (23,29,32,35회)

(1) 의의 : 토지대장이나 임야대장에 등록된 토지가 '부동산등기법'에 따라 대지권등기가 되어 있는 경우에는 지적공부의 정리의 효율화를 위하여 작성하는 장부를 대지권등록부라고 한다.

(2) 등록사항

① 고유번호		대지권등록부	⑩장번호 (도면번호x)	
② 소재	③ 지번		❼ ㉯물의 명칭(레미안)	
			❽ ㉠유건물의 표시(501)	
			❾ ㉥지권의 ㉫율(34/1234)	
토지의 표시			④ 소유자(성명, 주소, 주민번호)	
	⑥ 소유권 지분		⑤ 변동일자	갑·을·병
	갑 1/2			
	을 1/4			
	병 1/4		㉐기 : 고, 소, 지분 + 건, 전, 대비	

핵심
다지기

① 대지권등록부의 등록사항은 공유지연명부의 기재사항(소재＋지번, ㉠유번호, ㉠유자, 소유권㉢분)에 ＋ '건물의 명칭 ＋ 전유부분건물의 표시 ＋ 대지권의 비율'이 더 추가된 것이다.

② ㉯물의 명칭, ㉠유건물의 표시, ㉥지권의 ㉫율'은 대지권등록부에만 등록되는 사항이다.

③ ㉢유지연명부와 ㉥지권등록부에는 ㉠㉠㉢분은 있고 ㉲적, 지㉰, 도면번호 등은 등록되지 아니한다.

(㉐기 ㉢,㉥에 가면 ㉠유번호, ㉠유자, ㉢분은 있고, ㉲,㉰과 ㉨번호가 없다)

공유지연명부	대지권등록부
① 소재 ＋ 지번	① 소재 ＋ 지번
② ㉠유번호(장번호)	② 고유번호(장번호)
③ ㉠유자(성명, 주소, 주민번호)	③ 소유자(성명, 주소, 주민번호)
④ 소유권의 ㉢분	④ 소유권의 지분
㉠, ㉠, ㉢분	⑤ ㉯물의 명칭,
	⑥ ㉠유건물의 표시
	⑦ ㉥지권의 ㉫율'

01 공유지 연명부와 대지권등록부의 공통된 등록사항을 모두 고른 것은? (29회)

> ㉠ ⓓ지권의 ⓑ율   　　　　　　　㉡ 토지의 소재
> ㉢ 토지의 고유번호   　　　　　　㉣ 토지소유자의 변경된 날과 원인
> ㉤ 소유권 지분

① ㉠㉢㉣　　　　　　② ㉠㉢㉤　　　　　　③ ㉡㉢㉣
④ ㉠㉡㉣㉤　　　　　⑤ ㉡㉢㉣㉤

정답 ▶ ⑤
(암기 고, 소, 한, 지분은 공유지연명부와 대지권등록부에 등록된다)

02 공간정보의 구축 및 관리 등에 관한 법령상 대지권등록부의 등록사항만으로 나열된 것이 <u>아닌</u> 것은? (33회)

① 지번, 지목
② 토지의 소재, 토지의 고유번호
③ 대지권 비율, 전유부분(專有部分)의 건물표시
④ 소유권 지분, 토지소유자가 변경된 날과 그 원인
⑤ 건물의 명칭, 집합건물별 대지권등록부의 장번호

정답 ▶ ①
대지권등록부에는 지목은 등록되지 않는다 (암기 공,대 에 가면 면,목과 도면번호가 없다)

4 지적도(임야도) 핵심테마 7 (23,25,26,28,29,30,32,35회 기출) ★★★

(1) 의의

지적도란 토지대장에 등록된 실제토지가 어떤 모양인지를 축소해서 그림으로 그려놓은 지도, 임야도란 임야대장에 등록된 실제토지가 어떤 모양인지를 축소해서 그림으로 그려놓은 지도를 말한다.

(2) 등록사항

① 토지의 소재
② 지번
③ 지목
　㉠ 지번 오른쪽 옆에 부호(정식명칭×)로 표시한다(예 430전, 산35임 등).
　㉡ 원칙적으로 두문자(頭文字)원칙에 따라 부호로 표시. 다만, ⓐ 주차장(차), ⓑ 공장용지(장), ⓒ 하천(천), ⓓ 유원지(원)등은 <u>차문자(次文字)</u>원칙에 따라 두 번째 글자로 표기한다.
④ 도면의 제명(지적도, 임야도) 및 축척

⑤ 경계 : 각각의 굴곡점을 잇는 0.1mm의 직선으로 표시한다.

⑥ **도면의** 색인도(일람도×)(인접도면의 연결 순서를 표시하기 위하여 기재한 도표와 번호를 말한다)

⑦ 도곽선 **및 그 수치**

　ㄱ 도곽선이란 도면 1매의 범위를 구획하기 위한 선으로 모든 지적도와 임야도에 등록하여야 한다.

　ㄴ 도면의 위 방향은 항상 북쪽이 되어야 하며, 지적도의 도곽선은 가로 40cm · 세로 30cm의 직사각형으로 한다.

　ㄷ 도곽선의 수치란 지적도에 등록된 토지가 위치하는 좌표, 즉 도면에 등록된 토지가 측량원점으로부터 얼마나 멀리 떨어져 있느냐를 표시한 수치를 말한다.

⑧ 좌표에 의하여 계산된 경계점 간의 거리(경계점좌표등록부를 갖춰 두는 지역으로 한정한다) : 경계점좌표등록부 시행지역(모든지역×)의 지적도(임야도×)에는 각 필지별 경계점 간의 거리를 1cm단위까지 등록한다.

⑨ 삼각점 및 지적측량기준점의 위치

　ㄱ 지적삼각점 및 지적삼각보조점은 직경 3mm 원으로 제도한다. 이 경우 지적삼각점은 원 안에 십자선을 표시한다(예 지적삼각점보조점 : ●, 지적삼각점 : ⊕).

　ㄴ 지적도근점은 직경 2mm의 원으로 제도한다(예 ○).

⑩ 건축물 및 구조물 등의 위치

⑪ 지적소관청의 직인 : 도면에는 소관청의 직인을 날인하여야 한다. 다만, 정보처리스템을 이용하여 관리하는 지적도면의 경우에는 그러하지 아니하다.

▶ **경계점좌표등록부시행지역의 '지적도'(임야도×)의 특칙**

ㄱ 경계점좌표등록부 시행지역의 지적도면의 제명 끝에 '좌표'(수치×)라고 표시한다.

ㄴ 그 지적도에는 좌표에 의하여 계산된 경계점간 거리가 등록된다.

ㄷ 그 지적도의 도곽선의 오른쪽 아래 끝에 "이 도면에 의하여 **측량을 할 수 없음**"이라고 기재

핵심 다지기

① ㄱ 경계 ㄴ 도면의 색인도, ㄷ 도곽선과 그 수치, ㄹ 좌표에 의하여 계산된 경계점간의 거리, ㅁ 삼각점 및 지적기준점의 위치, ㅂ 건축물 및 구조물의 위치 등은 도면에만 등록된다.

(암기 경, 색, 도, 거, 위, 위 도면에만 등록된다)

② 고유번호, 소유자, 면적 등은 도면에 등록하지 않는다.

암기 도면에는 고, 소, 면이 없다

(2) 지적도와 임야도의 축척

① 도면의 축척은 분수로 표시하며, 분모의 숫자가 큰 것(1/3000)을 소축척이라 하고 분모의 숫자가 작은 것(1/500)을 대축척이라 한다.

② 지적도(7종) : 1/500, 1/600, 1/1000, 1/1200, 1/2400, 1/3000, 1/6000, (1/2000×)

③ 임야도(2종) : 1/3000, 1/6000

(3) 일람도와 지번색인표

지적소관청은 지적도면의 관리에 필요한 경우에는 지번부여지역마다 일람도와 지번색인표를 작성하여 갖춰 둘 수 있다.

(4) 지적도면의 복사

① 도면복사신청서 제출

국가기관 또는 지방자치단체 또는 지적측량수행자가 지적도면(정보처리시스템에 구축된 도면데이터 파일을 포함한다. 이하 이 조에서 같다)을 복사하고자 하는 때에는 지적도면 복사의 목적·사업계획 등을 적은 신청서를 지적소관청에 제출하여야 한다.

② 복사도면의 목적 외 사용금지

복사한 도면은 당초 신청한 목적 외에는 사용할 수 없다.

예 일반지역의 지적도(경계점좌표등록부를 갖추어 두지 않는 지역의 지적도)

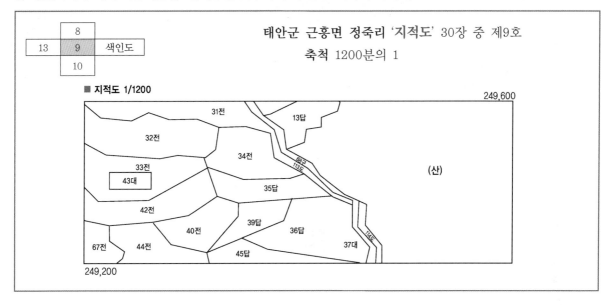

예 임야도

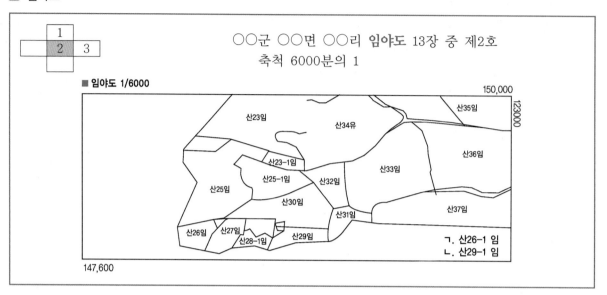

경계점좌표등록부 시행지역의 지적도

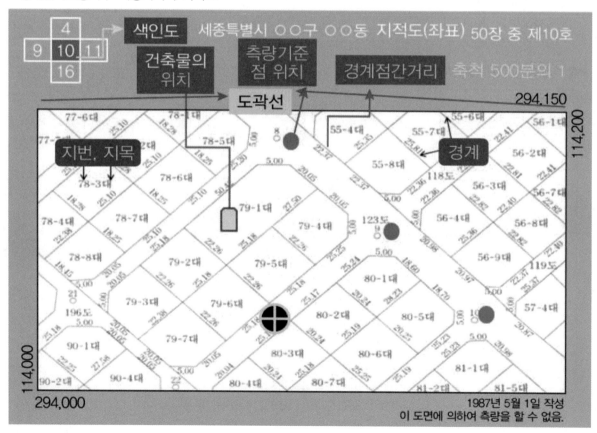

관련기출문제

01 공간정보의 구축 및 관리 등에 관한 법령상 지적도 및 임야도의 등록사항을 모두 고른 것은? (32회)

> ㉠ 토지의 소재
> ㉡ 좌표에 의하여 계산된 경계점 안의 거리(경계점좌표등록부를 갖춰 두는 지역으로 한정)
> ㉢ 삼각점 및 지적기준점의 위치
> ㉣ 건축물 및 구조물 등의 위치
> ㉤ 도곽선(圖廓線)과 그 수치

① ㉠, ㉢, ㉣   ② ㉡, ㉢, ㉤   ③ ㉡, ㉣, ㉤
④ ㉠, ㉡, ㉢, ㉤   ⑤ ㉠, ㉡, ㉢, ㉣, ㉤

정답 ▶ ⑤
(암기 경, 색, 도, 거, 위 위 는 도면에만 등록된다)

02 지적도가 다음과 같은 경우 틀린 설명은?

00 시 00구 00동   지적도 ◇ 장 중 제 ◇ 호, 축척 600분의 1

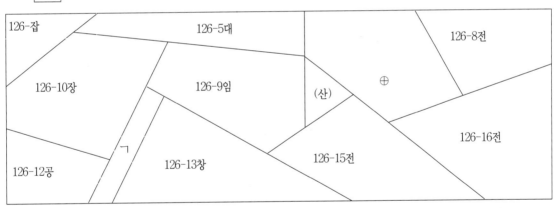

① 지적도의 도면번호는 제15호이다.
② 126-10의 지목은 목장용지이다.
③ 126-7에 제도된 "⊕"은 지적삼각점 위치의 표시이다.
④ (산)으로 표기된 토지는 임야대장등록지이다.
⑤ 126-9의 동쪽 경계는 0.1㎜의 폭으로 제도한다.

정답 ▶ ②
126-10의 지목은 공장용지이다.

03 공간정보의 구축 및 관리 등에 관한 법령상 지적도와 임야도의 축척 중에서 공통된 것으로 옳은 것은? (35회)

① 1/1200, 1/2400

② 1/1200, 1/3000

③ 1/2400, 1/3000

④ 1/2400, 1/6000

⑤ 1/3000, 1/6000

정답 ▶ ⑤

⑤ ㉠ 지적도(7종): 1/500, 1/600, 1/1000, 1/1200, 1/2400, 1/3000, 1/6000 (1/1500, 1/2000×)
   ㉡ 임야도(2종): 1/3000, 1/6000이 있다.

---

5 경계점좌표등록부 (26,27,28,34,35회)

(1) 의의 : 경계점좌표등록부란 각 필지단위로 경계점의 위치를 평면직각종횡선 좌표(X, Y)로 등록·공시하는 지적공부를 말한다.

(2) 작성

경계점좌표등록부에 등록하는 좌표만으로는 토지의 형상을 파악하기 어려우므로 안내도 역할을 하는 '지적도'와 토지의 면적, 소유자 등이 등록되지 않으므로 이를 알 수 있도록 하기 위하여 '토지대장'을 함께 갖춘다.

※ 경계점좌표등록부 비치지역의 지적공부 : 토지대장, 지적도, 경계점좌표등록부

(3) ★비치지역 : 암기 경 축 확정

경계점좌표등록부는 전국적으로 작성·비치되는 것이 아니라 지적소관청이 도시개발사업 등에 따라 새로이 지적공부에 등록하는 토지에 대하여는 경계점좌표등록부를 작성하고 갖춰 두어야 하는데(법 제73조), 경계점좌표등록부를 갖춰 두는 토지는 ㉠ 축척변경측량과 ㉡ 지적확정측량(지적현황측량×)을 실시하여 경계점을 좌표로 등록한 지역의 토지로 한다.❀

(4) 등록사항

① 고유번호		경계점 좌표 등록부	⑦ 도면번호 3	
			⑧장번호	1-1
② 토지소재	③ 지번 : 254-2			
❹ 부호도		❺ 부호	❻ 좌표	
			X	Y
		1	2123,79	1630,19
		2	2124,92	1651,61
		3	2109,67	1653,51
		4	2107,12	1635,42
		5	2115,91	1629,64

핵심 다지기

① 소재, 지번 + 고유**번호**(장번호, 도면**번호**), **부**호 및 부호도, **좌**표가 등록되는데 그중 **부**호 및 부호도와 **좌**표는 경계점좌표등록부에만 등록된다.

(5) 경계점좌표등록부의 정리

① 경계점좌표등록부를 비치한 지역에 있어서는 **토지의 경계설정과 지표상의 복원은** 좌표(지적도면×)에 의한다.

② 법 제26조의 도시개발사업 등의 시행지역(농지의 구획정리지역은 제외)과 축척변경시행지역의 **측량결과도의 축척은 1/500로 한다**. 다만, 농지구획정리 시행지역은 1/1000로 하되 1필지의 면적이 광대할 경우에는 미리 시·도지사의 승인을 얻어 1/3000 또는 1/6000로 할 수 있다.

관련기출문제

01 공간정보의 구축 및 관리 등에 관한 법령상 경계점 좌표등록부의 등록사항으로 옳은 것만 나열한 것은? (27회)

① 지번, 토지의 이동사유
② 토지의 고유번호, 부호 및 부호도
③ 경계, 삼각점 및 지적기준점의 위치
④ 좌표, 건축물 및 구조물 등의 위치
⑤ 면적, 필지별 경계점좌표등록부의 장번호

정답 ▶ ②
경계점좌표등록부에는 고유번호(도면번호,장번호), 부호 및 부호도, 좌표(암기 번호, 부, 좌)가 등록된다)

02 경계점좌표등록부를 갖추두는 지역의 지적공부 및 토지의 등록에 관한 설명으로 틀린 것은? (28회)

① 지적도에는 해당 도면의 제명 앞에 '(수치)'라고 표시하여야 한다.

② 지적도의 도곽선의 오른쪽 아래 끝에 '이 도면에 의하여 측량할 수 없음'이라고 적어야 한다.

③ 토지 면적은 제곱미터 이하 한 자리 단위로 결정하여야 한다.

④ 면적측정방법은 좌표면적계산법에 의한다.

⑤ 경계점좌표등록부를 갖춰두는 토지는 축척변경측량과 지적확정측량을 실시하여 경계점을 좌표로 등록한 지역의 토지로 한다.

정답 ▶ ①

제명 뒤에 '(좌표)'라고 표시

(암기 경, 축, 확정)

핵심테마 9 ⟩ 지적공부의 종류별 고유한 등록사항★★★ (이부분, 꼭 꼭 기억하세요)

3장 지적공부		소재, 지번	고유번호 = 장번호	지목, = 축척	면적, 개별; 이동	좌표, 부호;	경계, 위치	소유자	소유권 (지분)	도면번호	고유한 등록사항
대장	(토)지, (임)야 대장	○	○	○ ~장 (정식)	○	×	×	○	×	○	토지(이동)사유 (면)적 (개)별공시지가
	(공)유지 연명부	○	○	×	×	×	×	○	○공	×	(고),(소), (지분) + 면,목 x
	(대)지권 등록부	○	○	×	×	×	×	○	○대	×	(건)물의 명칭 (전)유건물표시 (대)지권(비)율
경계점(좌)표등록부		○	○	×	×	○	×	×	×	○	(번호), (부)호, (좌)표
도면	(지)적도, (임)야도	○	×	○ ~도 (부호)	×	×	○	×	×	○	(경)계 도면의 (색)인도 (도)곽선과수치 경계점(거)리 지적기준점(위)치, 건축물의 (위)치

암기 ① 소, 지는 공통, ② 고, 도리 없다, ③ 목도장 = 축도장, ④ 소=대장

소재, 지번	모든 지적공부에 공통 등록
고유번호(=장번호)	도면 제외 나머지 지적공부에 등록 **암기** 고, 도 없다
토지(임야)대장에만	① 토지이동사유 ② 면적 ③ 개별공시지가 **암기** 이동, 면, 개
공유지연명부	① 고유번호(장번호) ② 소유자 ③ 소유권지분 **암기** 고, 소, 지분
대지권등록부에만	① 건물의 명칭 ② 전유건물의 표시 ③ 대지권의 비율 **암기** 건, 전, 한 대비
소유권 지분	공유지연명부 + 대지권등록부 **암기** 지분은 공, 대에만
도면에만 (지적도/임야도)	① 경계 ② 도면의 색인도 ③ 도곽선 ④ 좌표에 의해서 계산된 경계점간의 거리 ⑤ 지적기준점의 위치 ⑥ 건축물의 위치 **암기** 경, 색, 도, 거, 위, 위
경계점좌표등록부	① 고유번호(도면번호, 장번호) ② 부호(부호도) ③ 좌표 **암기** 부, 좌는 경계점좌표등록부에만
지목 = 축척	도면(지적도/임야도) + 토지(임야)대장 (공, 대, 좌 x) **암기** 목(축), 도, 장
소유자	대장에만(토, 임, 공, 대) **암기** 소, 대장
도면번호	공,대 에만 없다

관련기출문제

01 공간정보의 구축 및 관리 등에 관한 법령상 지적공부와 등록사항의 연결이 옳은 것은? (35회)

① 토지대장 − 지목, 면적, 경계

② 경계점좌표등록부 − 지번, 토지의 고유번호, 지적도면의 번호

③ 공유지연명부 − 지번, 지목, 소유권 지분

④ 대지권등록부 − 좌표, 건물의 명칭, 대지권 비율

⑤ 지적도 − 삼각점 및 지적기준점의 위치, 도곽선(圖廓線)과 그 수치, 부호 및 부호도

정답 ▶ ②

① 경계는 도면에 등록된다.

③ 공유지연명부에는 지목은 등록되어 있지 않다.

④ 좌표는 경계점좌표등록부에만 등록된다.

⑤ 부호 및 부호도는 경계점좌표등록부에만 등록된다.

02 공간정보의 구축 및 관리 등에 관한 법령상 대지권등록부와 경계점좌표등록부의 공통 등록사항을 모두 고른 것은? (34회)

> ㉠ 지번
> ㉡ 소유자의 성명 또는 명칭
> ㉢ 토지의 소재
> ㉣ 토지의 고유번호
> ㉤ 지적도면의 번호

① ㉠, ㉢, ㉣   ② ㉢, ㉣, ㉤   ③ ㉠, ㉡, ㉢, ㉣

④ ㉠, ㉡, ㉢, ㉤   ⑤ ㉠, ㉡, ㉣, ㉤

정답 ▶ ①

소재+지번은 모든 지적공부의 공통된 등록사항이고, 고유번호는 도면에만 등록되지 않으므로 대지권등록부와 경계점좌표등록부에는 공통적으로 등록되어 있지만 대지권등록부에는 지적도면의 번호가 등록되어 있지 않고, 경계점좌표등록부에는 소유자의 성명 또는 명칭은 등록되어 있지 않다.

제3절 지적공부의 보관, 반출 및 공개 등 (20,29,32회)

1 지적공부의 보관 등

▨ 지적공부의 보관 및 반출 (30,31,32회)

	지적공부	정보처리시스템
관리	시장, 군수, 구청장	시, 도지사 + 시장, 군수, 구청장
보관	**지적서고**	지적정보관리체계
보존	영구히	영구히
반출	**천재지변 or** 시, 도지사 승인	
열람/발급	해당 지적소관청	**시, 군, 구 및** 읍, 면, 동(시, 도지사×)
복제		국토교통부 장관

▨ 지적서고의 특징

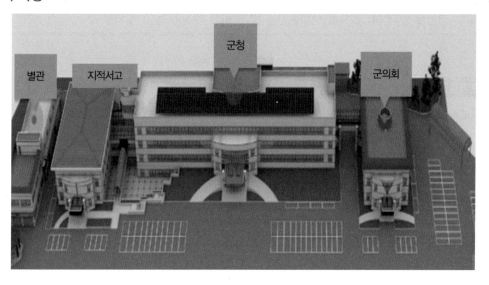

보충학습 ⊕ 지적서고의 구조 및 관리

ⓐ 창문은 출입문은 2중으로 하되, **바깥쪽 문은 반드시 철제**로 하고 **안쪽 문은** 곤충, 쥐 등의 침입을 막을 수 있도록 **철망을** 설치할 것

ⓑ 온도 및 습도 자동조절장치를 설치하고 연중 평균온도는 섭씨 20 ± 5, 습도는 65 ± 5를 유지할 것

ⓒ 카드로 된 토지대장·임야대장 등은 100장 단위로 바인더(binder)에 넣어 보관하여야 한다. 일람도나 지적도면은 장 단위로 보호대에 보관한다.

ⓓ 지적서고는 지적사무를 처리하는 **사무실과 연접(連接)하여** 설치하여야 한다.

ⓔ 지적서고는 제한구역으로 지정하고, 출입자를 지적사무담당공무원으로 한정할 것

ⓕ 지적서고에는 인화물질의 반입을 금지하며, 지적공부, 지적관계서류 및 지적측량장비만 보관할 것

ⓖ 지적공부 보관상자는 벽으로부터 15센티미터 이상 띄워야 하며, 높이 10센티미터 이상의 깔판 위에 올려놓아야 한다.

ⓗ 골조는 철근콘크리트 이상의 강질로 할 것

ⓘ 바닥과 벽은 2중으로 하고 영구적인 방수설비를 할 것

ⓙ 전기시설을 설치하는 때에는 단독퓨즈를 설치하고 소화장비를 갖춰 둘 것

ⓚ 열과 습도의 영향을 받지 아니하도록 내부공간을 넓게 하고 천장을 높게 설치할 것

관련기출문제

01 공간정보의 구축 및 관리 등에 관한 법령상 지적공부의 보존 등에 관한 설명으로 옳은 것을 모두 고른 것은?

(32회)

ⓐ 지적서고는 지적사무를 처리하는 사무실과 연접(連接)하여 설치하여야 한다.
ⓑ 지적소관청은 천재지변이나 그 밖에 이에 준하는 재난을 피하기 위하여 필요한 경우에는 지적공부를 해당 청사 밖으로 반출할 수 있다.
ⓒ 지적공부를 정보처리시스템을 통하여 기록·저장한 경우 관할 시·도지사, 시장·군수 또는 구청장은 그 지적공부를 지적정보관리체계에 영구히 보존하여야 한다.
ⓓ 카드로 된 토지대장·임야대장 등은 200장 단위로 바인더(binder)에 넣어 보관하여야 한다.

① ㉠, ㉢   ② ㉡, ㉣   ③ ㉢, ㉣
④ ㉠, ㉡, ㉢   ⑤ ㉠, ㉡, ㉣

정답 ▶ ④
ⓓ 카드로 된 토지대장·임야대장 등은 100장 단위로 바인더(binder)에 넣어 보관한다.

2 지적전산자료의 이용 및 활용 (15추가,17,33회)

▧ 우리가 조상 땅 찾기할 때 할아버지가 전국에 어디에 땅을 가지고 있는지 확인하기 위해서 지적전산자료를 이용할 수 있는데 이 경우, 사생활침해의 문제가 있기 때문에 일정한 절차를 거쳐야 이용할 수 있다는 문제죠?

▸ **지적전산자료 이용**

① 이용절차

　㉠ 관계중앙행정기관장의 심사 및 국토교통부장관 등의 신청 : 지적전산자료를 이용 또는 활용하고자 하는 자는 **관계중앙행정기관장의 심사**를 거쳐서 다음과 같이 국토교통부장관이나 시·도지사, 지적소관청에 신청(승인×)하여야 한다.

❶ 전국단위의 지적전산자료	국토교통부장관 또는 **시도지사** 또는 **지적소관청**
❷ 시·도 단위의 지적전산자료	시·도지사 또는 **지적소관청**
❸ 시·군·구 단위의 지적전산자료	지적소관청

　㉡ 다만, (중앙)행정기관의 장, 그 소속기관의 장 또는 (지방)자치단체장이 신청하는 경우에는 관계중앙행정기관의 심사를 받지 않는다.

　㉢ 토지소유자가 (자)기 토지에 대한 지적전산자료를 신청하거나, 토지소유자가 사망하여 그 (상)속인이 피상속인의 토지에 대한 지적전산자료를 신청하는 경우에는 심사를 받지 아니할 수 있다.

　㉣ (개)인정보를 **제외한** 지적전산자료 이용시는 심사받지 않는다.

② 국토교통부장관, 시·도지사, 지적소관청의 심사내용

    ㉠ 지적공부에 관한 전산자료(이하 "지적전산자료"라 한다)를 이용하거나 활용하려는 자는 같은 조 제2항에 따라 다음 각 호의 사항을 적은 신청서를 관계 중앙행정기관의 장에게 제출하여 심사를 신청하여야 한다.

    ㉡ 신청을 받은 관계 중앙행정기관의 장은 다음 각 호의 사항을 심사한 후 그 결과를 신청인에게 통지하여야 한다.

③ 사용료 납부

    ㉠ 지적전산자료를 이용 또는 활용의 승인을 받은 자는 국토교통부령이 정하는 사용료를 납부하여야 한다.

    ㉡ 다만 국가나 지방단체장일 경우에는 그 사용료를 면제한다.

3 지적정보 전담관리기구(법 제70조)

(1) 의의 : 국토교통부장관(지적소관청×)은 지적공부의 효율적인 관리 및 활용을 위하여 **지적정보 전담 관리기구**를 설치·운영한다.✱

(2) 자료의 요청(암기 공, 주, 가족, 등기)

국토교통부장관은 지적공부를 과세나 부동산정책자료 등으로 활용하기 위하여 (공)시지가전산자료, ㈜민등록전산자료 (주택가격전산자료×), (가족)관계등록전산자료, 부동산(등기)전산자료 등을 관리하는 기관에 그 자료를 요청할 수 있으며 요청을 받은 관리기관의 장은 특별한 사정이 없는 한 이에 응하여야 한다.✱

제4절 **지적공부의 복구** ★(23,26,31,33,34,35회) 핵심테마 10

1 의의

지적소관청(소유자의 신청x)이 지적공부의 일부 또는 전부가 멸실되거나 훼손된 때에 지적공부와 가장 부합된다고 인정되는 관계자료에 의하여 토지의 표시사항과 소유자관계 등을 지체 없이(국토교통부장관승인x) 복구·등록하는 것을 말한다.

(예 연천군청의 지적서고에 보관된 토지대장이 홍수로 떠내려가서 연천군청이 토지대장 다시 만듦)

		토지(임야)대장	
㉠소재,지반 : 모두			㉁소유자 (성명,주소,주민번호)
㉢전, ㉣ 75m²			甲

2 복구자료

토지의 표시(지목, 면적 등)에 관한 사항 : 멸실, 훼손당시의지적공부와 가장 부합된다고 인정되는 관계자료에 따라 토지의 표시사항을 복구하여야 한다.

(1) **토지의 표시** (지목, 면적등)에 관한 사항	① 토지(건물)등기사항증명서 등 등기사실을 증명하는 서류 ② 법원의 **확정**판결서 정본 또는 사본 등 ③ 측량(결과)도 ④ 토지이동정리 (결의)서 ⑤ 지적공부등본 ⑥ 법에 따라 복제된 지적공부 ⑦ 지적소관청이 작성하거나 발행한 지적공부의 내용을 증명하는 서류(부동산 종합증명서) (암기) 복구(결과)는 가능하나, 복구(계획)(준비), (의뢰)는 안 된다 ⇨ × : ①**토지이용**(계획)**확인서**, ②**측량수행**(계획)서, ③**측량** (준비)도 ④ **지적측량** (의뢰)서
(2) **소유자**(성명, 주소)에 관한 사항	① 부동산등기부나 ② 법원의 확정판결서

3 복구절차★ (이 부분, 꼭 꼭 기억하세요)

복구자료 조사	⇒	복구자료조사서, 복구자료도	⇒	복구측량(초과)	⇒
복구사항 게시	⇒	이의신청	⇒	지적공부 복구	

❶ 복구자료의 조사	
❷ 지적복구자료 조사서와 복구자료도의 작성	지적소관청은 조사된 복구자료 중 토지대장·임야대장 및 공유지연명부의 등록 내용을 증명하는 서류 등에 따라 지적복구자료 조사서를 작성하고, 지적도면의 등록 내용을 증명하는 서류 등에 따라 복구자료도를 작성하여야 한다.
❸ 복구측량	㉠ 복구자료도에 따라 측정한 면적과 지적복구자료 조사서의 조사된 면적의 증감이 허용범위를 초과(이내×) 하거나 복구자료도를 작성할 복구자료가 없는 경우에는 복구측량을 하여야 한다. ㉡ 작성된 지적복구자료 조사서의 조사된 면적이 허용범위 이내인 경우에는 그 면적을 복구면적으로 결정하여야 한다. ㉢ 경계 또는 면적의 조정 : 복구측량을 한 결과가 복구자료와 부합하지 아니한 때에는 토지소유자 및 이해관계인의 동의를(직권×) 얻어 **경계 또는 면적 등을 조정**할 수 있다. 이 경우 경계를 조정한 때에는 경계점표지를 설치하여야 한다.
❹ 게시	지적소관청(지적파일의 경우 시·도지사)이 지적공부를 복구하고자 하는 때에는 복구할 대상토지의 표시사항 등을 시·군·구(시,도×)의 게시판 및 인터넷 홈페이지에 15일 이상 **게시**하여야 한다.
❺ 이의신청	복구대상인 토지표시사항에 이의가 있는 자는 게시기간 내에 **이의신청**
❻ 지적공부의 복구 : 복구 즉시 효력이 발생한다.	
❼ 다만 토지대장·임야대장 또는 공유지연명부는 복구되고 지적도면이 복구되지 아니한 토지가 축척변경 시행지역이나 도시개발사업 등의 시행지역에 편입된 때에는 지적도면을 복구하지 아니할 수 있다.	

01 공간정보의 구축 및 관리 등에 관한 법령상 지적공부의 복구 및 복구절차 등에 관한 설명으로 틀린 것은? (31회)

① 지적소관청(정보처리시스템을 통하여 기록·저장한 지적공부의 경우에는 시·도지사, 시장·군수 또는 구청장)은 지적공부의 전부 또는 일부가 멸실되거나 훼손된 경우에는 지체 없이 이를 복구하여야 한다.

② 지적공부를 복구할 때에는 멸실·훼손 당시의 지적공부와 가장 부합된다고 인정되는 관계 자료에 따라 토지의 표시에 관한 사항을 복구하여야 한다. 다만, 소유자에 관한 사항은 부동산등기부나 법원의 확정판결에 따라 복구하여야 한다.

③ 지적공부의 등본, 개별공시지가 자료, 측량신청서 및 측량 준비도, 법원의 확정판결서 정본 또는 사본은 지적공부의 복구자료이다.

④ 지적소관청은 조사된 복구자료 중 토지대장·임야대장 및 공유지연명부의 등록 내용을 증명하는 서류 등에 따라 지적복구자료 조사서를 작성하고, 지적도면의 등록 내용을 증명하는 서류 등에 따라 복구자료도를 작성하여야 한다.

⑤ 복구자료도에 따라 측정한 면적과 지적복구자료 조사서의 조사된 면적의 증감이 오차의 허용범위를 초과하거나 복구자료도를 작성할 복구자료가 없는 경우에는 복구측량을 하여야 한다.

정답 ▶ ③

(암기 복구 결과는 가능하나, 복구 계획, 준비는 안 된다)

02 공간정보의 구축 및 관리 등에 관한 법령상 지적공부의 복구에 관한 관계 자료가 아닌 것은? (33회)

① 지적측량 의뢰서　　　　　　　② 지적공부의 등본
③ 토지이동정리 결의서　　　　　④ 법원의 확정판결서 정본 또는 사본
⑤ 지적소관청이 작성하거나 발행한 지적공부의 등록내용을 증명하는 서류

정답 ▶ ①

(암기 복구 결과는 가능하나, 복구 계획, 준비, 의뢰는 안 된다)

03 공간정보의 구축 및 관리 등에 관한 법령상 지적공부의 복구에 관한 관계 자료에 해당하는 것을 모두 고른 것은? (35회)

> ㉠ 측량 결과도
> ㉡ 법원의 확정판결서 정본 또는 사본
> ㉢ 토지(건물)등기사항증명서 등 등기사실을 증명하는 서류
> ㉣ 지적소관청이 작성하거나 발행한 지적공부의 등록내용을 증명하는 서류

① ㉠, ㉡　　　　　　　② ㉡, ㉢　　　　　　　③ ㉢, ㉣
④ ㉡, ㉢, ㉣　　　　　⑤ ㉠, ㉡, ㉢, ㉣

정답 ▶ ⑤

제**5**절 **부동산종합공부** (26,27,30,33회) 이부분, 꼭 꼭 기억요

▨ 토지 위에 건물이 세워져 있을 때 토지와 건물의 중요내용을 한 눈에 알 수 있도록 새로 개정법에서 지적소
관청이 만든 장부죠?

(1) 등록 사항	① 토지의 ⓢ유자와 ⓟ시에 관한 사항 : '공간정보의 구축 및 관리에 관한(등기법×) 법'에 따른 지적공부의 내용 ② 건축물의 ⓢ유자와 ⓟ시에 관한 사항(토지에 건축물이 있는 경우만 해당한다) : 「건축법」에 따른 건축물대장의 내용 ③ 토지(건물×)의 이용 및 규제에 관한 사항 : 「토지이용규제 기본법」에 따른 토지이용계획 확인서의 내용 ④ 그 밖에 부동산의 효율적 이용과 부동산과 관련된 정보의 종합적 관리 · 운영을 위하여 필요한 사항으로서 대통령령으로 정하는 사항(=부동산 **등기법의 부동산 권리에 관한 사항**)(토지적성 평가서의 내용×) ⑤ 부동산의 가격(보상×)에 관한 사항 : 「부동산 가격공시 및 감정평가에 관한 법률」 개별공시지가(실거래가액×), 개별주택가격 및 공동주택가격 공시내용 암기 ⓢ, ⓟ, 이용, 권, 가격 이 부종 에 등록되어 있다
(2) 관리 및 운영	① 지적소관청은 부동산의 효율적 이용과 부동산과 관련된 정보의 종합적 관리 · 운영을 위하여 부동산종합공부를 관리 · 운영한다. ② 지적소관청은 부동산종합공부를 영구히 보존하여야 하며, 부동산종합공부의 멸실 또는 훼손에 대비하여 이를 별도로 복제하여 관리하는 정보관리체계를 구축하여야 한다. ③ 등록사항을 관리하는 기관의 장은 지적소관청에 상시적으로 관련 정보를 제공하여야 한다. ④ 지적소관청은 부동산종합공부의 정확한 등록 및 관리를 위하여 필요한 경우에는 등록사항을 관리하는 기관의 장에게 관련 자료의 제출을 요구할 수 있다. 이 경우 자료의 제출을 요구받은 기관의 장은 특별한 사유가 없으면 자료를 제공하여야 한다.
(3) 열람 및 발급	부동산종합공부를 열람하거나 부동산종합공부 기록사항의 전부 또는 일부에 관한 증명서(이하 "부동산종합증명서"라 한다)를 발급받으려는 자는 지적소관청이나 읍.면.동(시,도지사×)의 장에게 신청할 수 있다.
(4) 등록사항의 정정	① 부동산종합공부의 등록사항 정정에 관하여는 지적공부등록사항의 정정에 관한사항을 준용한다. ② **토지소유자는** 지적소관청(읍,면,동×)**에** 등록사항의 **오류정정을 신청**할 수 있다. ③ 지적소관청은 부동산종합공부의 등록사항 정정을 위하여 등록사항 상호 간에 일치하지 아니하는 사항(이하 이 조에서 "불일치 등록사항"이라 한다)을 확인 및 관리하여야 한다. ④ 지적소관청은 불일치 등록사항에 대해서는 등록사항을 관리하는 기관의 장에게 그 내용을 통지하여 등록사항 정정을 요청할 수 있다.

	열람/발급	복제
지적공부	해당 지적소관청	
정보처리시스템	**지적소관청 or 읍,면,동 (시·도지사 ×)**	국토교통부장관
부동산 종합공부	지적소관청 or **읍,면,동 (시·도지사 ×)**	지적소관청
지적삼각점성과	지적소관청 or 시·도지사	
부동산종합공부 오류정정신청	지적소관청(읍,면,동×)	

관련기출문제

01 공간정보의 구축 및 관리 등에 관한 법령상 부동산종합공부에 관한 설명으로 <u>틀린</u> 것은? (32회)

① 지적소관청은 「건축법」제38조에 따른 건축물대장의 내용에서 건축물의 표시와 소유자에 관한 사항(토지에 건축물이 있는 경우만 해당)을 부동산종합공부에 등록하여야 한다.

② 지적소관청은 「부동산등기법」제48조에 따른 부동산의 권리에 관한 사항을 부동산종합공부에 등록하여야 한다.

③ 지적소관청은 부동산의 효율적 이용과 부동산과 관련된 정보의 종합적 관리·운영을 위하여 부동산종합공부를 관리·운영한다.

④ 지적소관청은 부동산종합공부를 영구히 보존하여야 하며, 부동산종합공부의 멸실 또는 훼손에 대비하여 이를 별도로 복제하여 관리하는 정보관리체계를 구축하여야 한다.

⑤ 부동산종합공부를 열람하려는 자는 지적소관청이나 읍·면·동의 장에게 신청할 수 있으며, 부동산종합공부 기록사항의 전부 또는 일부에 관한 증명서를 발급받으려는 자는 시·도지사에게 신청하여야 한다.

정답 ▶ ⑤
부동산종합공부를 열람이나 발급을 받으려는 자는 지적소관청이나 읍·면·동의 장에게 신청할 수 있다.

02 공간정보의 구축 및 관리 등에 관한 법령상 부동산종합공부의 등록사항에 해당하지 <u>않는</u> 것은? (33회)

① 토지의 이용 및 규제에 관한 사항 : 「토지이용규제 기본법」제10조에 따른 토지이용계획확인서의 내용

② 건축물의 표시와 소유자에 관한 사항(토지에 건축물이 있는 경우만 해당한다) : 「건축법」제38조에 따른 건축물대장의 내용

③ 토지의 표시와 소유자에 관한 사항 : 「공간정보의 구축 및 관리 등에 관한 법률」에 따른 지적공부의 내용

④ 부동산의 가격에 관한 사항 : 「부동산 가격공시에 관한 법률」제10조에 따른 개별공시지가, 같은 법 제16조, 제17조 및 제18조에 따른 개별주택가격 및 공동주택가격 공시내용

⑤ 부동산의 효율적 이용과 토지의 적성에 관한 종합적 관리·운영을 위하여 필요한 사항 : 「국토의 계획 및 이용에 관한 법률」제20조 및 제27조에 따른 토지적성평가서의 내용

정답 ▶ ⑤
부동산의 효율적 이용과 부동산과 관련된 정보의 종합적 관리·운영을 위하여 필요한 사항으로서 대통령령으로 정하는 사항(= 부동산 등기법의 부동산 권리에 관한 사항)

제6절 **연속지적도** (2024년 개정)

1 의의

연속지적도란 지적측량을 하지 아니하고 전산화된 지적도 및 임야도 파일을 이용하여 도면상 경계점을 연결하여 작성한 도면으로서 지적측량에 활용할 수 없는 도면을 말한다.

2 관리 및 정책수립

국토교통부장관은 다음 각 호의 사항이 포함된 연속지적도의 관리 및 정비에 관한 정책을 수립·시행해야 한다.
① 연속지적도의 이용·활용에 관한 사항
② 연속지적도 정비기준의 마련에 관한 사항
③ 연속지적도의 품질관리에 관한 사항
④ 그 밖에 국토교통부장관이 연속지적도의 관리 및 정비를 위해 필요하다고 인정하는 사항

3 반영

지적소관청은 지적도·임야도에 등록된 사항에 대하여 토지의 이동 또는 오류사항을 정비한 때에는 이를 연속지적도에 반영하여야 한다.

4 경비지원

국토교통부장관은 지적소관청의 연속지적도 정비에 필요한 경비의 전부 또는 일부를 지원할 수 있다.

5 정보관리체계구축

국토교통부장관은 연속지적도를 체계적으로 관리하기 위하여 대통령령으로 정하는 바에 따라 연속지적도 정보관리체계를 구축·운영할 수 있다.

① 국토교통부장관은 연속지적도 정보관리체계(이하 "연속지적도 정보관리체계"라 한다)의 구축·운영을 위해 다음 각 호의 업무를 수행할 수 있다.

    ㉠ 연속지적도 정보관리체계의 구축·운영에 관한 연구개발 및 기술지원

    ㉡ 연속지적도 정보관리체계의 표준화 및 고도화

    ㉢ 연속지적도 정보관리체계를 이용한 정보의 공동 활용 촉진

    ㉣ 연속지적도를 이용·활용하는 법인, 단체 또는 기관 간의 상호 연계·협력 및 공동사업의 추진 지원

    ㉤ 그 밖에 연속지적도 정보관리체계의 구축·운영을 위하여 필요한 사항

6 위탁관리

국토교통부장관 또는 지적소관청은 제2항에 따른 연속지적도의 관리·정비 및 제4항에 따른 연속지적도 정보관리체계의 구축·운영에 관한 업무를 대통령령으로 정하는 법인, 단체 또는 기관에 위탁할 수 있다(＝한국국토정보공사 등). 이 경우 위탁관리에 필요한 경비의 전부 또는 일부를 지원할 수 있다.

Chapter 04 토지의 이동 및 지적정리

출제예상 포인트

이 장은 출제비중이 매우 높은 부분이다.
㉠ 각종토지이동의 대상토지 및 특징
㉡ 축척변경절차
㉢ 등록사항의 오류정정사유
㉣ 지적공부의 절리절차(등기촉탁, 소유자에의 통지 등) 등이 중요

제 1 절 서설

(1) 의의

토지의 이동이라 함은 토지의 <u>표시</u>(소재, 지번, 지목, 면적, 경계 또는 좌표)를 <u>새로이 정하거나 변경</u>
<u>또는 말소</u>하는 것을 말한다.

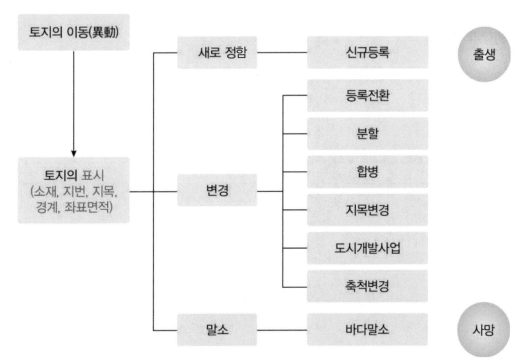

토지(임야)대장			
② 소재	③ 지번 18		
토지의 표시		토지의 이동사유	⑧ 소유자 : 성명, 주소, 주민번호
전	100m²	2012 신규등록	
전	60	2113 분할되어	甲외
대	60	2015 지목변경	개, 소, 주는
대	80	2017 합병	토지 이동이 아니다
개별공시지가 : 12,000, 13,000			

① 토지이동에 해당하는 경우	② 토지이동에 해당하지 않는 경우
㉠ 신규등록, 등록전환 ㉡ 분할, 합병, 지목변경 ㉢ 축척변경, 바다로 된 토지의 등록말소 ㉣ 도시개발사업 등으로 인한 이동 ㉤ 등록사항 오류 정정 ㉥ **행정구역 명칭변경**	㉠ ⑭별공시지가의 변경 ㉡ 토지⑭유자의 변경 ㉢ 토지소유자의 ⑭소 변경 ⑭ ⑭,⑭,⑭는 토지이동이 아니다

관련기출문제

01 **다음 중 토지소유자가 지적소관청에 신청할수 있는 토지이동 종목이 아닌 것은?** (26회)

　　① 신규등록　　　　　② 분할　　　　　③ 지목변경
　　④ 등록전환　　　　　⑤ 소유자변경

　　정답 ▶ ⑤
　　개별공시지가, 소유자변경, 소유자의 주소변경(암 : 개,소,주)는 토지이동이 아니다.

▨ **토지이동의 종류별 특징** 핵심테마 (이부분, 꼭 꼭 기억하세요)

종류	대상토지	신청의무 (60일 : 과태료 ×)	지적측량 (경계, 면적)	등기 촉탁	특징
신규 등록	공유수면매립지	사유발생일 ○	○	×	1) '등' 나오면 틀리다 2) 등기촉탁×
등록 전환	산 계획, 임 임	○	○	○	면적 : 초권, 이등
분할	1) 소유권이전 2) 경계시정 3) 매매 4) 용도변경	1) 원칙 : × 2) 용도변경시○	○	○	지목(용도)변경시 신청의무
합병	부여, 소, 목, 축, 연, 등, 신, 임, 창, 용, 승	1) 원칙 : × 2) 주공, 수, 학, 도, 철저하, 구, 유, 공공체 ○(짝수)	×	○	지적측량 ×
지목 변경	국토+형질, 용도, 합병	○	×	○	지적측량 ×
바다 말소	1) 원상회복×	통지받은 날 90일	전부× 일부○	○	측량비용부담 ×
축척 변경	지적도만 소축척 → 대축척	2/3동의 → 축변 → 시,도 승인 → 20일 이상 시행공고 → 30일 이내 경계 점표시의무 → 새로이 표시사항 결정 → 청산 → 확정공고 → 지적공부정 리 및 등기촉탁(암기 20시, 30경, 청산가리 15개, 고통 20배)			

---

1 **신규등록** 핵심테마 12 (18 기출) ★

(1) **의의** : 신규등록이라 함은 <u>새로이 조성된 토지(공유수면매립지)</u>와 지적공부에 등록되어 있지 아니한 토지를 지적공부에 등록하는 것을 말한다.

(2) **대상토지**

　① 새로이 조성된 토지(예 공유수면매립준공토지)

　② 지적공부의 등록되어 있지 않은 토지

(3) **신청의무**

　토지소유자는 그 사유가 발생한 날로부터 60일 이내에 지적소관청에 신규등록을 신청하여야 한다.(위반시 **과태료제재는** 없다.)

(4) ★첨부서류 임기 신규등록첨부서류는 이 준 기 판 소 리다 [핵심] (이부분, 꼭꼭 기억하세요)

소유권 증명서류	① 「공유수면매립법」에 의한 준공검사확인증 사본 ② 도시계획구역의 토지를 그 지방자치단체의 명의로 등록하는 때에는 기획재정부 장관과 협의한 문서의 사본 ③ 법원의 확정판결서 정본 또는 사본 ④ 그 밖에 소유권을 증명하는 서류의 사본 ※ 소유권에 관한 첨부서면에 등기사항증명서, 등기필정보, 등기완료통지서 등은 포함되지 않는다.
제출의 면제	소유권을 증명하는 서류를 해당 지적소관청이 관리하는 경우에는 지적소관청(시·도지사×)의 확인으로 그 서류의 제출을 갈음할 수 있다.

(5) 지적공부에의 등록 및 정리방법 [핵심 2] 임기 등 자만 나오면 틀린다.

▨ 왜냐하면 신규등록토지는 아직 등기부가 존재하지 않기 때문이죠.

① 등기촉탁	신규등록의 경우에는 아직 미등기상태이므로 다른 토지이동과는 달리 등기촉탁사유가 아니다.
② 소유자	신규등록하는 토지의 소유자는 지적소관청이 직접조사·확인하여 등록한다. (등기부를 기초로×)
③ 경계와 면적	신규등록을 하기 위해서는 경계와 면적은 반드시 지적측량에 의하여 결정한다.

관련기출문제

01 신규등록에 관한 설명이다. 틀린 것은? (18회 기출)

① '신규등록'이라 함은 새로이 조성된 토지와 지적공부에 등록되어 있지 아니한 토지를 지적공부에 등록하는 것을 말한다.
② 신규등록할 토지가 있는 때에는 60일 이내에 지적소관청에 신청하여야 한다.
③ 공유수면매립에 의거 신규등록을 신청하는 때에는 신규등록사유를 기재한 신청서에 공유수면매립법에 의한 준공검사확인증 사본을 첨부하여 지적소관청에 제출하여야 한다.
④ 토지소유자의 신청에 의하여 신규등록을 한 경우 지적소관청은 토지표시에 관한 사항을 지체 없이 등기관서에 그 등기를 촉탁하여야 한다.
⑤ 신규등록 신청시 첨부해야 하는 서류를 그 지적소관청이 관리하는 경우에는 지적소관청의 확인으로써 그 서류의 제출에 갈음할 수 있다.

정답 ▶ ④
(임기 신규등록은 '등'자만 나오면 틀리다)

02 토지소유자가 신규등록을 신청할 때에는 신규등록사유를 적은 신청서에 해당서류를 첨부하여 지적소관청에 제출하여야 한다. 이 경우 첨부해야 할 해당 서류가 아닌 것은? (23회)

① 법원의 확정판결서 정본 사본
② 지형도면에 고시된 도시관리계획도 사본
③ 「공유수면매립법」에 의한 준공검사확인증 사본
④ 도시계획구역의 토지를 그 지방자치단체의 명의로 등록하는 때에는 기획재정부장관과 협의한 문서의 사본
⑤ 소유권을 증명하는 서류의 사본

정답 ▶ ②
준공검사확인증사본, 기획재정부장관과 협의한 문서, 판결서, 기타소유권증명 서류는(**암기** 준.기.판.소 리) 제공한다.

2 등록전환 핵심테마 13 (15,17 기출)

(1) 의의

① 등록전환이라 함은 임야대장 및 임야도에 등록된 토지를 토지대장 및 지적도에 **옮겨 등록하**는 것을 말한다(법 제2조 제14호).

(**예** 평창동계올림픽 때문에 임야를 형질변경해서 개발하여 호텔이나 전원주택을 신축했을 때 임야도에 있는 토지가 지적도로 옮겨 가는 것을 말하죠?)

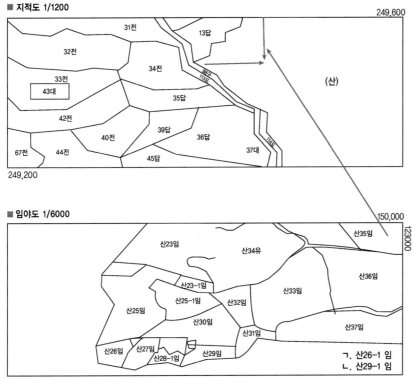

(2) ★⑤록전환 대상토지 [핵심 1] 암기 ⑤ⓢ할 ⑳ⓘⓘ

대상토지	① 「ⓢ지관리법」에 따른 산지전용허가, 신고, 「건축법」에 따른 건축허가, 신고 등 관계법령에 따른 개발행위허가를 받은 경우
	② 도시, 군관리⑳선에 따라 토지를 분할하는 경우
	③ 대부분의 토지가 등록전환 되어 나머지 **토지를** ⓘ야도에 계속 존치하는 것이 불합리한 경우
	④ ⓘ야도에 등록된 토지가 사실상 형질변경 되었으나 지목변경을 할 수 없는 경우

(3) 신청의무

등록전환사유발생일로부터 소유자가 60일 이내에 지적소관청에 신청하여야 한다.

(4) 첨부서류

① 등록전환을 신청할 때에는 등록전환 사유를 적은 신청서에 관계 법령에 따른 개발행위 허가 등을 증명하는 서류를 첨부하여 지적소관청에 제출하여야 한다.

② 그 서류를 그 지적소관청이 관리하는 경우에는 지적소관청의 확인으로 그 서류의 제출을 갈음할 수 있다.

(5) 지적공부에의 등록 및 정리방법★

① 경계 : 등록전환을 하기 위하여는 반드시 지적측량을 하여 경계를 결정한다.

② ★면적 [핵심 2] 암기 ⓒⓟ, ⓘⓔ

허용범위 초과	임야대장의 면적과 등록전환될 면적의 차이가 **허용오차를** ⓒ과하는 경우에는 임야대장의 면적 또는 임야도의 경계를 지적소관청이 직ⓟ(소유자신청×)으로 **정정한** 후 등록전환을 하여야 하고
허용범위 이내	오차가 **허용범위** ⓘ내인 경우에는 ⓔ록전환될 면적(임야대장면적×)을 등록전환면적으로 결정한다.

① 고유번호	1234567890 − 2 − 0018 0000		임야대장	장번호	
토지의 표시			축척 1/6000	⑧ 소유자	
④ 지목	⑤ 면적 m²	⑥ 토지이동 사유		⑨ 변동 일자	甲
임야	300				

① 고유번호	1234567890 − 1 − 0018 0000		토지대장	장번호	
토지의 표시			축척 1/1200	⑧ 소유자	
④ 지목	⑤ 면적 m² 초과	⑥ 토지이동 사유 이내		⑨ 변동일자	甲
대	350(직권정정)	305(등록전환될 면적)			

③ 축척 : 도면의 축척은 등록전환 될 **인접지와 동일한 축척으로 등록**한다.

④ 등기촉탁 : 지적소관청이 등록전환에 따라 지적공부를 정리한 경우 지체 없이 등기관서에 그 <u>등기를 촉탁</u>하여야 한다.

관련기출문제

01 공간정보의 구축 및 관리 등에 관한 법령상 등록전환을 할 때 임야대장의 면적과 등록전환될 면적의 차이가 오차의 허용범위를 초과하는 경우 처리방법으로 옳은 것은? (31회)

① 지적소관청이 임야대장의 면적 또는 임야도의 경계를 직권으로 정정하여야 한다.
② 지적소관청이 시·도지사의 승인을 받아 허용범위를 초과하는 면적을 등록전환 면적으로 결정하여야 한다.
③ 지적측량수행자가 지적소관청의 승인을 받아 허용범위를 초과하는 면적을 등록전환 면적으로 결정하여야 한다.
④ 지적측량수행자가 토지소유자와 합의한 면적을 등록전환 면적으로 결정하여야 한다.
⑤ 지적측량수행자가 임야대장의 면적 또는 임야도의 경계를 직권으로 정정하여야 한다.

정답 ▶ ①
(암기 초권, 이등)

02 **등록전환에 관한 설명이다. 틀린 것은?** (22회)

① 토지소유자는 등록전환 할 토지가 있는 때에는 그 사유가 발생한 날로부터 60일이내에 지적소관청에 신청하여야 한다.

② 산지관리법에 의한 산지전용허가, 건축법에 따른 건축허가 등 관계 법령에 따른 개발행위허가를 받은 토지는 등록전환을 신청할 수 있다.

③ 임야도에 등록된 토지가 사실상 형질변경 되었으나 지목변경을 할 수 없는 경우에는 지목변경 없이 등록전환을 신청할 수 있다.

④ 지적소관청이 등록전환에 따라 지적공부를 정리한 경우 지체 없이 등기관서에 그 등기를 촉탁하여야 한다.

⑤ 등록전환에 따른 면적을 정할 때 임야대장의 면적과 등록전환 될 면적의 차이가 오차의 허용범위 이내인 경우, 임야대장의 면적을 등록전환 면적으로 결정한다.

정답 ▶ ⑤

허용범위 이내인 경우에는 등록전환 될 면적을 등록전환면적으로 한다(**암기** 등, 산, 계획, 임, 등초권, 이등)

---

3 **분할** (19,20,35회 기출)

(1) 의의 : 분할이라 함은 지적공부에 등록된 1필지를 2필지 이상으로 나누어 등록하는 것을 말한다.

(2) ★분할 대상토지 : **암기** **소**,**경**,**매**,**용** 분할하다 (이부분, 꼭 꼭 기억하세요)

대상 토지	① **소**유권 이전
	② 토지이용상 **불합리한 지상 경**계를 시정하기 위한 경우(모서리땅)
	③ **매**매 등을 위하여 필요한 경우 다만 관계법령에 따라 해당 토지에 대한 분할이 개발행위 허가 등의 대상인 경우에는 **개발행위허가** 등을 받은 **이후에** 분할을 신청 할 수 있다.
	④ 1필지의 일부가 형질변경 등으로 **용**도가 다르게 된 때(의무적 분할대상)
신청 의무	① 원칙 : ㉠**소**유권 이전, ㉡토지이용상 불합리한 지상 **경**계를 시정하기 위한 경우, ㉢**매**매 등을 위하여 필요한 경우에는 60일 분할 신청의무가 없다.
	② 예외[신청의무] : 1필지의 일부가 형질변경 등으로 **용**도(소유자가×)가 다르게 된 때에는 그 날부터 60일 이내에 지적소관청에 분할을 **신청하여야 한다.**

▨ 1필지 일부가 형질변경으로 용도 변경시 분할하여야 한다

(3) 첨부서류

① 분할허가대상인 경우에는 그 허가서의 사본

② 특히, 1필지의 일부가 형질변경 등으로 용도가 다르게 되어 의무적으로 분할신청을 하는 때에는 지목변경신청서를 함께 (별도로×) 제출하여야 한다.

③ 위 서류를 해당 지적소관청이 관리하는 경우에는 지적소관청의 확인으로 그 서류의 제출을 갈음할 수 있다.

(4) 분할시 등록 및 정리방법

① 경계

ㄱ 분할을 위한 지적측량을 실시하여 종전의 경계나 면적을 버리고 새로이 경계와 면적을 결정한다

ㄴ 이 경우 분할에 따른 경계의 결정은 지상건축물이 걸리게 할 수 없다.(단, 공, 사, 계, 판은 걸릴수 있다)

② 면적 : 면적의 결정에 있어서는 분할 전의 면적과 분할 후의 면적이 같아야 한다.

암기 (분), (이), (나)

ㄱ (분)할을 위하여 면적을 정함에 있어서 오차가 발생하는 경우 그 오차가 국토교통부령이 정하는 허용범위 (이)내인 때에는 그 오차를 분할 후의 각 필지의 면적에 (나)누고, 허용범위를 초과하는 경우에는 지적공부상의 면적 또는 경계를 정정하여야 한다.☀

③ 경계점좌표등록부가 있는 지역의 토지분할을 위하여 면적을 정할 때에는 다음 각 호의 기준에 따른다.

ㄱ 분할 후 각 필지의 면적합계가 분할 전 면적보다 많은 경우에는 구하려는 끝자리의 다음 숫자가 작은 것부터 순차적으로 버려서 정하되, 분할 전 면적에 증감이 없도록 할 것

ㄴ 분할 후 각 필지의 면적합계가 분할 전 면적보다 적은 경우에는 구하려는 끝자리의 다음 숫자가 큰 것부터 순차적으로 올려서 정하되, 분할 전 면적에 증감이 없도록 할 것

④ 등기촉탁 : 지적소관청이 분할에 따라 지적공부를 정리한 경우 지체 없이 등기관서에 그 등기를 촉탁하여야 한다.

관련기출문제

01 **토지 분할에 대한 설명 중 틀린 것은?** (20회)

① 토지이용상 불합리한 지상경계를 시정하기 위한 경우에는 분할을 신청할 수 있다.

② 지적공부에 등록된 1필지의 일부가 관계법령에 의한 형질변경 등으로 용도가 다르게 된 때에는 소관청에 토지의 분할을 신청하여야 한다.

③ 토지를 분할하는 경우 주거, 사무실 등의 건축물이 있는 필지에 대하여는 분할 전 지번을 우선하여 부여하여야 한다.

④ 토지의 매매를 위하여 필요한 경우에는 분할을 신청할 수 있다.

⑤ 공공사업으로 도로를 개설하기 위하여 토지를 분할하는 경우에는 지상건축물이 걸리게 지상경계를 결정하여서는 아니 된다.

정답 ▶ ⑤

(**암기**) 공, 사, 계, 판)으로 분할시 지상경계를 걸리게 결정할 수 있다.

---

4 합병 핵심테마 14 (17,22,35회 기출) ★★

(1) 의의

합병이란 지적공부에 등록된 2필지 이상의 토지를 1필지로 합하여 등록하는 것을 말한다.

(2) 합병요건★★ 핵심 (이부분, 꼭 꼭 기억하세요)

암기 부여)에 가면 소)도 목), 축)하고, 연), 등)도 켜야 합병할 수 있다.

다음 각 호의 어느 하나에 해당하는 경우에는 <u>합병 신청을 할 수 없다.</u>

제한 요건	① 합병하려는 토지의 **지번** 부여)**지역**이 서로 **다른 경우** ② 합병하려는 토지의 소)**유자가** 서로 다른 경우(소유권이전등기 연월일이 서로 다른 경우×) ②-1. 합병하려는 토지의 소유자별 <u>공유지분이 다른 경우</u> ②-2. 소유자의 주소가 서로 다른 경우(다만 지적소관청이 행정정보공통이용을 통하여 ㉠ 토지등기사항 증명서, ㉡ 법인등기사항증명서, ㉢ 주민등록표 초본을 통하여 토지소유자가 동일인임이 확인할 수 있는 경우에는 합병할 수 있다)(2022년 개정) ③ 합병하려는 토지의 **지** 목)**이** 서로 **다른 경우** ③-1. 합병하려는 각 필지의 지목은 같으나 일부 토지의 <u>용도가 다르게 되어 분할대상 토지인</u> 경우는 합병할 수 **없다.** 다만, 합병 신청과 <u>동시</u>에 토지의 용도에 따라 분할 신청을 하는 경우는 **합병 신청할 수 있다.**

**제한
요건**

④ 합병하려는 토지의 지적도 및 임야도의 <u>축</u>척이 서로 다른 경우

④-1. 합병하려는 토지가 구획정리, 경지정리 또는 <u>축척변경</u>을 시행하고 있는 지역의 토지와 그 지역 <u>밖의</u> 토지인 경우

⑤ 합병하려는 각 필지가 서로 <u>연</u>접 하지 않는 경우

⑥ 합병하려는 토지가 **등기된 토지와 등기되지 아니한** 토지인 경우는 합병할 수 없다.

⑦ 합병하려는 토지에 다음 각 목의 <u>등기 외의 등기</u>가 있는 경우

합병 가능한 등기 : 암기 합필 신 임 창 용 승 이야

㉠ 등기법에 따른 등기사항이 동일한 <u>신</u>탁등기

㉡ <u>임</u>차권의 등기

㉢ 합병하려는 토지 전부에 대한 등기원인(登記原因) 및 그 연월일과 <u>접수번호가 동일한</u> 저당권 의 등기(<u>창</u>설적공동저당)

㉣ <u>용</u>익물권(전세권 + 지상권 + <u>승</u>역지 지역권)등기 + 소유권등기

합병 불가능한 등기

㉠ 저당권등기

㉡ 가등기, 가압류, 가처분, 경매개시결정의 등기

㉢ 합병하려는 토지 전부에 대한 등기원인(登記原因) 및 그 연월일과 <u>접수번호가</u> 다른 **저당권의** 등기(추가적 공동저당)

㉣ 요역지 지역권등기

합병제한

부동산일부 ○   부동산의 일부 ×

용익권 ○   (저당권, 가압류,
(지상, 지역, 전세, 임차권)   가처분, 가등기 등)

신청 의무	① 원칙 : 합병은 원칙적으로 토지소유자의 임의신청에 의한다. ② 예외(60일 이내에 신청하여야 할 경우) ㉠ ㉶택법에 의한 ㉸동주택의 부지! ㉡ ㉺도용지, ㉑교용지, ㉸로, ㉲도용지, ㉷방, ㉵천, ㉱거, ㉹지(유원지×), ㉸장용지, ㉸원, ㉲육용지등의 지목으로 연접하여 있으나, 2필지 이상으로 등록된 토지를 합병할 때는 그 사유발생일로 부터 60일 이내에 토지소유자가 지적소관청에 신청하여야 한다. ㉠㉠ ㉶㉸! ㉺㉑㉸ ㉲ 저(㉷)이 ㉵㉱㉹ ㉸㉸㉲(=짝수인 지목)

(4) 합병의 특징

① 경계와 면적 : 합병의 경우에 합병 전의 각 필지의 경계는 필요 없게 되므로 말소하여 경계를 정하고 면적은 합병 전 각 필지의 면적을 합산하여 정하고,

② 합병에 의한 지적공부정리시 **등기촉탁한다.**

③ 측량 안 함 : 합병은 지적측량 및 면적측정은 실시하지 않는다.

관련기출문제

01 甲이 자신의 소유인 A토지와 B토지를 합병하여 합필등기를 신청할 때 합필등기를 신청할 수 없는 경우에 해당하는 것은? (22회)

① A토지에 乙의 지상권, B토지에 丙의 지상권등기가 있는 경우
② A토지에 乙의 전세권, B토지에 丙의 전세권등기가 있는 경우
③ A토지에 乙의 가압류, B토지에 丙의 가압류등기가 있는 경우
④ A, B토지 모두에 등기원인 및 그 연월일과 접수번호가 동일한 乙의 전세권등기가 있는 경우
⑤ A, B토지 모두에 등기원인 및 그 연월일과 접수번호가 동일한 乙의 저당권등기가 있는 경우

정답 ▶ ③
(㉠㉠ 신.임, 창, 용, 승)은 합병할 수 있다.

02 공간정보의 구축 및 관리 등에 관한 법령상 합병 신청을 할 수 없는 경우에 관한 내용으로 틀린 것은? (단, 다른 조건은 고려하지 아니함) (35회)

① 합병하려는 토지의 지목이 서로 다른 경우
② 합병하려는 토지의 소유자별 공유지분이 다른 경우
③ 합병하려는 토지의 지번부여지역이 서로 다른 경우
④ 합병하려는 토지의 소유자에 대한 소유권이전등기 연월일이 서로 다른 경우
⑤ 합병하려는 토지의 지적도 축척이 서로 다른 경우

정답 ▶ ④
④ 합병하려는 토지의 소유자가 다르면 합병할 수 없지만 소유권이전등기 연월일이 서로 다른 경우는 합병할 수 있다.

5 지목변경 (15회)

(1) 의의

지목변경이라 함은 지적공부에 등록된 지목을 <u>다른 지목</u>으로 바꾸어 등록하는 것을 말한다.

(2) ★지목변경 대상토지 [핵심테마] (이부분, 꼭 꼭 기억하세요)

암기 (국토+형질)과 (용도)가 (합병)하면 지목변경 된다.

대상 토지	① 「(국토)의 계획 및 이용에 관한 법률」 등 관계법령에 의한 토지의 (형질)변경 등의 공사가 준공된 경우(전,답 → 주택지) ② **토지 또는 건축물의 (용도)가 변경**된 경우(폐교 → 기업연구소) ③ <u>도시개발사업</u> 등의 원활한 사업추진을 위하여 <u>사업시행자가</u> 공사 준공 전에 토지의 (합병)을 <u>신청하는</u> 경우는 용도가 변경된 토지로 보아 **지목변경**을 신청할 수 있다.
신청 의무	토지소유자는 그 사유가 발생한 날부터 <u>60일</u> 이내에 지적소관청에 신청하여야 한다.

(3) 신청서 등의 첨부서류

㉠ 관계법령에 따라 토지의 형질변경 등의 공사가 준공되었음을 증명하는 서류의 사본

㉡ 토지 또는 건축물의 용도가 변경되었음을 증명하는 서류의 사본

㉢ 첨부서류생략

개발행위허가, 농지전용허가, 보전산지전용허가 등 지목변경과 관련된 규제를 받지 아니하는 토지의 지목변경이거나 **전, 답, 과수원 상호간의** 지목변경인 경우에는 위의 **서류의 첨부를** <u>생략할 수 있다.</u>

㉣ 첨부서류제출의 갈음

위의 서류를 <u>지적소관청이 관리</u>하는 경우에는 <u>지적소관청의 확인(시, 도지사의 확인×)</u>으로써 그 서류의 제출에 갈음할 수 있다.

(4) 지적공부의 등록

① 측량: 지목변경을 하기 위하여는 <u>지적측량을 실시할 필요가</u> 없으나, 지목변경신청내용과 실제 토지 이용현황의 사실부합 여부를 판단하기 위하여 토지의 이동조사를 실시하여야 한다.

② <u>일시적이고 임시적인</u> 용도의 변경은 지목변경 할 수 없다. (영속성의 원칙에 위반)

③ 등기촉탁: 지적소관청은 지목변경에 따른 지적공부를 정리한 경우 지체없이 관한 등기관서에 그 등기를 촉탁하여야 한다.

관련기출문제

01 지목 변경신청에 관한 설명으로 틀린 것은? (22회)

① 토지소유자는 지목변경을 할 토지가 있으면 그 사유가 발생한 날부터 60일 이내에 지적소관청에 지목변경을 신청하여야 한다.

② 국토의 계획 및 이용에 관한 법률 등 관계 법령에 따른 토지의 형질변경 등의 공사가 준공된 경우에는 지목변경을 신청 할 수 있다.

③ 전·답·과수원 상호간의 지목변경을 신청하는 경우에는 토지의 용도가 변경되었음을 증명하는 서류의 사본첨부를 생략할 수 있다.

④ 지목변경 신청에 따른 첨부서류를 해당 지적소관청이 관리하는 경우에는 시·도지사의 확인으로 그 서류의 제출을 갈음 할 수 있다.

⑤ 도시개발법에 따른 도시개발사업의 원활한 추진을 위하여 사업시행자가 공사 준공 전에 토지의 합병을 신청하는 경우에는 지목변경을 신청 할 수 있다.

정답 ▶ ④
지적소관청의 확인으로 그 서류의 제출을 갈음할 수 있다.

6 바다로 된 토지의 등록말소

(1) 의의 : 지적공부에 등록된 토지가 지형의 변화 등으로 바다(하천×)로 된 경우로서 원상으로 회복할 수 없거나 다른 지목의 토지로 될 가능성이 없는 때에 지적공부의 등록을 말소하는 것을 말한다.

▨ **바다로 된 토지의 등록말소**

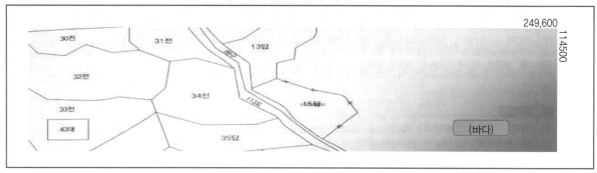

(2) 말소통지	지적소관청은 지적공부에 등록된 **토지소유자에게** 지적공부의 등록말소신청을 하도록 **통지**하여야 한다(법 82조).
(3) 신청의무	토지소유자는 <u>통지받은 날부터</u> 90일(60일×) 이내에 등록말소신청을 하여야 한다.
(4) 직권말소	토지소유자가 등록말소신청을 하지 아니하는 경우에는 **지적소관청이 직권으로** 지적공부의 등록사항을 말소한다.
(5) 회복등록	① 지적소관청(토지소유자×)은 말소된 토지가 지형의 변화 등으로 다시 토지로 된 경우에는 이를 **회복등록 할 수** 있다. ② 지적소관청은 회복등록을 하려면 그 지적측량성과 및 등록말소 당시의 지적공부 등 관계 자료에 따라야 한다.
(6) 정리결과 통지 및 등기촉탁	① 지적공부의 등록사항을 직권으로 말소하거나 회복등록 하였을 때에는 그 정리 결과를 <u>토지소유자 및 해당 공유수면의 관리청에 통지</u>하여야 한다. ② 지적소관청은 지적공부의 등록사항을 말소 또는 회복등록에 따른 사유로 토지의 표시 변경에 관한 등기를 할 필요가 있는 경우에는 지체 없이 관할 등기관서에 그 **등기를 촉탁**하여야 한다.
(7) 측량비용	바다로 된 토지를 소유자의신청이 없어서 지적소관청이 직권으로 측량하여 말소한 경우에는 측량수수료는 소유자에게 징수하지 아니한다.

> **▶ 판례**
> 토지가 포락되어 해면아래에 잠김으로서 복구가 곤란하여 토지로서의 효용을 상실하면 <u>종전의 소유권은 영구히 소멸</u>되고, 그 후 포락된 토지가 다시 성토되어도 종전의 소유자가 다시 소유권을 취득할 수 없다.

관련기출문제

01 **바다로 된 토지의 등록말소에 관한 설명으로 옳은 것은?** (22회)
① 지적소관청은 지적공부에 등록된 토지가 일시적인 지형의 변화 등으로 바다로 된 경우에는 공유수면의 관리청에 지적공부의 등록말소 신청을 하도록 통지하여야 한다.
② 지적소관청은 등록말소 신청 통지를 받은 자가 통지를 받은 날부터 60일 이내에 등록말소 신청을 하지 아니하면 직권으로 그 지적공부의 등록사항을 말소하여야 한다.
③ 지적소관청이 직권으로 등록말소를 할 경우에는 시·도지사의 승인을 받아야 하며, 시·도지사는 그 내용을 승인하기 전에 토지소유자의 의견을 청취하여야 한다.
④ 지적소관청은 말소한 토지가 지형의 변화 등으로 다시 토지가 된 경우에는 그 지적측량성과 및 등록말소 당시의 지적공부 등 관계 자료에 따라 토지로 회복등록을 할 수 있다.
⑤ 지적소관청이 지적공부의 등록사항을 말소하거나 회복등록하였을 때에는 그 정리 결과를 시·도지사 및 행정안전부장관에게 통보하여야 한다.

정답 ▶ ④
② 90일 ③ 시, 도지사승인 필요없다. ⑤ 토지소유자 및 공유수면관리청에 통부한다.

▨ 토지이동의 종류별 대상토지의 구분★

신규 등록	① 새로이 조성된 토지(예 공유수면매립준공토지)
	② 지적공부에 등록되지 않은 토지
등록 전환	① 「(산)지관리법」산지전용허가, 「건축법」에 따른 건축허가 등 관계법령에 의한 **개발행위허가**를 받은 경우
	② **도시, 군관리(계획)선에** 따라 토지를 분할하는 경우
	③ 대부분의 토지가 등록전환되어 나머지 **토지를** (임)야도에 계속 존치하는 것이 불합리한 경우
	④ (임)야도에 등록된 토지가 사실상 형질변경되었으나 지목변경을 할 수 없는 경우
분할	① (소)유권 이전
	② 토지이용상 불합리한 지상(경)계를 시정하기 위한 경우
	③ (매)매 등을 위하여 필요한 경우
	④ 1필지의 일부가 형질변경 등으로 (용)도가 다르게 된 때(의무적 분할대상)
합병	㉠ (주)택법에 의한 (공)동주택의 부지!
	㉡ (수)도용지, (학)교용지, (도)로, (철)도용지, (제)방, (하)천, (구)거, (유)지(유원지×), (공)장용지, (공)원, (체)육용지등의 지목으로 연접하여 있으나, 2필지 이상으로 등록된 토지
지목 변경	① 「(국토)의 계획 및 이용에 관한 법률」등 관계법령에 의한 토지의 (형질)변경 등의 공사가 준공된 경우
	② 토지 또는 건축물의 (용도)가 변경된 경우
	③ 도시개발사업 등의 원활한 사업추진을 위하여 사업시행자가 공사준공 전에 토지의 (합병)을 신청하는 경우

7 **지적공부 등록사항의 오류정정** 핵심테마 15 (23,27,30,35 기출)

▨ 토지대장, 도면 등에 등록된 지목, 면적이나 소유자의 성명 등이 잘못 등록되어 있으면 이를 고쳐야 하겠죠? 이때 하는 절차를 등록사항 오류정정이라 합니다.

		토지(임야)대장	
ⓛ소재, 지번 : 모두		신규등록 ⇩ 등록사항 오류정정	㈀소유자 (성명, 주소, 주민번호)
ⓒ전 ⇒ 대 ⓔ 70m² ⇒ 700m²			김치 ⇒ 김치국

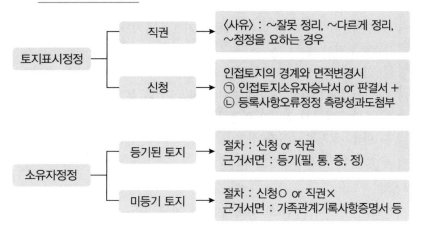

등록사항의 오류 정정

- 토지표시정정
  - 직권 → 〈사유〉 : ~잘못 정리, ~다르게 정리, ~정정을 요하는 경우
  - 신청 → 인접토지의 경계와 면적변경시 ㈀ 인접토지소유자승낙서 or 판결서 + ㈁ 등록사항오류정정 측량성과도첨부
- 소유자정정
  - 등기된 토지 → 절차 : 신청 or 직권 근거서면 : 등기(필, 통, 증, 정)
  - 미등기 토지 → 절차 : 신청○ or 직권✕ 근거서면 : 가족관계기록사항증명서 등

(1) 토지표시사항(지목, 경계, 면적 등)의 오류정정

① ★지적소관청의 **직권에** 의한 정정 (이부분, 꼭 꼭 기억하세요)

지적소관청은 지적공부의 등록사항에 잘못이 있음을 발견하면 대통령령으로 정하는 바에 따라 직권으로 조사·측량하여 정정할 수 있다.

암기 ① 결의서or성과 다르게 직권, ③ 면적환산 잘못 직권, ④ 잘못입력 직권,

⑤ 당시잘못 직권, ⑥ 경계위치 잘못 직권, ⑦ 지적위원회 의결시 직권, ⑧ 각하 통지시 직권으로 등록사항오류를 정정할 수 있다.

㉠ 직권정정 사유	① 토지이동정리 **결의서**의 내용과 **다르게** 정리된 경우 : (토지이용**계획서**와 다르게 정리된 경우X)
	② 지적측량 **성과**와 다르게 정리된 경우 : (지적측량준비도와 다르게 정리된 경우X)
	③ 척관법에서 미터법으로 **면적환산**이 잘못된 경우
	④ 지적공부에 등록사항이 **잘못입력**된 경우
	⑤ 지적공부작성 또는 재작성 **당시** 잘못 정리한 경우
	⑥ 지적도에 등록된 필지가 면적의 증감없이 **경계위치** 잘못된 경우
	⑦ 지적측량적부심사에 따른 **지적위원회** 의결서 내용에 따라 지적공부의 등록사항을 정정하는 경우
	⑧ 합필등기신청의 **각하**에 따른 등기관의 통지가 있는 경우(단, 지적소관청이 착오로 잘못 합병한 경우)
	⑨ 임야대장의 면적과 등록전환 될 면적의 차이가 허용범위를 초과하는 경우
직권정정 사유 ×	㉠ 등기부에 기재된 **토지의 표시**가 지적공부와 부합하지 않을 때
	㉡ 도면에 등록된 필지가 **면적의 증감**하여 경계를 변경하는 경우
	㉢ **미등기토지의 소유자 정정**
	㉣ 연속지적도가 잘못 작성된 경우

㉡ 직권정정절차
   ⓐ 지적측량의 정지 : 지적공부의 등록사항 중 경계 또는 면적 등 측량을 수반하는 토지 표시에 잘못이 있는 경우에는 지적소관청은 그 정정이 완료되는 때까지 지적측량을 정지시킬 수 있다. 다만, 그 잘못 표시된 사항의 정정을 위한 지적측량은 그러하지 아니하다.
   ⓑ 등록사항정정 대상토지의 관리 등
      지적소관청이 지적공부에 등록된 토지의 표시에 잘못이 있음을 발견한 때에는 지체 없이 등록사항정정에 필요한 서류와 등록사항정정 측량성과도를 작성하고, 토지이동정리결의서를 작성한 후 대장의 사유란에 '등록사항정정 대상토지'라고 **기재**하고, 토지소유자에게 등록사항정정 신청을 하도록 그 사유를 통지하여야 한다.
   ⓒ 지적소관청이 직권으로 정정할 수 있는 경우에는 토지소유자에게 통지를 하지 아니할 수 있다.
   ⓓ 등록사항정정 대상토지에 대한 열람을 하거나 등본을 발급하는 때에는 '등록사항정정 대상토지'라고 기록한 부분을 흑백의 반전으로 표시하거나 붉은색으로 기록하여야 한다.

② 소유자의 신청에 의한 정정
　　㉠ 토지소유자는 지적공부의 등록사항에 잘못이 있음을 발견한 때에는 지적소관청에 그 정정을 신청할 수 있다.
　　㉡ 토지의 경계변경 : 정정으로 인접 토지의 경계가 변경되는 경우에는 다음 각 호의 어느 하나에 해당하는 서류를 지적소관청에 제출하여야 한다.
　　　ⓐ 인접 토지소유자의 승낙서
　　　ⓑ 인접 토지소유자가 승낙하지 아니하는 경우에는 이에 대항할 수 있는 확정판결서 정본
　　　ⓒ 인접토지의 경계 또는 면적의 변경을 가져오는 경우에는 등록사항정정측량성과도를 함께 제출하여야 한다.

(2) 토지소유자에 관한 사항(성명, 주소, 주민번호 등)의 정정(법 제84조 제4항 본문)

① 등기된 토지의 소유자정정	등기된 토지의 정정사항이 토지 소유자(토지의 표시×)에 관한 사항인 경우에는 지적소관청의 직권에 의한 정정이든 토지소유자의 신청에 의한 것이든 그 정정은 등기⑲증, 등기완료⑳지서, 등기사항⑫명서 또는 등기관서에서 제공한 등기전산⑭보자료(가족관계기록사항증명서×)에 의하여야 한다. 암기 ⑲ ⑳ ⑫ ⑭
② 미등기지의 소유자정정	미등기토지로서 토지소유자의 신청(직권×)의 경우에 신청한 정정사항이 토지소유자의 성명 또는 명칭, 주민등록번호, 주소 등에 관한 사항으로서 명백히 잘못 기재된 경우에는 가족관계기록사항에 관한 증명서(등기사항증명서×)에 따라 정정하여야 한다.

관련기출문제

01　공간정보의 구축 및 관리 등에 관한 법령상 지적소관청이 지적공부의 등록사항에 잘못이 있는지를 직권으로 조사·측량하여 정정할 수 있는 경우를 모두 고른 것은? (30회)

　㉠ 지적공부의 작성 또는 재작성 당시 잘못 정리된 경우
　㉡ 지적도에 등록된 필지의 경계가 지상 경계와 일치하지 않아 면적의 증감이 있는 경우
　㉢ 측량 준비 파일과 다르게 정리된 경우
　㉣ 지적공부의 등록사항이 잘못 입력된 경우

① ㉢　　　　② ㉣　　　　③ ㉠, ㉣
④ ㉡, ㉢　　⑤ ㉠, ㉢, ㉣

정답 ▶ ③

02 공간정보의 구축 및 관리 등에 관한 법령상 지적소관청이 지적공부의 등록사항을 직권으로 조사·측량하여 정정할 수 있는 경우로 틀린 것은? (35회)

① 연속지적도가 잘못 작성된 경우
② 지적공부의 작성 또는 재작성 당시 잘못 정리된 경우
③ 토지이동정리 결의서의 내용과 다르게 정리된 경우
④ 지적도 및 임야도에 등록된 필지가 면적의 증감 없이 경계의 위치만 잘못된 경우
⑤ 지방지적위원회 또는 중앙지적위원회의 의결서 사본을 받은 지적소관청이 그 내용에 따라 지적공부의 등록사항을 정정하여야 하는 경우

정답 ▶ ①

┌ 제 **2** 절 **축척변경** (24,26~35회 기출)★★ [핵심테마 16] (이부분, 꼭 꼭 기억하세요)

▨ **축척변경**

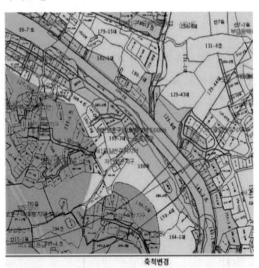

축척변경

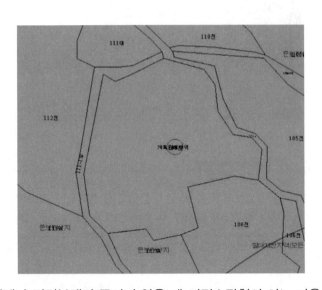

▨ 일정한 마을의 도면의 축척이 작아서(1/2,400) 경계나 면적분쟁이 끊이지 않을 때 지적소관청이 어느 마을의 도면을 큰 그림(1/500)으로 바꾸어 등록시키는 것을 말하는데, 이 경우 새로이 측량해서 등록시켜야 하기 때문에 면적증감이 일어나서 돈 문제가 대두되어 일정한 절차(청산절차)을 거쳐 도면을 정밀한 그림으로 바꾸어 등록하는 행위를 말합니다(예 오산시 원동지구 축척변경).

축척변경절차

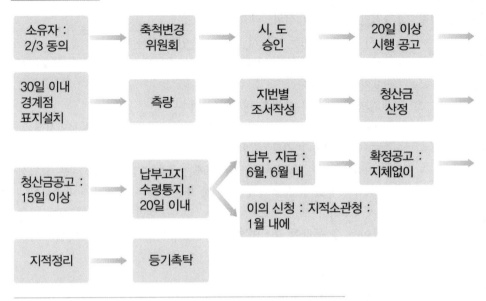

암기 : 2/3동, 20시, 30경 청산가리 15개, 고, 통 20배, 6.61

1. 의의	① 축척변경이란 **지적도**에 등록된 경계점의 정밀도를 높이기 위하여 **작은 축척을 큰 축척으로** 변경하여 등록하는 것을 말한다. ※ 대축척 → 소축척 (×) ※ 2002년 개정법은 지적도(임야도×)에서만 ② 소유자의 신청 : 축척변경을 신청하는 토지소유자는 축척변경 사유를 기재한 신청서에 토지소유자의 3분의 2 이상의 동의서를 첨부해서 지적소관청에 제출하여야 한다. ③ 지적소관청의 직권 : 지적소관청은 소유자의 신청이 없어도 축척변경사유에 해당하는 경우에는 직권으로 축척변경을 할 수 있다.
2. 대상 토지	① 잦은 토지이동(분할)으로 인하여 1필지의 규모가 작아서 소축척으로는 지적 측량성과의 결정이나 토지의 이동에 따른 정리가 곤란한 때(정밀성) ② 동일한 지번부여지역 안에 서로 다른 축척의 지적도가 있는 때

	① 동의	축척변경시행지역 내의 토지소유자 2/3이상의 동의를 얻을 것
	② 의결	**축척변경위원회의 심의, 의결**을 거칠 것
3. 절차	③ 승인	ⓐ 시·도지사 또는 대도시 시장의 승인을 얻을 것 다만, 축척변경시 축척변경위원회의 의결 및 시·도지사 또는 대도시시장의 **승인이 필요치 않은** 경우 ㉠ **합병**을 하고자 축척을 변경하는 경우 ㉡ 도시개발사업 등의 시행지역 안에 있는 토지로서 당해 사업시행에서 **제외된** 토지의 축척을 변경하는 경우 ⓑ 지적소관청은 축척변경을 할 때에는 축척변경 사유를 적은 승인신청서에 다음 각 호의 서류를 첨부하여 시·도지사 또는 대도시 시장에게 제출하여야 한다. 이 경우 시·도지사 또는 대도시 시장은 「전자정부법 제36조 제1항에 따른 행정정보의 공동이용」을 통하여 축척변경 대상지역의 지적도를 확인하여야 한다. ㉠ 축척변경의 사유 ㉡ 지번 등 명세 ㉢ 토지소유자의 동의서 ㉣ 축척변경위원회(이하 "축척변경위원회"라 한다)의 의결서 사본 ㉤ 그 밖에 축척변경 승인을 위하여 시·도지사 또는 대도시 시장이 필요하다고 인정하는 서류

★ 암기 2/3동. 20⑨, 30⑨, ⑨가리15개, ⑨⑨20배, 6, 6, 1,1

④ 시행 공고	지적소관청은 시·도지사 또는 대도시 시장으로부터 축척변경승인을 얻은 때에는 지체 없이 시·군·구 및 시행지역 내 리·동의 게시판에 다음사항을 20일 이상 ⑨행공고하여야 한다. (1) 축척변경의 목적, 시행지역 및 시행기간 (2) 축척변경의 시행에 관한 세부계획 (3) 축척변경 시행에 따른 청산방법 (4) 축척변경 시행에 따른 토지소유자의 협조에 관한 사항
⑤ 경계점 표시 의무	축척변경시행지역 안의 토지소유자 또는 점유자(지적소관청×)는 시행공고가 있는 날(시행공고일)로부터 30일 이내에 시행공고일 현재 점유하고 있는 경계에 ⑨계점표지를 설치하여야 한다.

⑥ 새로측량 토지표시 사항결정	(1) 지적소관청이 토지소유자가 설치한 경계표시를 기준으로 축척변경측량을 통하여 축척변경 시행지역 안의 각 필지별 지번·지목·면적·경계 또는 좌표를 새로이 정한다. (2) 축척변경시행지역의 지번의 부여는 지적확정측량(종전지번 중 본번만으로)을 실시한 지번부여의 규정을 준용한다. (3) 면적측정결과 축척변경 전의 면적과 변경 후의 면적의 오차가 허용면적 이내인 경우에는 축척변경 전의 면적을 결정면적으로 한다. 다만, 허용면적을 초과하는 경우에는 축척변경 후의 면적을 결정면적으로 한다. (4) 경계점좌표등록부를 갖춰 두지 아니하는 지역을 경계점좌표등록부를 갖춰 두는 지역으로 축척변경을 하는 경우에는 그 필지의 경계점을 평판(平板) 측량방법이나 전자평판(電子平板) 측량방법으로 지상에 복원시킨 후 경위의(經緯儀) 측량방법 등으로 경계점좌표를 구하여야 한다. 이 경우 면적은 경계점좌표에 따라 결정하여야 한다.	

⑦ 지적공부 정리 등의 정지됨	지적소관청은 **축척변경시행기간 중에는** 축척변경시행지역 안의 지적공부정리와 경계복원측량(다만, 경계점지의 설치를 위한 경계복원측량을 제외한다)은 축척변경확정공고일까지 이를 **정지한다.** 다만, 축척변경위원회의 의결이 있는 때에는 그러하지 아니하다.

⑧ 지번별 조서의 작성	지적소관청은 축척변경에 관한 측량을 완료한 때에는 시행공고일 현재의 지적공부상의 면적과 측량 후의 면적을 비교하여 그 변동사항을 표시한 **지번별 조서**(토지이동현황 조사서x)를 작성하여야 한다. *지번별 조서작성

	전	후	증감	m(축, 변)	청산금
11번	200m²	210	+10	10만	+100만
12	200	200	0	8만	0
13	200	180	−20	9만	−180

4. 청산금 ① 의의	(1) 청산금의의 : 청산금이라 축척변경으로 인하여 면적증감이 있는 경우, 증가된 면적만큼 징수하거나 반대로 면적의 감소가 있는 경우에는 그에 따른 손실액만큼 토지소유자에게 보상을 하는 경우를 말한다. (2) 다만, 다음에 해당하는 경우에는 청산하지 않는다. ㉠ 필지별 증감면적이 **허용범위 이내인** 경우에는 신구면적에 증감이 없는 것으로 보고 청산금을 산출하지 아니한다. 다만, 축척변경위원회의 의결이 있는 때에는 제외한다. ㉡ 소유자 **전원이** 청산하지 아니하기로 합의하여 이를 **서면으로** 제출한 경우

② 청산금 산출	(1) 청산금은 지번별 조서의 필지별 증감면적에 지번별 m²당 금액을 곱하여 산정한다. (2) 면적증감에 대하여 청산을 하고자 하는 때에는 **축척변경위원회의** 의결을 거쳐 **지번별로 m²당 금액을 정**하여야 한다. (3) 이 경우 **지적소관청은 시행공고일**(확정공고일×) 현재를 기준으로 그 축척변경시행지역 안의 토지에 대하여 지번별 m²당 금액을 미리 조사하여 **축척변경위원회에 제출**하여야 한다.

③ 청산금 공고	지적소관청은 청산금을 산정한 때에는 청산금조서를 작성하고, (청산)금이 결정되었다는 뜻을 **동·리의** 게시판에 15일 이상 **공고**하여 일반인이 열람할 수 있게 하여야 한다.

④ 납부고지, 수령통지		⑦ 지적소관청은 청산금을 결정·공고한 날로부터 20일 이내에 토지소유자에게 청산금의 납부(고)지 또는 수령(통)지를 하여야 한다. ⓒ 납부고지를 받은 자는 그 고지받은 날 부터 **6월 이내에** 청산금을 **지적소관청에** 납부하여야 하고, 지적소관청은 수령통지일로부터 6월 **이내에 청산금을** 지급하여야 한다. ⓒ 지적소관청은 청산금을 교부받을 자가 행방불명 등으로 받을 수 없거나 받기를 거부하는 때에는 그 청산금을 공탁할 수 있다. ⓔ 지적소관청은 청산금을 납부하여야 하는 자가 이의신청을 하지 아니하고, 청산금을 납부하지 아니하는 때에는 지방세체납처분의 예에 의하여 이를 징수할 수 있다.
⑤ 청산금의 이의신청		(1) 납부고지 또는 수령통지를 받은 날로부터 1월 <u>이내에 지적소관청(축척변경위원회×)에 이의 신청</u>할 수 있다. (2) 축척변경위원회는 1월 이내에 이의신청에 관한 사항을 심의하여 결정하고, 지적소관청은 그 결정내용을 지체 없이 이의 신청인에게 통지하여야 한다.
⑥ 차액처리		(3) 청산금을 산정한 결과 증가된 면적에 대한 청산금의 합계와 감소된 면적에 대한 청산금의 합계에 차액이 생긴 경우 <u>초과액은 그 지방자치단체의 수입으로</u> 하고, <u>부족액은 그 지방자치단체가 부담</u>한다.
5. 축척변경의 확정공고		(1) 청산금의 <u>징수 및 지급이 완료된 때에는</u> 지적소관청은 <u>지체 없이</u> **축척변경의 확정공고를** 하여야 한다. (2) 축척변경확정공고에는 다음 사항이 포함되어 있어야 한다. ① 토지의 소재 및 지역명 ② 축척변경 지번별 조서 ③ 청산금 조서 ④ 지적도의 축척 (3) 축척변경에 관한 <u>확정 공고일(시행공고일×)에 토지이동</u>이 있는 것으로 본다.
6. 지적공부 정리 및 등기촉탁		(1) 지적소관청은 축척변경의 확정공고를 한 때에는 지체 없이 축척변경에 의하여 확정된 사항을 지적공부에 등록하여야 한다. (2) 지적공부에 등록하는 때에는 다음 각 호의 기준에 따라야 한다. ① 토지대장은 확정공고된 축척변경 지번별 조서에 **따를 것** ② 지적도는 확정측량 결과도 또는 경계점좌표에 **따를 것** (3) 지적소관청이 축척변경에 의하여 확정된 사항을 지적공부에 등록한 때에는 관할등기소에 **등기를 촉탁**하여야 한다.

2 축척변경위원회

구성 (심의·의결 기관)	(1) 설치 및 구성 : 축척변경에 관한 사항을 심의·의결하기 위하여 지적소관청에 **축척변경위원** **회를 둔다.** ① 5인 이상 10인 **이하로** 구성 ② 그중 토지소유자가 1/2이상 되어야 하며, ③ 이 경우 그 축척변경시행지역 안의 토지소유자가 5명 **이하인** 때에는 토지소유자 **전원**을 위원으로 위촉하여야 한다.
위원 및 위원장	① 위원 ㉠ 축척변경시행지역안의 토지소유자 중 지역사정에 정통한 자와 ㉡ 지적에 관한 전문지식을 가진 자 중에서 지적소관청이 위촉한다. ② 위원장 : 위원 중에서 지적소관청이 지명한다.
심의, 의결 기능	(1) 축척변경 (시)행계획에 관한 사항 암기 축변에서 (시)(청)(청)(소)한다. (2) 지번별 m^2당 가격의 결정과 (청)산금의 산출에 관한 사항 (3) (청)산금에 관한 이의신청에 관한 사항 (4) 그 밖에 축척변경에 관하여 지적 (소)관청이 부의한 사항
회의	① 회의 : 지적소관청이나 위원장이 필요하다고 인정할 때에 축척변경위원회의 회의를 소집한다. ② 의결 : 재적위원 **과반수의 출석으로 개의**하고 **출석위원 과반수의 찬성으로 의결**한다. ③ 통지 : 위원장은 축척변경위원회를 소집할 때에는 회의일시, 장소 및 심의안건을 회의 개최 <u>5일 전</u>까지 각 위원에게 **서면으로** 통지한다.

암기 축척변경위원회는 5, 10, 2이다.

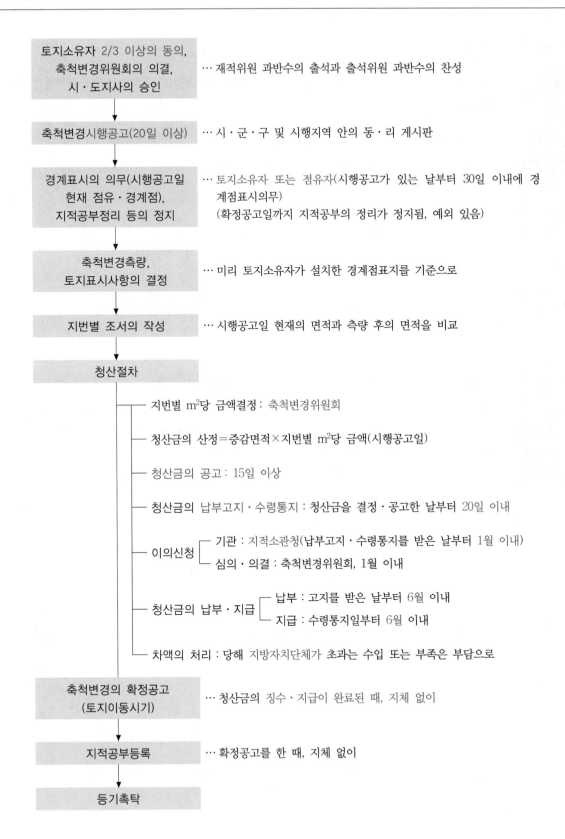

토지소유자 2/3 이상의 동의,
축척변경위원회의 의결,
시·도지사의 승인
··· 재적위원 과반수의 출석과 출석위원 과반수의 찬성

축척변경시행공고(20일 이상) ··· 시·군·구 및 시행지역 안의 동·리 게시판

경계표시의 의무(시행공고일
현재 점유·경계점),
지적공부정리 등의 정지
··· 토지소유자 또는 점유자(시행공고가 있는 날부터 30일 이내에 경계점표시의무)
(확정공고일까지 지적공부의 정리가 정지됨, 예외 있음)

축척변경측량,
토지표시사항의 결정
··· 미리 토지소유자가 설치한 경계점표지를 기준으로

지번별 조서의 작성 ··· 시행공고일 현재의 면적과 측량 후의 면적을 비교

청산절차

— 지번별 m^2당 금액결정 : 축척변경위원회

— 청산금의 산정 = 증감면적 × 지번별 m^2당 금액(시행공고일)

— 청산금의 공고 : 15일 이상

— 청산금의 납부고지·수령통지 : 청산금을 결정·공고한 날부터 20일 이내

— 이의신청 ┌ 기관 : 지적소관청(납부고지·수령통지를 받은 날부터 1월 이내)
　　　　　　 └ 심의·의결 : 축척변경위원회, 1월 이내

— 청산금의 납부·지급 ┌ 납부 : 고지를 받은 날부터 6월 이내
　　　　　　　　　　　 └ 지급 : 수령통지일부터 6월 이내

— 차액의 처리 : 당해 지방자치단체가 초과는 수입 또는 부족은 부담으로

축척변경의 확정공고
(토지이동시기)
··· 청산금의 징수·지급이 완료된 때, 지체 없이

지적공부등록 ··· 확정공고를 한 때, 지체 없이

등기촉탁

관련기출문제

01 공간정보의 구축 및 관리 등에 관한 법령상 축척변경에 관한 설명이다. ( )안에 들어갈 내용으로 옳은 것은? (28회)

> • 지적소관청은 축척변경을 하려면 축척변경 시행지역의 토지소유자 (㉠)의 동의를 받아 축척변경위원회의 의결을 거친 후 (㉡)의 승인을 받아야 한다.
> • 축척변경 시행지역의 토지소유자 또는 점유자는 시행공고일부터 (㉢) 이내에 시행공고일 현재 점유하고 있는 경계에 <u>경계점표지</u>를 설치하여야 한다.

	㉠	㉡	㉢
①	2분의 1 이상	국토교통부장관	30일
②	2분의 1 이상	시·도지사 또는 대도시 시장	60일
③	2분의 1 이상	국토교통부장관	60일
④	3분의 2 이상	시·도지사 또는 대도시 시장	30일
⑤	3분의 2 이상	국토교통부장관	60일

정답 ▶ ④

④ 토지소유자의 2/3이상의 동의받고, 시, 도지사 또는 대도시시장의 승인을 받아야 한다. 토지 소유자 또는 점유자는 30일 이내에 경계점표시를 설치하여야 한다.

02 공간정보의 구축 및 관리 등에 관한 법령상 축척변경위원회의 구성에 관한 내용이다. ( )에 들어갈 사항으로 옳은 것은? (32회)

> 축척변경위원회는 (㉠) 이상 10명 이하의 위원으로 구성하되, 위원의 2분의 1 이상을 토지소유자로 하여야 한다. 이 경우 그 축척변경 시행지역의 토지소유자가 (㉡) 이하일 때에는 토지소유자 전원을 위원으로 위촉하여야 한다. 위원장은 위원 중에서 (㉢)이 지명한다.

① ㉠: 3명, ㉡: 3명, ㉢: 지적소관청   ② ㉠: 5명, ㉡: 5명, ㉢: 지적소관청
③ ㉠: 5명, ㉡: 5명, ㉢: 국토교통부장관   ④ ㉠: 7명, ㉡: 7명, ㉢: 지적소관청
⑤ ㉠: 7명, ㉡: 7명, ㉢: 국토교통부장관

정답 ▶ ②

축척변경위원회는 5 이상 10명 이하의 위원으로 구성하되, 소유자가 5인 이하일 때에는 토지소유자 전원을 위원으로 위촉하여야 한다. 위원장은 위원 중에서 지적소관청이 지명한다.

03 공간정보의 구축 및 관리 등에 관한 법령상 축척변경에 따른 청산금에 관한 이의신청에 대한 설명이다. ( )에 들어갈 내용으로 옳은 것은? (33회)

> • 납부고지되거나 수령통지된 청산금에 관하여 이의가 있는 자는 납부고지 또는 수령통지를 받은 날부터 (㉠)에 지적소관청에 이의신청을 할 수 있다.
> • 이의신청을 받은 지적소관청은 (㉡)에 축척변경위원회의 심의·의결을 거쳐 그 인용(認容)여부를 결정한 후 지체 없이 그 내용을 이의신청인에게 통지하여야 한다.

① ㉠: 15일 이내, ㉡: 2개월 이내   ② ㉠: 1개월 이내, ㉡: 2개월 이내
③ ㉠: 1개월 이내, ㉡: 1개월 이내   ④ ㉠: 2개월 이내, ㉡: 1개월 이내
⑤ ㉠: 2개월 이내, ㉡: 15일 이내

정답 ▶ ③

| 제3절 **토지이동의 신청권자** (16,17,24회 기출) 핵심테마 17 |

1. 소유자의 신청	토지소유자가 토지의 이동사유 발생시 지적소관청에 신청한다.
2. 대위신청 암기: 관 행, 사,(채) 이다	다음 각 호의 어느 하나에 해당하는 자는 이 법에 따라 토지소유자가 하여야 하는 신청을 대신할 수 있다.(법 제87조) 다만 등록사항 오류정정은 제외된다. ① 「**주택법**」에 따른 **공동주택의** 부지인 경우: 「집합건물의 소유 및 관리에 관한 법률」에 따른 관리인 또는 해당 사업의 시행자 ② **국가나 지방자치단체가 취득하는** 토지인 경우: 해당 토지를 관리하는 행정기관의 장 또는 지방자치단체의 장 ③ **공공사업 등에** 따라 수도용지, 학교용지·도로·철도용지·제방·하천·구거·유지 등의 지목으로 되는 토지인 경우: 해당 사업의 시행자 암기 수학도 철저 하구유 ④ 「민법」 제404조에 따른 채권자의 대위신청(매수인) 단, 용익권자(지상권자, 전세권자, 임차인, 대리경작자 등)는 토지소유자를 대위신청 할 수 없다.
3. 도시개발 사업 등에 따른 토지 이동 신청 특례 (26,30,31,34회 기출)	① 도시개발사업등의 사업시행자: 도시개발사업·농어촌정비사업, 「공공주택 특별법」에 따른 공공주택지구 조성사업. 「도시 및 주거환경정비법」에 따른 정비사업. 「택지개발촉진법」에 따른 택지개발사업. 「지역 개발 및 지원에 관한 법률」에 따른 지역개발사업 그 밖에 관계법령에 의한 토지개발사업 등으로 인하여 토지의 이동이 있는 때에는 그 사업시행자(토지소유자×)가 지적소관청에 그 토지이동을 신청하여야 한다. ② 시공보증자: 「주택법」의 규정에 의한 주택건설사업의 시행자가 **파산** 등의 이유로 토지의 이동신청을 할 수 없는 때에는 그 주택의 **시공을 보증한 자 또는 입주예정자(토지소유자×) 등이** 신청할 수 있다. ③ 사업의 착수 등 신고: 도시개발사업 등의 사업시행자는 그 사업의 착수·변경 또는 완료사실을 그 사유가 발생한 날부터 15일 이내에 지적소관청에 신고하여야 한다. ㉠ 도시개발사업 등의 착수(시행)·변경·완료 신고서에 다음 각 호의 서류를 첨부하여야 한다. 다만, 변경신고의 경우에는 변경된 부분으로 한정한다. ⓐ 사업인가서　ⓑ 지번별 조서　ⓒ 사업계획도 ④ 도시개발사업 등의 사업의 착수 또는 변경신고된 토지에 대하여는 그 사업이 완료되는 때까지 **사업시행자외의** 자가 토지이동을 신청할 수 없다. ⑤ '사업의 착수 또는 변경의 신고가 된 토지의 소유자가 해당 토지의 이동을 원하는 경우'에는 해당사업의 시행자에게 그 토지이동을 신청하도록 요청하여야 하며, 요청을 받은 사업시행자는 해당 사업에 지장이 없다고 판단되면 지적소관청에 그 이동을 신청하여야 한다. ⑥ 도시개발사업 등 토지개발사업이 환지(換地)를 수반하는 경우에는 이 사업완료신고로써 토지이동신청에 갈음한다. 이 경우에는 사업완료신고서에 토지이동신청에 갈음한다는 뜻을 기재하여야 한다. ⑦ 토지이동시기: 도시개발사업 등으로 인한 토지의 이동은 토지의 형질변경 등의 공사가 준공된 때(착수한 때 ×) **토지의 이동이** 있는 것으로 본다.

관련기출문제

01 법령상 토지소유자가 하여야 하는 토지이동 신청을 대신 할 수 있는 자가 아닌 것은? (24회)

① 주택법에 의한 공동주택의 부지의 경우에는 '집합건물의 소유 및 관리에 관한 법률'에 의한 **(관)**리인

② 국가 또는 지방자치단체가 취득하는 토지의 경우에는 그 토지를 관리하는 **(행)**정기관 또는 지방자치단체의 장

③ 공공사업 등으로 인하여 학교용지·도로·철도용지·제방 등의 지목으로 되는 토지의 경우에는 그 **(사)**업시행자

④ 민법 제404조(채권자의 대위신청)의 규정에 의한 **(채)**권자

⑤ 주차전용 건축물 및 이에 접속된 부속시설물의 부지인 경우는 해당 토지를 관리하는 관리인

정답 ▶ ⑤

공동주택관리인, 행정기관장, 사업시행자, 채권자 등(암 : 관.행.사.채) 토지이동을 대신신청 할 수 있다.

02 다음은 공간정보의 구축 및 관리 등에 관한 법령상 도시개발사업 등 시행지역의 토지이동 신청 특례에 관한 설명이다. (   )에 들어갈 내용으로 옳은 것은? (31회)

- 「도시개발법」에 따른 도시개발사업, 「농어촌정비법」에 따른 농어촌정비사업 등의 <u>사업시행자</u>는 그 사업의 착수·변경 및 완료 사실을 (㉠)에(게) 신고하여야 한다.
- 도시개발사업 등의 착수·변경 또는 완료 사실의 신고는 그 사유가 발생한 날부터 (㉡) 이내에 하여야 한다.

① ㉠ : 시·도지사,   ㉡ : 15일
② ㉠ : 시·도지사,   ㉡ : 30일
③ ㉠ : 시·도지사,   ㉡ : 60일
④ ㉠ : 지적소관청,   ㉡ : 15일
⑤ ㉠ : 지적소관청,   ㉡ : 30일

정답 ▶ ④

- 「도시개발법」에 따른 도시개발사업, 「농어촌정비법」에 따른 농어촌정비사업 등의 사업시행자는 그 사업의 착수·변경 및 완료 사실을 지적소관청에 신고하여야 한다.
- 도시개발사업 등의 착수·변경 또는 완료 사실의 신고는 그 사유가 발생한 날부터 15일 이내에 하여야 한다.

제4절 지적공부의 정리(①등기촉탁,②지적정리의 통지,③소유자란 정리)(23,24,25,33,34,35회 기출)

▨ 지적공부정리란 토지이동(지목변경 등(田(전)에서 垈(대)로))이 발생하거나, 토지의 소유자가 바뀌었을 때 (甲(갑)에서 乙(을)) 토지대장 등에 지적소관청이 바꾸어 등록시키는 행위를 말하죠?

	토지(임야)대장	
㉡소재, 지번 : 모두	신규등록	㉠소유자
㉢전, ㉣ 70m²	⇩	甲
⇩	지목변경	⇩
대		乙

1 지적공부의 정리

(1) 지적정리의 의의

① 지적정리란 토지이동으로서 토지의 소재, 지번, 지목, 면적, 경계 및 좌표의 변동사항과 소유자에 관한 사항 그 밖에 지적관리상 발생하는 모든 사항을 새로이 지적공부에 정리하는 것을 말한다.

② 정리방법
지적소관청은 토지의 이동이 있는 경우에는 토지이동정리 결의서(소유자정리결의서×)를 작성하여야 하고, 토지소유자의 변동 등에 따라 지적공부를 정리하려는 경우에는 소유자정리 결의서를 작성하여야 한다.

2 토지표시변경 등기촉탁 (15,19,23,35회 기출) 핵심 1

(1) 의의

① ▨ 예 토지이동(지목변경, 분할 등)에 따른 **지적소관청**(구청)이 토지대장의 **토지의 표시사항**(지목, 면적 등)을 바꾸어 놓은 경우, 등기소에 그 토지의 표제부에 등록된 지목, 면적 등을 바꾸어 달라고 (변경등기)해 달라고 부탁하는 행위를 말하죠? (지적소관청이 → 등기소에 토지의 표시사항을 일치시키기 위해서)

② 지적소관청의 등기촉탁은 국가가 국가를 위하여 하는 등기로 본다.

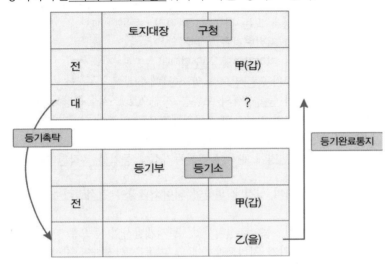

(2) 등기촉탁의 대상(법 제89조)★ (이 부분, 꼭 꼭 기억하세요)

① 등록전환
② 분할, 합병, 지목변경
③ 지번의 변경을 한 경우
④ 바다로 된 토지의 등록을 말소한 경우
⑤ 축척변경을 한 경우
⑥ 지적소관청이 직권에 의한 지적공부의 등록사항의 오류를 정정한 경우
⑦ 행정구역의 개편으로 새로이 지번을 부여한 경우

> **등기촉탁 필요가 없는 경우**
> ㉠ 지적공부상의 소유자를 정리(등기촉탁은 토지의 표시사항(지목, 면적 등)을 바꾸어 달라고 촉탁하는 것이므로, 소유자는 이미 등기부에 먼저 등기되어 있으므로 등기촉탁할 필요가 없겠지요)
> ㉡ 신규등록(아직 등기부가 없는 토지이므로)과
> ㉢ 경계, 좌표를 정리 한 경우에는 등기촉탁사유가 아니다.
> 암기 소,신 없는 자는 등기촉탁하지 않는다.

3 **지적정리의 통지★** 핵심 2 (34회 기출)

▨ 지적공부에 등록된 토지의 <u>표시사항이</u> 지적소관청이 직권으로 정정 등을 했을 때 토지소유자는 바뀐 사실을 모르죠, 이 경우 **지적소관청(구청 등)**이 토지소유자에게 바뀐 사실을 알려 주어야 하겠죠? (지적소관청이 → 토지 소유자에게) 따라서 토지소유자가 바뀐 사실을 이미 알 경우에는 알려주지 않겠죠?

다음과 같은 사항을 <u>지적소관청이</u> 지적공부에 등록하거나 지적공부를 복구·말소 또는 등기촉탁을 한 때에는 당해 토지소유자에게 통지하여야 한다.

통지 대상	① 직권	㉠ <u>토지소유자신청이 없어</u> 지적소관청이 <u>직권으로</u> 토지이동을 조사·측량하여 지번·지목·면적·경계 또는 좌표 등을 결정·등록한 때 ㉡ 지적소관청이 **지번변경을** 한 때 ㉢ 지적소관청이 **지적공부를 복구한** 때 ㉣ 바다로 된 토지를 <u>직권으로</u> 말소한 때 ㉤ 지적소관청이 등록사항의 오류를 <u>직권으로</u> 조사·측량하여 정정한 때 ㉥ 지번부여지역의 일부가 **행정구역개편으로** 인하여 다른 지번부여지역에 속하게 된 때에 지적소관청이 새로이 그 지번을 부여한 때 ㉦ 토지표시의 변경에 관하여 관할등기소에 <u>등기를 촉탁한 때</u>
	② 대위 신청	㉧ <u>대위신청권자의 신청</u>에 의하여 지적소관청이 지적정리를 한 때
	③ 사업 시행자	㉨ 도시개발사업·농어촌정비사업·<u>토지개발사업</u> 등으로 인하여 토지이동이 있는 때에 그 <u>사업시행자가</u> 지적소관청에 그 이동을 신청하여 지적정리를 한 때
	※ 소유자에게 통지할 필요가 <u>없는</u> 경우 : ⓐ ㉗유자의 신청에 의한 지적정리를 한 경우 ⓑ 지적공부상 ㉗유자 부분을 정리한 경우 암기 직권, 대, 사는 지적정리 통지 하지만, ㉗,㉗는 소유자에게 <u>지적정리 통지하지 않는다.</u>		
통지 시기	㉠ 토지의 표시에 관한 **변경등기가** 필요한 경우: 그 등기완료통지서를 <u>접수한 날부터</u> 15일 이내 ㉡ 토지의 표시에 관한 **변경등기가 필요하지 아니한** 경우: 지적공부에 **등록한 날부터** 7일 이내		
통지 장소	다만, 통지받을 자의 주소나 거소를 알 수 <u>없는</u> 경우에는 **일간신문, 해당 시·군·구**(시,도×)의 공보 <u>또는</u> 인터넷홈페이지에 공고하여야 한다.		

4 토지소유자의 정리

(1) **신규등록지의** **소유자 정리**	<u>지적소관청</u>(법원의 판결서×)이 직접 조사하여 등록한다.
(2) **기(旣)등록지의** **소유자 정리**	지적공부에 등록된 토지소유자의 변경사항은 등기관서에서 등기한 것을 증명하는 ①등기(필)정보, ②등기완료(통)지서 ③등기사항(증)명서 또는 등기관서에서 제공한 ④등기전산(정)보자료(등기접수증×)에 따라 정리한다. (암기) (필),(통),(증),(정) 했다
(3) **지적소관청의** **직권에 의한** **정리**	㉠ 지적소관청은 필요하다고 인정하는 때에는 지적공부와 부동산등기부의 부합 여부를 관할 등기소의 등기부(열)람에 의하여 조사·확인하여, 지적공부와 부동산등기부의 소유권에 관한 사항이 부합되지 아니함을 발견한 때에는 등기사항증명서에 의하여 지적공부를 ① 직권으로 (정)리할 수 (있다)(정리하지 않고×), 또는 토지소유자 그 밖의 이해관계인에게 그 부합에 필요한 ②<u>신청 등을 하도록 요구할 수 있다.</u> (암기) (열),(정), (있다) ㉡ 지적소관청 소속 공무원이 지적공부와 부동산등기부의 부합 여부를 확인하기 위하여 등기부를 <u>열람</u>하거나, 등기사항증명서의 발급을 신청하거나, 등기전산정보자료의 제공을 요청하는 경우 그 수수료는 <u>무료로</u> 한다.
(4) **등기필통지에** **의한 정리**	① 등기필의 통지에 의한 정리 : 등기관은 소유권에 관한 등기를 한 때에는 지체 없이 그 취지를 지적공부소관청 또는 건축물대장소관청에 각각 통지하여야 한다. 　㉠ 등기부와 대장의 토지의 표시가 일치하는 경우 : 관할등기소의 등기필의 통지에 의하여 지적소관청이 지적공부를 정리할 때 등기부와 대장의 토지의 표시가 일치하면 그 통지에 따라 지적공부를 정리하여야 한다. 　㉡ 등기부와 대장의 **토지의 표시가 일치하지 아니하는** 경우 　　ⓐ 관할등기소에서 등기필의 통지가 있을 때 등기부에 적혀 있는 토지의 (표)시가 지적 공부와 일치하지 아니하면 제1항에 따라 토지소유자를 (정)리할 수 (없고) 　　ⓑ 이 경우 토지의 표시와 지적공부가 일치하지 아니하다는 사실(불부합)을 관할 등기관서에 통지하여야 한다. (암기) (표),(정), (없고)
(5) **무주부동산의** **소유자 정리**	「국유재산법에 따른 총괄청이나 관리청이 같은 법에 따라 소유자 없는 부동산에 대한 소유자 등록을 신청하는 경우 지적소관청은 지적공부에 해당 토지의 <u>소유자가 등록되지 아니한 경우에만</u> 등록할 수 있다.

01 법령상 지적소관청의 토지이동시 등기촉탁대상이 아닌 것은? (28회)

① 지번부여지역의 전부 또는 일부에 대하여 지번을 새로이 부여한 경우
② 바다로 된 토지의 등록을 말소한 경우
③ 축척변경을 한 경우
④ 지적소관청이 신규등록하는 토지의 소유자를 지적조사하여 등록한 경우
⑤ 지적공부등록사항을 정정한 경우

정답 ▶ ④

(암기 소유자정리, 신규등록) 없는 자 등기촉탁하지 않는다.

02 법령상 지적정리를 한때 지적소관청이 토지소유자에게 통지하여야 하는 경우가 아닌 것은? (20회)

① 바다로 된 토지에 대하여 토지소유자의 등록말소신청이 없어 지적소관청이 직권으로 지적공부를 말소한 때
② 지적소관청은 지적공부의 전부 또는 일부가 멸실되거나 훼손되어 이를 복구한 때
③ 지번부여지역의 일부가 행정구역의 개편으로 다른 지번부여지역에 속하게 되어 새로이 지번을 부여하여 지적공부에 등록한 때
④ 등기관서의 등기완료통지서에 의하여 지적공부에 등록된 소유자의 변경사항을 정리한 때
⑤ 토지표시의 변경에 관한 등기를 할 필요가 있는 경우로서 토지표시의 변경에 관한 등기촉탁을 한 때

정답 ▶ ④

(암기 직권, 대, 사 는 지적정리 통지하지만 소유자신청, 소유자정리시) 지적정리통지 하지 않는다.

03 소유권정리에 관한 설명이다. 옳지 못한 내용은? (29회)

① 지적소관청은 등기부에 적혀 있는 토지의 표시가 지적공부와 일치하지 아니하면 토지소유자를 정리할 수 없다.
② 지적공부에 신규등록하는 토지소유자에 관한 사항은 등기관서에서 등기한 것을 증명하는 등기필증, 등기완료통지서, 등기사항증명서 또는 등기관서에서 제공한 등기전산정보자료에 따라 정리한다.
③ 「국유재산법에 따른 총괄청이나 관리청이 같은 법에 따라 소유자 없는 부동산에 대한 소유자 등록을 신청하는 경우 지적소관청은 지적공부에 해당 토지의 소유자가 등록되지 아니한 경우에만 등록할 수 있다.
④ 지적소관청은 필요하다고 인정하는 경우에는 관할 등기서의 등기부를 열람하여 지적공부와 부동산등기부가 일치하는지 여부를 조사·확인하여야 한다.
⑤ 지적소관청 소속 공무원이 지적공부와 부동산등기부의 부합 여부를 확인하기 위하여 등기전산정보자료의 제공을 요청하는 경우 그 수수료는 무료로 한다.

정답 ▶ ②

(암기 신규등록은 '등'자만 나오면 틀린다)

04 공간정보의 구축 및 관리 등에 관한 법령상 지적소관청이 토지소유자에게 지적정리 등을 통지하여야 하는 시기에 대한 설명이다. (   )에 들어갈 내용으로 옳은 것은? (34회)

> • 토지의 표시에 관한 변경등기가 필요하지 아니한 경우: (㉠)에 등록한 날부터 (㉡) 이내
> • 토지의 표시에 관한 변경등기가 필요한 경우: 그 (㉢)를 접수한 날부터 (㉣) 이내

① ㉠: 등기완료의 통지서, ㉡: 15일, ㉢: 지적공부, ㉣: 7일
② ㉠: 등기완료의 통지서, ㉡: 7일, ㉢: 지적공부, ㉣: 15일
③ ㉠: 지적공부, ㉡: 7일, ㉢: 등기완료의 통지서, ㉣: 15일
④ ㉠: 지적공부, ㉡: 10일, ㉢: 등기완료의 통지서, ㉣: 15일
⑤ ㉠: 지적공부, ㉡: 15일, ㉢: 등기완료의 통지서, ㉣: 7일

정답 ▶ ③
• 토지의 표시에 관한 변경등기가 필요하지 아니한 경우: (지적공부)에 등록한 날부터 (7일) 이내
• 토지의 표시에 관한 변경등기가 필요한 경우: 그 (등기완료통지서)를 접수한 날부터 (15일) 이내

Chapter

05 지적측량

제1절 지적측량의 통칙

1 지적측량의 의의 및 성질

"지적측량"이란 토지를 지적공부에 등록하거나 지적공부에 등록된 경계점을 지상에 복원하기 위하여 제21호에 따른 필지의 <u>경계 또는 좌표와 면적</u>을 **정하는 측량**을 말하며, 지적확정측량 및 지적재조사측량을 포함한다. (예 이웃 간에 건물신축 등으로 토지의 경계분쟁시 경계측량해 보자고 하죠? 그 때 하는 측량을 말한다. 측량의 종류는 여러 가지가 있다.)

2 지적측량의 종류 핵심테마 19 (24,26,28,30,32회 기출) ★★ 꼭 기억하세요

① 기초측량	지적측량 기준점표지를 설치하는 때	
② 신규등록측량	신규등록시 측량을 필요로 하는 때	
③ 등록전환측량	등록전환시 측량을 필요로 하는 때	
④ 분할측량	토지의 분할시 측량을 필요로 하는 때	
⑤ 등록말소측량	바다로 된 토지의 등록말소시 또는 회복등록시 측량을 필요로 하는 때	
⑥ 축척변경측량	축척변경시 측량을 필요로 하는 때	
⑦ 지적공부복구 측량	지적공부의 복구시 측량을 필요로 하는 때	
⑧ 등록사항정정 측량	지적공부의 등록사항 정정시 측량을 필요로 하는 때	
⑨ 지적확정측량	도시개발사업 등으로 인하여 토지를 구획하고 환지를 완료한 토지의 지번, 지목, 면적 및 경계 또는 좌표를 지적공부에 새로이 등록하기 위하여 측량을 필요로 하는 때	시,도지사검사 (이상)

⑩	**경계복원측량**	도면의 경계점을 지상에 <u>복원함</u>에 있어 측량을 필요로 하는 때	
⑪	**지적현황측량**	지상건축물 등의 <u>현황</u>(지상구조물 또는 지형, 지물이 점유하는 위치 현황)을 **지적도와 임야도(지형도x)**에 등록된 경계와 대비하여 표시하기 위하여 필요로 하는 때	※검사×
⑫	**지적재조사 측량**	「지적재조사에 관한 특별법」에 따른 <u>지적재조사사업</u>에 따라 토지의 표시를 새로 정하기 위하여 실시하는 지적측량	※**측량수행자에게 측량 의뢰×**
⑬	**검사측량**	지적소관청 또는 시·도지사가 지적측량수행자가 행한 <u>측량성과를 검사하는 때</u>	

경계복원 예시
2필지 경계복원측량 예시합니다.

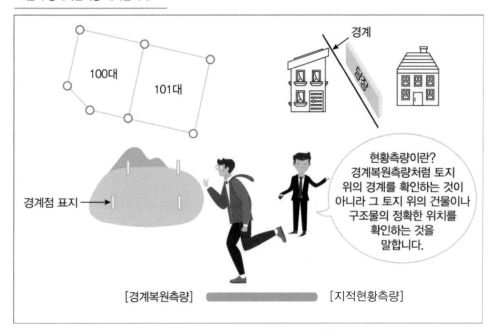

[경계복원측량]　　　　　　　　　　[지적현황측량]

※ 지적측량을 하지 않는 경우　(암기)　(소),(지),(목),이 (연속)으로 (재작성), (합병),되면 측량 안 한다.

㉠ (소)재지 변경(행정구역변경)　㉡ (지)번변경　㉢ 지(목)변경　㉣ (연속)지적도　㉤ 지적도면의 (재작성)

㉥ 토지의 (합병)

3 **지적측량 구분 · 종류와 방법**

(1) 지적측량의 구분

지적측량은 <u>지적기준점을</u> 정하기 위한 '<u>기초측량</u>'과 1필지의 경계와 면적을 정하는 '세부측량'으로 구분한다(지적규칙 제5조).

(2) 지적측량의 종류와 실시대상

	① 기초측량	② 세부측량
의의	기적기준점을 정하기 위해 실시하는 측량을 말한다.	1필지의 경계와 면적을 측정하는 측량을 말한다.
종류	㉠ 지적삼각측량 ㉡ 지적삼각보조측량 ㉢ 지적도근측량(지적위성측량×)	㉠ 신규등록, 등록전환, 분할, 바다말소, 등록사항정정 ㉡ 축척변경, 지적공부복구, 지적확정측량, 검사측량 ㉢ 경계복원측량, 지적현황측량 등

(3) 지적측량의 방법은 : 암기 전 경 자 평 사 위

'지적측량 시행규칙'은 지적측량에 사용하는 측량기구를 기준으로 지적측량의 방법을 다음과 같이 구분하고 있다.

① **전**파기 또는 광파기측량방법

② **경**위의(經緯儀)측량방법 : 경위의(트랜싯)라는 측량기재를 사용하는 측량방법으로, 측량성과의 정밀도가 높으므로 기초측량이나 수치측량(<u>경계점좌표등록부</u> <u>비치지역</u>)을 위한 세부측량에 활용

③ 전**자**평판측량방법

④ **평**판측량방법

⑤ **사**진측량방법

⑥ **위**성측량방법(단, 수준측량, 음파기측량×)

관련기출문제

01 공간정보의 구축 및 관리 등에 관한 법령상 지적측량을 실시하여야 하는 경우를 모두 고른 것은? (30회)

> ㉠ 토지소유자가 지적소관청에 신규등록 신청을 하기 위하여 측량을 할 필요가 있는 경우
> ㉡ 지적소관청이 지적공부의 일부가 멸실되어 이를 복구하기 위하여 측량을 할 필요가 있는 경우
> ㉢ 「지적재조사에 관한 특별법」에 따른 지적재조사사업에 따라 토지의 이동이 있어 측량을 할 필요가 있는 경우
> ㉣ 토지소유자가 지적소관청에 바다가 된 토지에 대하여 지적공부의 등록말소를 신청하기 위하여 측량을 할 필요가 있는 경우

① ㉠, ㉡, ㉢   ② ㉠, ㉡, ㉣   ③ ㉠, ㉢, ㉣
④ ㉡, ㉢, ㉣   ⑤ ㉠, ㉡, ㉢, ㉣

정답 ▶ ⑤

02 공간정보의 구축 및 관리 등에 관한 법령상 지상건축물 등의 현황을 지적도 및 임야도에 등록된 경계와 대비하여 표시하는 지적측량은? (32회)

① 등록전환측량   ② 신규등록측량   ③ 지적현황측량
④ 경계복원측량   ⑤ 토지분할측량

정답 ▶ ③
지적현황측량은 지상건축물 등의 현황을 지적도 및 임야도에 등록된 경계와 대비하여 표시하는 지적측량이다.

제2절 지적측량기준점의 설치와 관리

1 지적측량의 기준과 지적기준점 (23,31,34회)

① 의의 : 지적기준점이란 특별시장·광역시장·도지사 또는 특별자치도지사(이하 "시·도지사"라 한다)나 지적소관청이 지적측량을 정확하고 효율적으로 시행하기 위하여 국가기준점을 기준으로 하여 따로 정하는 측량기준점을 말한다.

② 지적기준점의 구분
   ㉠ 지적삼각점
   ㉡ 지적삼각보조점
   ㉢ 지적도근점 : (지적위성기준점×)

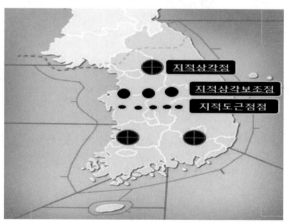

2 지적기준점표지의 설치와 관리 등

(1) 지적기준점의 설치 및 관리(지적측량규칙 제3조)

① 지적삼각점성과는 특별시장·광역시장·도지사 또는 특별자치도지사(이하 "시·도지사"라 한다)가 관리하고, 지적삼각보조점성과 및 지적도근점성과는 지적소관청이 관리할 것

② 지적소관청이 지적삼각점을 설치하거나 변경하였을 때에는 그 측량성과를 시·도지사에게 통보할 것

(2) 지적기준점성과의 열람 및 등본발급

① 열람 및 등본발급

㉠ 시·도지사나 지적소관청은 지적기준점성과와 그 측량기록을 보관하고 일반인이 열람할 수 있도록 하여야 한다.

㉡ 지적측량기준점성과 또는 그 측량부를 열람하거나 등본을 교부받고자하는 자는 지적삼각점 성과에 대하여는 시·도지사 또는 지적소관청에게, 지적삼각보조점 및 지적도근점성과에 대하여는 지적소관청에 신청(지적측량수행자x)하여야 한다.

기초측량종류	지적삼각측량	지적삼각보조측량	지적도근측량
거리	2k~5k	1k~3k	50~300m
측량성과의 관리	(시·도지사)	지적소관청	지적소관청
열람/발급	(시·도지사 or 지적소관청)	지적소관청	지적소관청

(1) 기초측량: 지적기준점을 설치하기 위한 측량

(3) 지적기준점측량(기초측량)의 순서(지적규칙 제7조 제3항)

계획수립 ⇨ 준비 및 현지답사 ⇨ 선점 및 조표 ⇨ 관측 및 계산과 성과표의 작성

관련기출문제

01 공간정보의 구축 및 관리 등에 관한 법령상 지적기준점성과와 지적기준점성과의 열람 및 등본 발급 신청기관의 연결이 옳은 것은? (31회)
① 지적삼각점성과 - 시·도지사 또는 지적소관청
② 지적삼각보조점성과 - 시·도지사 또는 지적소관청
③ 지적삼각보조점성과 - 지적소관청 또는 한국국토정보공사
④ 지적도근점성과 - 시·도지사 또는 한국국토정보공사
⑤ 지적도근점성과 - 지적소관청 또는 한국국토정보공사

정답 ▶ ①
㉠ 시·도지사나 지적소관청은 지적기준점성과와 그 측량기록을 보관하고 일반인이 열람할 수 있도록 하여야 한다.
㉡ 지적측량기준점성과 또는 그 측량부를 열람하거나 등본을 교부받고자 하는 자는 지적삼각점 성과에 대하여는 시·도지사 또는 지적소관청에게, 지적삼각보조점 및 지적도근점성과에 대하여는 지적소관청에 신청하여야 한다.

제3절 지적측량절차

1 지적측량절차(지적측량의 의뢰) (23,24,25,26,28,29,30,32,34회 기출)★★ 핵심테마 20 (이부분, 꼭 꼭 기억하세요)

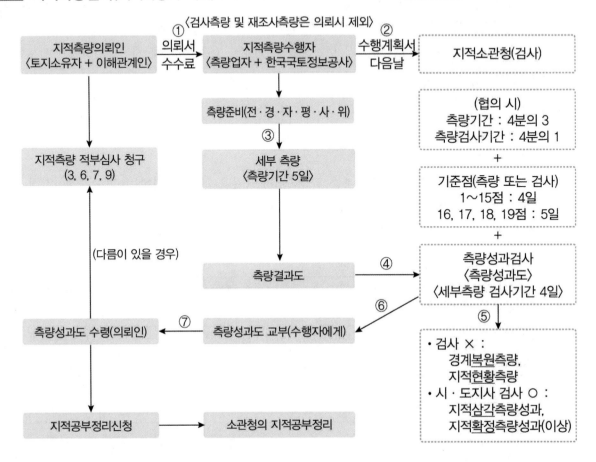

(1) 지적측량의 의뢰인(신청인)

토지소유자 등 이해관계인은 지적측량을 할 필요가 있는 경우에는 지적측량수행자(지적측량업자와 한국국토정보공사)(지적소관청×)에게 (단, 지적재조사측량과 검사측량을 제외) 지적측량을 의뢰하여야 한다(법 제24조). 암기 지적측량수행자는 ㉐,㉒하지 않는다

(2) 지적측량 의뢰서 및 지적측량수행계획서 제출

① 측량의뢰서 제출

지적측량을 의뢰하려는 자는 지적측량 의뢰서(전자문서로 된 의뢰서를 포함한다)에 의뢰 사유를 증명하는 서류를 첨부하여 '지적측량수행자'(지적소관청×)에게 제출하여야 한다(규칙 제25조 제1항).

② 지적측량수행계획서의 제출

지적측량수행자는 지적측량의뢰를 받은 때에는 '측량기간, 측량일자 및 지적측량수수료'등을 적은 지적측량수행계획서를 <u>그 다음 날까지</u> 지적소관청(시 · 도지사×,지적측량수행자×)**에 제출**하여야 하고, 제출한 지적측량 수행계획서를 변경한 경우에도 같다.

(3) 지적측량기간 및 측량검사기간

① 합의가 없는 경우

㉠ 원칙(지적기준점을 설치하지 않는 경우):

지적측량의 <u>세부 측량기간은</u> 5일로 하며, 세부측량 검사기간은 4일로 한다.

측량기간	5일
검사기간	4일

암기 측량 5, 검사 4다

㉡ 가산(지적측량기준점 설치의 경우):

다만, 지적기준점을 설치하여 측량 또는 측량검사를 하는 경우 지적기준점이 <u>15점</u> 이하인 경우에는 <u>4일을</u>, 15점을 초과하는 경우에는 4일에 15점을 초과하는 4점마다 1일을 가산한다.

지적기준점 개수	1점 ~ 15점	16,17,18,19점	20,21,22,23점
측량기간	5일＋**4일** (총 9일)	5일＋4일＋1일 (총 10일)	5일＋4일＋1일＋1일 (총 11일)
검사기간	4일＋4일 (총 8일)	4일＋4일＋1일 (총 9일)	4일＋4일＋1일＋1일 (총10일)

② 협의한 경우:

위 규정에도 불구하고 지적측량 의뢰인과 지적측량수행자가 서로 **합의하여** 따로 기간을 정하는 경우에는 그 기간에 따르되, 전체 기간의 4분의 3은 <u>측량기간</u>으로, 전체 기간의 4분의 1은 <u>측량검사기간</u>으로 본다.

합의	12(일)	16(일)	20(일)
측량기간3/4	9	12	15
검사기간1/4	3	4	5

(4) 지적측량성과의 결정 및 검사 (19회 기출)

① 결정 : 지적측량수행자는 지적측량의뢰가 있는 때에는 지적측량을 실시하여 그 측량성과를 결정하여야 한다.

② 측량성과의 검사 :

지적측량수행자는 지적측량을 한 때에는 측량부·측량결과도·면적측정부 등 측량성과에 관한 자료를 시·도지사, 대도시 시장 또는 지적소관청에 제출하여 그 성과의 정확성에 관한 검사를 받는다(법 제25조 제1항 본문). 다만 지적공부를 정리하지 아니하는 다음의 세부측량은 시·도지사 또는 지적소관청에게 측량성과에 대한 검사를 받지 않는다.

㉠ 경계(복)원측량 ㉡ 지적(현)황측량(지적확정측량×)

암기 (복),(현)이는 측량성과를 검사하지 않는다.

③ 다만 지적(삼)각측량성(과) 및 경위의측량방법으로 실시한 지적확정측량성과의 경우에는 다음의 구분에 따라 검사를 받아야 한다.

㉠ 국토교통부장관이 정하여 고시하는 면적규모 이상의 지적확(정)측량성과인 경우에는 시·도지사, 대도시시장에게 제출하여 검사를 받아야 한다.

㉡ 국토교통부장관이 정하여 고시하는 면적규모 미만의 지적확정측량성과인 경우에는 지적소관청의 검사를 받아야 한다.

암기 (삼)(정)이는 시·도지사가 검사한다.

검사 대상 ×	㉠ 경계 (복)원측량
	㉡ 지적 (현)황측량
시, 도지사 검사	㉠ 지적 (삼)각 측량성과 및 ㉡ 경위의측량방법으로 실시한 국토교통부장관이 정하여 고시하는 면적규모 이상의 지적확(정)측량성과

(5) 지적측량성과도의 발급

지적소관청은 측량성과가 정확하다고 인정하면 지적측량성과도를 지적측량수행자에게 발급하여야 하며, 지적측량수행자는 측량의뢰인에게 그 지적측량성과도를 포함한 지적측량 결과부를 지체 없이 발급하여야 한다. 이 경우 검사를 받지 아니한 지적측량성과도는 측량의뢰인에게 발급할 수 없다.

관련기출문제

01 공간정보의 구축 및 관리 등에 관한 법령상 토지소유자 등 이해관계인이 지적측량수행자에게 지적측량을 의뢰하여야 하는 경우가 <u>아닌</u> 것을 모두 고른 것은? (단, 지적측량을 할 필요가 있는 경우임) (32회)

> ㉠ 지적측량성과를 검사하는 경우
> ㉡ 토지를 등록전환하는 경우
> ㉢ 축척을 변경하는 경우
> ㉣ 「지적재조사에 관한 특별법」에 따른 지적재조사사업에 따라 토지의 이동이 있는 경우

① ㉠, ㉡   ② ㉠, ㉣   ③ ㉢, ㉣
④ ㉠, ㉡, ㉢   ⑤ ㉡, ㉢, ㉣

정답 ▶ ②

(암기) 지적측량수행자는 (재)(검)하지 않는다)

02 공간정보의 구축 및 관리 등에 관한 법령상 지적측량의 측량기간 및 검사기간에 대한 설명이다. ( )에 들어갈 내용으로 옳은 것은? (단, 지적측량 의뢰인과 지적측량수행자가 서로 합의하여 따로 기간을 정하는 경우는 제외함) (34회)

> 지적측량의 측량기간은 (㉠)일로 하며, 측량검사 기간은 (㉡)일로 한다. 다만, 지적기준점을 설치하여 측량 또는 측량검사를 하는 경우 지적기준점이 15점 이하인 경우에는 (㉢)일을, 15점을 초과하는 경우에는 (㉣)일에 15점을 초과하는 (㉤)점마다 1일을 가산한다.

① ㉠: 4, ㉡: 4, ㉢: 4, ㉣: 4, ㉤: 3
② ㉠: 5, ㉡: 4, ㉢: 4, ㉣: 4, ㉤: 4
③ ㉠: 5, ㉡: 4, ㉢: 4, ㉣: 5, ㉤: 3
④ ㉠: 5, ㉡: 4, ㉢: 5, ㉣: 5, ㉤: 4
⑤ ㉠: 6, ㉡: 5, ㉢: 5, ㉣: 5, ㉤: 3

정답 ▶ ②

(암기) 측량 5, 검사 4)

03 중개사 A는 1필지에 대한 경계복원측량을 지적측량수행자에게 의뢰하였다. 아래 내용일 경우 검사기간을 제외한 측량기간의 계산으로 옳은 것은? (15회)

> 공인중개사 A가 측량을 의뢰한 토지소재지는 동(洞)지역이며, 지적측량기준점 16점을 설치하여 경계복원측량을 실시하여야 함.

① 5일   ② 7일   ③ 10일
④ 12일   ⑤ 14일

정답 ▶ ③

세부측량인 경계복원측량기간 5일+지적측량기준점 16개 설치기간 5일=총 10일이 측량기간이다.

제4절 지적측량적부심사 및 지적위원회 (26,29,30,31,32,33,34회)

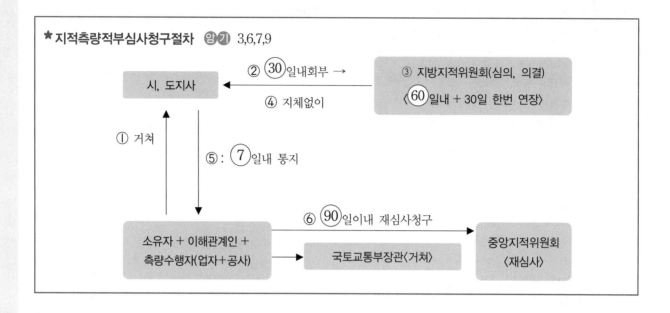

★ 지적측량적부심사청구절차 암기 3,6,7,9

---

1 ★지적측량의 적부심사(適否審査) 핵심테마 21 (이부분, 꼭 꼭 기억 하세요) 암기 3,6,7,9

(1) 적부심사절차

① 청구인	⊙ **토지소유자,** ⓒ **이해관계인 또는** ⓒ 지적측량수행자(지적측량업자+한국국토정보공사) (지적소관청×)는 지적측량성과에 대하여 다툼이 있는 경우에는 관할 시·도지사를 거쳐 지방지적위원회에 지적측량 적부심사를 청구할 수 있다.
② 지방지적 위원회에의 회부	지적측량 적부심사청구를 받은 시·도지사는 30일 이내에 다음 각 호의 사항을 조사하여 지방지적위원회에 회부하여야 한다. ⊙ 다툼이 되는 지적측량의 경위 및 그 성과 ⓒ 해당 토지에 대한 토지이동 및 소유권 변동 연혁 ⓒ 해당 토지 주변의 측량기준점, 경계, 주요 구조물 등 현황 실측도
③ 심의 및 의결	⊙ 지적측량적부심사청구서등을 회부받은 **지방지적위원회는 그날부터** 60일 <u>이내에 심의·의결</u>하여야 한다. ⓒ 다만, <u>부득이한 경우에는</u> 그 심의기간을 해당 지적위원회의 **의결을 거쳐** 30일 **이내에서** 한 번만 연장할 수 있다.
④ 의결서 송부	**지방지적위원회가** 지적측량적부심사의결을 한 때에는 위원장과 참석위원 전원이 서명날인한 지적측량적부심사 의결서를 작성하여 지체없이 <u>시·도지사에게 송부</u>하여야 한다.

⑤ 통지	㉠ 시·도지사는 의결서를 7일 이내에 적부심사청구인 및(또는×) 이해관계인에게 통지하여야 한다.
	㉡ 의결서를 통지할 때에는 재심사를 청구할 수 있음을 서면으로 알려야 한다.
⑥ 재심사 청구	의결서를 받은 자가 지방지적위원회의 의결에 불복하는 경우에는 그 의결서를 받은 날부터 90일 이내에 국토교통부장관을 거쳐 중앙지적위원회에 재심사를 청구할 수 있다.
⑦ 지적소관청에 통지	시, 도지사는 지방지적위원회의 의결서를 받은 후 해당 지적측량적부심사 청구인 및 이해관계인이 재심사를 청구하지 아니하면 그 의결서 사본을 지적소관청에 보내야 한다.
⑧ 등록사항의 직권 정정	지방지적위원회 또는 중앙지적위원회의 의결서 사본을 송부받은 지적소관청은 그 내용에 따라 지적공부의 등록 사항을 직권으로 정정하거나 측량성과를 수정하여야 한다. 이 경우 경계가 변경되더라도 인접토지소유자의 승낙서 등은 필요 없다.
⑨ 재심사 청구의 금지	지방지적위원회의 의결이 있은 후 90일 이내에 재심사를 청구하지 아니하거나 중앙지적위원회의 의결이 있는 경우에는 해당 지적측량성과에 대하여 다시 지적측량적부심사를 청구할 수 없다.

암기 3식이가 6+3 빌딩에 가서 7시 90분까지 지적측량적부심사 했다.

2 지적위원회

(1) 지적위원회의 구성

① 중앙지적위원회(영 제20조)
  ㉠ 구성: 중앙지적위원회는 위원장 및 부위원장 각 1인을 포함하여 5인 이상 10인 이내의 위원으로 구성한다.
  ㉡ 위원장
    위원장은 국토교통부부 지적업무담당국장(국토교통부장관×)이, 부위원장은 국토교통부 지적업무 담당과장이 된다.
  ㉢ 위원
    위원은 지적에 관한 학식과 경험이 풍부한 자 중에서 국토교통부장관이 임명 또는 위촉한다.
  ㉣ 위원의 임기: 위원장 및 부위원장을 제외(포함한×)한 위원의 임기는 2년으로 한다.
  ㉤ 중앙지적위원회의 간사는 국토교통부의 지적업무 담당 공무원 중에서 국토교통부장관이 임명하며, 회의 준비, 회의록 작성 및 회의 결과에 따른 업무 등 중앙지적위원회의 서무를 담당한다.
② 지방지적위원회(영 제54조): 지방지적위원회의 구성은 중앙지적위원회의 구성에 준한다. 이 경우 '국토교통부'는 '시·도'로 '국토교통부장관'은 '시·도지사'로 본다.

(2) 지적위원회의 종류 및 기능

① ★중앙지적위원회 : 핵심 1

다음 각 호의 사항을 심의 · 의결하기 위하여 국토교통부에 중앙지적위원회를 둔다.

암기 개를 연구, 양성, 징계하고 재심사하는 것은 중앙지적위원회의 기능이다. (이부분, 꼭 꼭 기억하세요)

㉠ 지적 관련 정책 개발 및 업무 개선 등에 관한 사항

㉡ 지적측량기술의 연구 · 개발 및 보급에 관한 사항

㉢ 측량기술자 중 지적분야 측량기술자(이하 "지적기술자"라 한다)의 양성에 관한 사항

㉣ 지적기술자의 업무정지 처분 및 징계요구에 관한 사항

㉤ 지적측량 적부심사(適否審査)에 대한 재심사(再審査)

② 지방지적위원회 : 최초의 적부심사청구사항을 심의 · 의결하기 위하여 특별시 · 광역시 · 도 또는 제주특별자치도(이하 "시 · 도"라 한다)에 지방지적위원회(이하 "지방지적위원회"라 한다)를 둔다.

(3) 지적위원회의 회의 등(영 제21조)

① 지적위원회는 위원장이 회의를 소집하고 위원장은 그 의장이 된다.

② 위원장이 위원회의 회의를 소집할 때에는 회의일시 · 장소 및 심의안건을 회의 5일 전까지 각 위원에게 서면으로 통지하여야 한다.

③ 위원장이 부득이한 사유로 직무를 수행할 수 없을 때에는 부위원장이 그 직무를 대행하고, 위원장 및 부위원장이 모두 부득이한 사유로 직무를 수행할 수 없을 때에는 위원장이 미리 지명한 위원이 그 직무를 대행한다.

④ 회의는 위원장 및 부위원장을 포함한 재적위원 과반수의 출석으로 개의(開議)하고 출석위원 과반수의 찬성으로 의결한다.

⑤ 위원회는 관계인을 출석하게 하여 의견을 들을 수 있으며, 필요한 경우에는 현지조사를 할 수 있다.

⑥ 중앙지적위원회가 현지조사를 하고자 하는 경우에는 지적직 공무원을 지정하여 지적측량 및 자료조사 등 현지조사를 하고 그 결과를 보고하게 할 수 있으며, 필요한 때에는 지적측량수행자에게 그 소속 지적기술자의 참여를 요청할 수 있다(영 제22조).

⑦ 중앙지적위원회의 위원에게는 예산의 범위에서 출석수당과 여비, 그 밖의 실비를 지급할 수 있다. 다만, 공무원인 위원이 그 소관 업무와 직접적으로 관련되어 출석하는 경우에는 그러하지 아니하다.

(4) ★위원의 제척 · 기피 · 회피 [핵심 2]

암기 (배우자)나 (친족)이 (증언)에 (관여)하면 (대리)에서 (제)외된다.

1) 제척

중앙지적위원회의 위원이 다음 각 호의 어느 하나에 해당하는 경우에는 중앙지적위원회의 심의 · 의결에서 (제)척(除斥)된다. (이부분, 꼭꼭 기억)

① 위원 또는 그 (배우자)나 배우자이었던 사람이 해당 안건의 당사자가 되거나 그 안건의 당사자와 공동권리자 또는 공동의무자인 경우

② 위원이 해당 안건의 당사자와 (친족)이거나 친족이었던 경우

③ 위원이 해당 안건에 대하여 (증언), 진술 또는 감정을 한 경우

④ 위원이 해당 안건의 원인이 된 처분 또는 부작위에 (관여)한 경우

⑤ 위원이나 위원이 속한 법인 · 단체 등이 해당 안건의 당사자의 (대리)인이거나 대리인이었던 경우

2) 위원의 해임 · 해촉

국토교통부장관은 중앙지적위원회의 위원이 다음 각 호의 어느 하나에 해당하는 경우에는 해당 위원을 해임하거나 해촉(解囑)할 수 있다.

① 심신장애로 인하여 직무를 수행할 수 없게 된 경우

② 직무태만, 품위손상이나 그 밖의 사유로 인하여 위원으로 적합하지 아니하다고 인정되는 경우

③ 제20조의2 제1항 각 호의 어느 하나에 해당하는 데에도 불구하고 회피하지 아니한 경우

	중앙지적위원회	축척변경위원회
소 속	국토교통부	지적소관청
구 성	5인 이상 10인 이하 (위원장, 부위원장 포함)	5인 이상 10인 이하 (위원의 1/2이 토지 소유자로 함)
위원장	지적담당국장	지적소관청이 지명
임 기	위원장, 부위원장 제외 2년	임기 없음
기 능	㉠ 지적 관련 정책 개발 및 업무 개선 등에 관한 사항 ㉡ 지적측량기술의 연구·개발 및 보급에 관한 사항 ㉢ 측량기술자 중 지적분야 측량기술자의 양성에 관한 사항 ㉣ 지적기술자의 업무정지 처분 및 징계요구에 관한 사항 ㉤ 지적측량적부심사(適否審査)에 대한 재심사	㉠ 축척변경 시행계획에 관한 사항 ㉡ 청산금의 산출에 관한 사항 ㉢ 지번별 m²당 가격의 결정에 관한 사항 ㉣ 청산금에 관한 이의신청에 관한 사항 ㉤ 그 밖에 축척변경에 관하여 지적소관청이 부의한 사항
회 의	1. 개의 : 재적위원 과반출석, 의결 : 출석위원 과반수찬성 2. 회의소집 : 회의 5일 전까지 위원에게 서면으로 통지	

관련기출문제

01 **공간정보의 구축 및 관리 등에 관한 법령상 지적측량의 적부심사 등에 관한 설명으로 옳은 것은?** (32회)

① 지적측량 적부심사청구를 받은 지적소관청은 30일 이내에 다툼이 되는 지적측량의 경위 및 그 성과, 해당 토지에 대한 토지이동 및 소유권 변동 연혁, 해당 토지 주변의 측량기준점, 경계, 주요 구조물 등 현황 실측도를 조사하여 지방지적위원회에 회부하여야 한다.

② 지적측량 적부심사청구를 회부 받은 지방지적위원회는 부득이한 경우가 아닌 경우 그 심사청구를 회부 받은 날부터 90일 이내에 심의·의결하여야 한다.

③ 지방지적위원회는 부득이한 경우에 심의기간을 해당 지적위원회의 의결을 거쳐 60일 이내에서 한 번만 연장할 수 있다.

④ 시·도지사는 지방지적위원회의 지적측량 적부심사 의결서를 받은 날부터 7일 이내에 지적측량 적부심사 청구인 및 이해관계인에게 그 의결서를 통지하여야 한다.

⑤ 의결서를 받은 자가 지방지적위원회의 의결에 불복하는 경우에는 그 의결서를 받은 날부터 90일 이내에 시·도지사를 거쳐 중앙지적위원회에 재심사를 청구할 수 있다.

정답 ▶ ④
① 지적소관청 → 시.도지사 ② 60일 이내에 심의·의결하여야 한다. ③ 30일 이내에서 한 번만 연장할 수 있다.
⑤ 국토교통부장관을 거쳐 중앙지적위원회에 재심사를 청구할 수 있다.

02 공간정보의 구축 및 관리 등에 관한 법령상 중앙지적 위원회의 구성 및 회의 등에 관한 설명으로 틀린 것은? (27회)

① 위원장은 국토교통부의 지적업무 담당 국장이, 부위원장은 국토교통부의 지적업무 담당 과장이 된다.
② 중앙지적위원회는 관계인을 출석하게 하여 의견을 들을 수 있으며, 필요하면 현지조사를 할 수 있다.
③ 중앙지적위원회는 위원장 1명과 부위원장 1명을 포함하여 5명 이상 10명 이하의 위원으로 구성한다.
④ 중앙지적위원회의 회의는 재적위원 과반수의 출석으로 개의(開議)하고, 출석위원 과반수의 찬성으로 의결한다.
⑤ 위원장이 중앙지적위원회의 회의를 소집할 때에는 회의 일시·장소 및 심의 안건을 회의 7일 전까지 각 위원에 게 서면으로 통지하여야 한다.

정답 ▶ ⑤
⑤ 5일 전까지 각 위원에 게 서면으로 통지하여야 한다.

03 공간정보의 구축 및 관리 등에 관한 법령상 중앙지적위원회의 심의·의결사항으로 틀린 것은? (31회)
① 측량기술자 중 지적기술자의 양성에 관한 사항
② 지적측량기술의 연구·개발 및 보급에 관한 사항
③ 지적재조사 기본계획의 수립 및 변경에 관한 사항
④ 지적 관련 정책 개발 및 업무 개선 등에 관한 사항
⑤ 지적기술자의 업무정지 처분 및 징계요구에 관한 사항

정답 ▶ ③
암기 : 개, 연구,양성, 징계, 재심사는 중앙지적위원회 기능이다.

04 공간정보의 구축 및 관리 등에 관한 법령상 중앙지적위원회의 구성 및 회의 등에 관한 설명으로 옳은 것을 모두 고른 것은? (34회)

> ㉠ 중앙지적위원회의 간사는 국토교통부의 지적업무담당 공무원 중에서 지적업무 담당 국장이 임명하며, 회의 준비, 회의록 작성 및 회의 결과에 따른 업무 등 중앙지적위원회의 서무를 담당한다.
> ㉡ 중앙지적위원회의 회의는 재적위원 과반수의 출석으로 개의(開議)하고, 출석위원 과반수의 찬성으로 의결한다.
> ㉢ 중앙지적위원회는 관계인을 출석하게 하여 의견을 들을 수 있으며, 필요하면 현지조사를 할 수 있다.
> ㉣ 위원장이 중앙지적위원회의 회의를 소집할 때에는 회의 일시·장소 및 심의 안건을 회의 7일 전까지 각 위원에게 서면으로 통지하여야 한다.

① ㉠, ㉡   ② ㉡, ㉢   ③ ㉠, ㉡, ㉢
④ ㉠, ㉢, ㉣   ⑤ ㉡, ㉢, ㉣

정답 ▶ ②
암기
㉠ 중앙지적위원회의 간사는 국토교통부의 지적업무담당 공무원 중에서 국토교통부장관이 임명하며, 회의 준비, 회의록 작성 및 회의 결과에 따른 업무 등 중앙지적위원회의 서무를 담당한다.
㉣ 위원장이 중앙지적위원회의 회의를 소집할 때에는 회의 일시·장소 및 심의 안건을 회의 5일 전까지 각 위원에게 서면으로 통지하여야 한다.

3 **지적에 관한 기본이념** (21,22,23,24,28,32회) 암기 형 국 개 실 직

▨ 국가의 이념이 있듯, 지적법을 끌고 가는 이념을 말하지요?

(1) 지적⑨정주의(地籍國定主義)★

토지의 표시사항(지목, 면적 등)은 국가만이 결정하여 등록한다는 이념을 말한다.
① **국토교통부장관은** ② 모든 토지(관리가능토지×)에 대하여 필지별로 소재, 지번, 지목, 면적, 경계 또는 좌표 등을 조사, 측량하여 **지적공부에** 등록하여야 한다.✱

(2) ⑨권등록주의(등록강제주의)★ ↔ 신청주의

지적공부에 등록하는 지번, 지목, 면적, 경계 또는 좌표는 ① 토지의 이동(토지이용×)이 있을 때 토지소유자(법인 아닌 사단이나 재단의 경우에는 그 대표자나 관리인)의 신청을 받아 ② 지적소관청(국토교통부장관이×)이 결정한다. 다만, 신청이 없는 때에는 지적소관청이 직권으로 조사, 측량하여 결정하여야 한다.✱

---
① 토지이동현황조사계획 수립 : ⇒ ☑ 직권등록순서도 기억해야 합니다.
  ㉠ 지적소관청은 토지의 이동이 발생하였음에도 불구하고 토지의 소유자가 신청이 없는 경우, 토지의 이동현황을 직권으로 조사·측량하여 토지의 지번·지목·면적·경계 또는 좌표를 결정하려는 때에는 토지이동현황조사계획(토지이용현황조사계획×)을 수립하여야 한다. 이 경우 토지이동현황조사계획은 시·군·구(시, 도×)별로 **수립하되**, 부득이한 사유가 있는 때에는 읍·면·동별로 수립할 수 있다.✱
  ㉡ 지적소관청은 토지이동현황조사계획을 수립하여 연1회 이상 실시하여야 한다.✱
② 토지이동현황조사
③ 토지이동조사부의 작성
④ 토지이동정리결의서의 작성 : 지적소관청은 지적공부를 정리하고자 하는 때에는 토지이동조사부를 근거로 토지이동조서를 작성하여 토지이동정리 결의서에 첨부하여야 하며, 토지이동조서의 아랫부분 여백에 "직권정리"라고 적어야 한다.✱
⑤ 지적공부의 정리

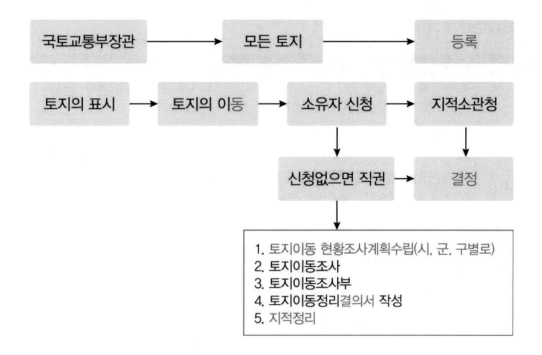

관련기출문제

01 공간정보의 구축 및 관리에 관한 법령상 토지의 조사·등록 등에 관한 내용이다. (   )에 들어갈 사항으로 옳은 것은? (23회)

> (ㄱ)은(는) (ㄴ)에 대하여 필지별로 소재·지번·지목·면적·경계 또는 좌표 등을 조사·측량하여 지적공부에 등록하여야 한다. 지적공부에 등록하는 지번·지목·면적·경계 또는 좌표는 (ㄷ)이 있을 때 토지소유자의 신청을 받아 (ㄹ)이 결정한다.

① ㄱ: 지적측량수행자, ㄴ: 관리 토지, ㄷ: 토지의 이용, ㄹ: 국토교통부장관
② ㄱ: 국토교통부장관, ㄴ: 모든 토지, ㄷ: 토지의 이동, ㄹ: 지적소관청
③ ㄱ: 지적측량수행자, ㄴ: 모든 토지, ㄷ: 토지의 이용, ㄹ: 지적소관청
④ ㄱ: 국토교통부장관, ㄴ: 관리 토지, ㄷ: 토지의 이동, ㄹ: 국토교통부장관
⑤ ㄱ: 지적측량수행자, ㄴ: 관리 토지, ㄷ: 토지의 이동, ㄹ: 국토교통부장관

정답 ▶ ②

02 공간정보의 구축 및 관리 등에 관한 법령상 토지의 이동이 있을 때 토지소유자의 신청이 없어 지적소관청이 토지의 이동현황을 직권으로 조사·측량하여 토지의 지번·지목·면적·경계 또는 좌표를 결정하기 위해 수립하는 계획은? (32회)

① 토지이동현황 조사계획   ② 토지조사계획
③ 토지등록계획   ④ 토지조사·측량계획
⑤ 토지조사·등록계획

정답 ▶ ①

4 지적제도와 등기제도의 비교

	지적제도	토지등기제도
주요 기능	토지에 대한 표시의 공시 (권리객체 = 사실관계)	토지에 대한 권리관계의 공시 (권리주체)
담당기관	국토교통부(시장, 군수, 구청장)	사법부(등기소)
일치	등기촉탁	등기완료사실(소유권변동사항)의 통지
불일치시	① <u>토지표시사항의 불일치</u> : 토지대장을 중심**으로** 등기부를 **정리함** ② <u>소유자의 불일치</u> : 등기부를 중심**으로** 토지대장을 **정리함**	

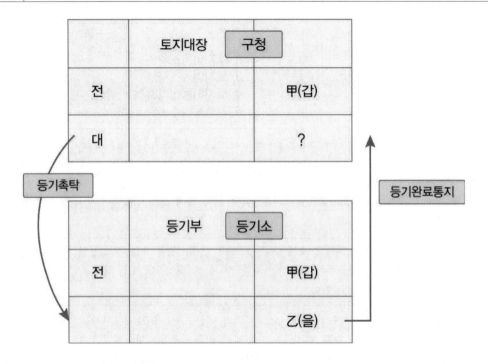

* 등기부와 대장의 토지의 표시사항(지목, 면적)이 다른 경우에는 토지대장이 우선하지만, 등기부와 대장의 토지 소유자가 다른 경우에는 토지등기부의 소유자가 우선한다.

암기 : 표,대장, 권등기

▶ **지적법의 각종 기간 정리★** 핵심테마 22

기 간	내 용
4일	측량검사기간
5일	① 측량기간 ② 지적위원회(축척변경위원회) 회의 소집 **통지기간**
5인~10인	① **축척변경위원회 위원 수**(토지소유자가 1/2이상) ② 지적위원회 위원 수(위원장과 부위원장을 포함)
7일	① **지적측량적부심사** 의결서를 받은 시도지사가 적부심사청구인 및 이해관계인에게 통지기간 ② **지적정리 후** 변경등기 필요치 **않은** 경우 지적공부에 등록한 날로부터 7일 이내 **소유자에게 통지**한다.
15일내	① 도시개발사업 **등의** 지역에서 시행자가 **사업의** 착수, 변경, 완료 신고기간 ② **지적정리 후 변경등기 필요시** 등기완료통지서를 접수한 날로부터 **지적공부정리 통지기간**
15일 이상	① **축척변경시** 청산금 산출조서 작성 후 **청산금 공고기간** ② **지적공부 복구시** 시,군,구 게시판에 **게시기간**
20일 이내	청산금결정을 공고한 날부터 **청산금납부 고지 및 수령통지 기간**
20일 이상	시, 도지사승인후의 **축척변경 시행공고기간**
30일 이내	① **축척변경**시행지역에서 **토지소유자 또는 점유자의 경계점 표시의무 기간** ② **지적측량적부심사**에 대한 **시, 도지사의 지방지적위원회에 회부기간**
60일내	① 토지이동 신청기간(신규등록, 등록전환, 1필지용도가 변경시의 분할신청기간, 합병신청기간) ② 지적위원회의 **지적측량적부심사 심의, 의결기간**
90일 이내	① 바다로 된 토지의 등록말소신청기간 ② **지적측량적부 재심사청구기간**
1월 이내	① **청산금에 대한** 이의신청기간(납부고지, 수령통지 받은 날로부터) ② 청산금에 대한 축척변경위원회의 심의, 의결기간(이의신청이 있는 때부터)
6월 이내	청산금의 납부, **지급 기간**
2년	지적위원회의 임기

(1) 지적공부의 복구시 게시기간

지적소관청(지적파일의 경우 시·도지사)이 지적공부를 복구하고자 하는 때에는 복구할 대상토지의 표시사항 등을 시·군·구(시,도×)의 게시판 및 인터넷 홈페이지에 15일 이상 **게시**하여야 한다.

(2) 도시개발사업 등의 착수, 변경 및 완료신고기간

도시개발사업 등의 지역에서 시행자가 15일 이내에 **사업의 착수, 변경, 완료 사실을 지적소관청에 신고하여야 한다.**

(3) 토지이동의 신청 기간

① 토지소유자는 신규등록, 등록전환, 1필지용도가 변경시의 분할신청, 합병등은 사유가 발생일로부터 60일 이내에 지적소관청에 신청하여야 한다.

② 토지소유자는 지적소관청으로부터 **바다로** 된 토지의 등록말소신청을 통지받은 날로부터 90일 이내에 신청하여야 한다.

(4) **축척변경절차에** 관한 기간(2/3동, 20시, 30경, 청산가리15, 고통20배, 6,6,1,1)

① 토지소유자는 축척변경 사유를 적은 신청서에 토지소유자의 3분의 2이상의 동의서를 첨부하여 지적소관청에 제출하여야 한다.

② 지적소관청은 시, 도지사로부터 축척변경 승인을 받았을 때에는 지체 없이 20일 이상 시행공고를 하여야 한다.

③ 축척변경시행지역에서 토지소유자 또는 점유자는 시행공고일로부터 30일 이내에 시행공고일 현재 점유하고 있는 경계에 경계점표시를 설치하여야 한다.

④ 지적소관청은 청산금을 산정한 때에는 청산금조서를 작성하고, 청산금이 결정되었다는 뜻을 동·리의 게시판에 15일 이상 공고하여 일반인이 열람할 수 있게 하여야 한다.

⑤ 청산금의 납부고지를 받은 자는 그 고지받은 날부터 6월 **이내에** 청산금을 **지적소관청에** 납부하여야 하고, 지적소관청은 수령통지일로부터 6월 **이내에 청산금을** 지급하여야 한다.

⑥ 납부고지 또는 수령통지를 받은 날로부터 1월 이내에 지적소관청(축척변경위원회×)에 **이의신청**할 수 있다.

⑦ 축척변경위원회는 1월 이내에 이의신청에 관한 사항을 심의하여 결정하고, 지적소관청은 그 결정내용을 지체 없이 이의 신청인에게 통지하여야 한다.

⑧ 축척변경위원회는 5인 이상 10인 **이하로** 구성하고 그중 **토지소유자가** 1/2이상 되어야 하며, 이 경우 그 축척변경시행지역 안의 토지소유자가 5명 **이하인** 때에는 토지소유자 전원을 위원으로 위촉하여야 한다.

⑨ 축척변경위원회 회의는 재적위원 과반수의 출석**으로 개의하고 출석위원 과반수의 찬성으로 의결**한다.

⑩ 축척변경위원장은 축척변경위원회를 소집할 때에는 회의일시, 장소 및 심의안건을 회의 개최 5일전까지 각 위원에게 서면**으로** 통지한다.

(5) 지적정리의 통지기간

① **지적소관청은 지적정리 후 변경등기 필요시** 등기완료통지서를 접수한 날로부터 15일 이내에 토지소유자에게 통지하여야 한다.

② **지적소관청은 지적정리 후** 변경등기 필요치 **않은** 경우 지적공부에 **등록한 날로부터** 7일 이내 **소유자에게 통지한다.**

(6) 지적측량적부심사절차 기간(3.6.7.9)

① 지적측량적부심사청구서를 받은 **시·도지사는** 30일 이내에 다음의 사항을 조사하여 **지방지적위원회에** <u>회부</u>하여야 한다.

② 지적측량적부심사청구서 등을 회부받은 **지방지적위원회는 그날부터** 60일 <u>이내에</u> **심의·의결**하여야 한다. 다만, <u>부득이한 경우에는</u> 그 심의기간을 해당 지적위원회의 **의결을 거쳐** 30일 **이내에서** 한 번만 <u>연장할</u> 수 있다.

③ <u>지방지적위원회가</u> 지적측량적부심사의결을 한 때에는 위원장과 참석위원 전원이 서명 날인한 지적측량적부심사 의결서를 작성하여 지체 **없이** <u>시·도지사에게 송부</u>하여야 한다.

④ <u>시·도지사는</u> **의결서를** 7일 이내에 <u>적부심사청구인</u> 및(또는×) 이해관계인**에게** <u>통지</u>하여야 한다.

⑤ 의결서를 받은 자가 지방지적위원회의 의결에 불복하는 경우에는 그 의결서를 받은 날부터 90일 **이내에** <u>국토교통부장관을</u> **거쳐** <u>중앙지적위원회에 재심사</u>를 청구할 수 있다.

⑥ 중앙지적위원회는 위원장 및 부위원장 각 1인을 **포함**하여 <u>5인 이상 10인</u> 이내의 위원으로 구성한다.

⑦ 중앙지적위원장 및 부위원장을 제외(포함한×)한 위원의 임기는 <u>2년</u>으로 한다.

⑧ 위원장이 위원회의 회의를 소집할 때에는 회의일시·장소 및 심의안건을 회의 <u>5일전</u>까지 각 위원에게 **서면으로** 통지하여야 한다.

⑨ 회의는 위원장 및 부위원장을 포함한 **재적위원 과반수의 출석으로 개의(開議)**하고 **출석위원 과반수의 찬성으로 의결**한다.

▶ 각종 기관장들의 권한 [핵심테마 23]

구 분	내 용
지적소관청	① 전국, 시, 도, 시, 군, 구 단위의 지적전산자료 활용(신청) ② **지적삼각보조점성과와 지적도근점성과의 관리보존 및 열람/발급** ③ **부동산종합공부의 관리 운영 및 복제**
시, 도지사 암기 전 반 지, 축	① 전국, 시, 도 단위의 지적 (전)산자료 이용(신청) ② 지적공부의 (반)출(승인) ③ 지번혼잡으로 (지)번변경시(승인) ④ (축)척변경(승인)
국토교통부장관 암기 연속 으로 전국 의 중앙 정보 복제	① (연속)지적도의 관리 ② (전국)의 모든 토지의 등록 ③ (전국) 단위의 지적전산자료 신청시 ④ (중앙)지적위원회의 위원의 해임 ⑤ 지적 (정보)전담 관리기구를 설치 ⑥ 정보처리시스템 전산지적공부가 멸실되거나 훼손될 경우를 대비하여 지적공부를 (복제)하여 관리하는 시스템의 구축은 국토교통부장관이 한다.
시장, 군수, 구청장 or 읍. 면, 동	① **정보처리시스템의** 지적공부에 대한 **열람/발급신청** ② **부동산종합공부의 열람/발급신청**
지적위원회	지적측량적부심사
축척변경위원회	축척변경에 대한 사항(청산금산정 등)

박문각 공인중개사 ─────────────────────────

부동산등기법

등기법			28	29	30	31	32	33	34	35
9주차	테마17	등기할물건, 권리								
	테마18	등기의 효력					O		O	
	테마19	등기의 유효요건								
	테마20	등기부(등기기록)		O		O		O		O
	테마21	직권으로하는 등기					O			
7주차	테마22	등기신청적격자	O	O			O		O	
	테마23	공동신청(권리자, 의무자)		O	O	O				
	테마24	단독신청등기	O	O	O	O	O	O		O
	테마25	등기신청정보(신청서)	O	O		O	O	O		
8주차	테마26	첨부정보(등기필정보, 인감등		O			O	O	O	O
	테마28	전자신청(인터넷)		O						
	테마29	각하사유		O	O				O	O
	테마30	등기필정보의 작성(통지)			O				O	
	테마31	등기신청의 취하								
5주차	테마32	소유권보존등기절차		O	O	O		O	O	
	테마33	소유권이전등기 (상속, 유증, 환매, 신탁등)	O	O	02	O		O	O	02
	테마34	용익권(지상, 지역, 전세, 임차)	O			O	O	O	O	O
	테마35	저당권등기절차	O	O	O	O	O		O	O
	테마36	구분건물에관한등기절차		O					O	
6주차	테마37	변경등기절차	O	O		O				O
	테마38	말소등기절차	O	O				O		
	테마39	부기등기절차	O	O	O		O	O		
	테마40	가등기절차	O	O	O	O	O	O	O	02
	테마41	촉탁등기절차(가처분등)	O			O	O			O
	테마42	이의신청절차	O		O	O			O	

/

| 등기개시절차
(법정절차) | 민법 제186조 : 법률행위(계약)에 의한 부동산(토지, 건물)의 물권(소유권, 저당권)의
변동(이전)은 등기해야 효력이 발생한다. |

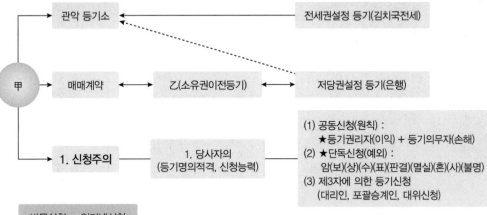

관악 등기소 ◄————————————— 전세권설정 등기(김치국전세)

甲 ► 매매계약 ◄————► 乙(소유권이전등기) ◄————► 저당권설정 등기(은행)

1. 신청주의 —— 1. 당사자의
(등기명의적격, 신청능력)

(1) 공동신청(원칙) :
　★등기권리자(이익) + 등기의무자(손해)
(2) ★단독신청(예외) :
　암 (보)(상)(수)(표)(판결)(멸실)(혼)(사)(불명)
(3) 제3자에 의한 등기신청
　(대리인, 포괄승계인, 대위신청)

방문신청 or 인터넷신청

★(신청정보 = 신청서) :
① 필요적기록사항 : ㉠ 일반적 – 부동산, 당사자표시 등
　　　　　　　　　　 ㉡ 특수적 → 전세금, 저당채권액 등
② 임의적기록사항 : ~약정, 존속기간(대항요건)

+제공(첨부)정보★

(1) 등기원인증명정보(매매계약서 등)

　① 검인계약서 : (계)약 + (소)유권이전등기시 : 암 :(계)니(소)소나

　② 매매목록과 거래신고필증 :(매)매 +(계)약서 +(소)유권이전등기시 : 암 :(매)(계)(소)

(2) 등기필정보(등기필증) :(공동)+(의무)자것, 멸실시 대용(출석 or 위임확인정보 or 공증서면부본)

(3) 인감증명서★ :(공동)+(의무)자것 =(소유)자일 때, 3개월, 매도용

(4)(주소)증명서면 : 소유권 (보)존 + 각종권리의 (설)정 +(이)전등기 암 :(보)(설)(이), 주소

(5) 등기원인에 제3자의 허가정보(토지거래허가서) 등 : 암 :(대)(소)(상)(가)

　(대)가 +(소)유권이전, 지(상)권설정, 이전등기 +(가)등기

(6)(대)장등본 : 부동산표시(변)경, 소유권(보)존, 멸(실)등기, 소유권(이)전등기, 암 :(대)(변)(보)(실)(이)

(7) (도면) : 부동산의 (일)부에 용익물권등기 : 구분건물(보)존등기, 1필지 수개건물(보)존등기, 암 : 도면, 일, 보

(8) 이해관계인 : 승낙서 등

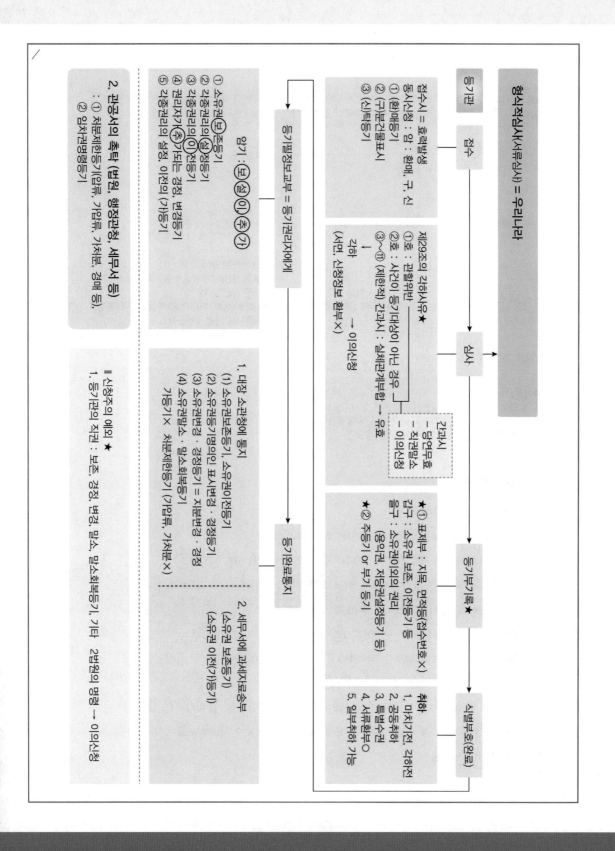

형식적심사서(서류심사) = 우리나라

등기관

접수 → 심사 → 등기부기록 ★ → 식별부호(완료)

접수

접수시 = 효력발생
등사신청 : 암 = 환매, 구, 신
① (환)매등기
② (구)분건물표시
③ (신)탁등기

심사

제29조의 각하사유 ★
① 호 : 관할위반
② 훈 : 사건이 등기대상이 아닌 경우
③~⑪ (제한적) 간과시 : 실체관계부합 → 유효
↓
각하 → 이의신청
(서면, 신청정보 활용X)

간과시
- 암역무효
- 직권말소
- 이의신청

등기부기록 ★

★① 표제부 : 지목, 면적등(접수번호X)
갑구 : 소유권 보존, 이전등기등
을구 : 소유권이외의 권리
(용익권, 저당권설정등기 등)
★② 주등기or부기등기

식별부호(완료)

취하
1. 마치기전, 각하전
2. 공동취하
3. 특별수권
4. 서류환부 ○
5. 일부취하 가능

등기필정보교부 = 등기권리자에게

암기 : (보)(설)(이)(주)(가)
① 소유권(보)존등기
② 각종권리의(설)정등기
③ 각종권리의(이)전등기
④ 권리자가(추)가되는 경우, 변경등기
⑤ 각종권리의 설정, 이전의(가)등기

등기필정보통지

1. 대장 소관청에 통지
(1) 소유권보존등기, 소유권이전등기
(2) 소유권등기명의인 표시변경 · 경정등기
(3) 소유권변경 · 경정등기 = 지분변경 · 경정
(4) 소유권말소 · 말소회복등기
기등기X 저분제한등기 (가압류, 가처분X)

2. 세무서에 과세자료송부
(소유권 보존등기)
(소유권 이전(가)등기)

2. 관공서의 촉탁 (법원, 행정관청, 세무서 등)
: ① 저분제한등기(압류, 가압류, 가처분, 경매 등),
② 입차권명등기

‖ 신청주의 예외
1. 등기관의 직권 : 보존, 경정, 변경, 말소, 말소회복등기, 기타 2갑위의 명령 → 이의신청

등기법의 문제 포인트 『꼭, 꼭 기억하세요』

문제 : ~ 등기는?

(1) 소유권 + 보존등기는?

(2) 소 + 이전등기(상속, 유증, 수용, 진정명의회복, 환매특약등기)는?

(3) 지상권, 지역권, 전세권, 저당권 등 + 설정등기는?

(4) 변경(❶부동산표시변경, ❷등기명의인표시변경, ❸권리변경)등기는?

(5) 경정(❶부동산표시경정, ❷등기명의인표시경정, ❸권리경정)등기는?

(6) 전세권(저당권)의 말소등기는?

(7) 전세권(저당권)의 말소회복등기는?

(8) 가등기는? 본등기는?

(9) 대지권이 있다는 뜻의 등기는?

~

(31) 처분제한등기(압류, 가압류, 가처분, 경매기입등기)는?

지문 내용

1. ❶신청으로 하는 등기인지?

   ❷관공서의 촉탁으로 하는 등기인지?(=압류, 가압류, 가처분, 경매, 임명등기)

   ❸등기관이 직권으로 하는 등기인지?

2. ❶신청시 공동신청 등기인지?(계약, 유증) ❷단독신청 등기인지?

3. 공동신청시에 누가 ❶등기권리자인지?(그 등기를 하고싶어하는 자) ❷등기의무자인지?

4. 신청정보에 ❶필요적기록사항인지?(기록하여야 한다)(목범, 전범, 차범등)

   ❷임의적기록사항인지?(등기원인에 있는 경우 기록한다)(=약,지,보,이,기)

5. 첨부정보(등기필정보, 인감, 대장, 도면, 기타정보 등)를 위 등기신청시

   ❶제공해야 한다? ❷제공하지 않아도 된다?

6. 등기관의 ❶각하사유인지?(=신청할 수 없다) ❷각하하지 않고 등기실행 하는지(=신청할 수 있다)?)?

7. 등기관이 ❶표제부에 하는지?(규약상공용부분, 부동산표시변경등기, 멸실등기, 대지권등기)

   ❷갑구에 하는지?(소유권) ❸을구에 하는지?(소유권 이외의 권리)

8. 등기관이 ❶주등기로 하는지?(표제부, 갑(소유자) - 을 ❷부기등기로 하는지?(~특약, 을(소+외자) - 병

01 가압류등기, 경매기입등기는 (㉠ 등기관이 직권? ㉡ 관공서의 촉탁? ㉢ 당사자의 신청)으로 한다.

02 상속인이 수인인 경우 상속에 의한 소유권이전등기(상속등기)는 (㉠ 공동? ㉡ 단독?)으로 신청 하여야 한다.

2-1. 포괄유증에 의한 소유권이전등기는 (㉠ 공동? ㉡ 단독?)으로 신청할 수 있다.

03 전세권 설정등기시 전세권자는 (㉠ 등기권리자? ㉡ 등기의무자?)이다.

3-1. 전세권 말소등기시 전세권자는 (㉠ 등기권리자? ㉡ 등기의무자?)이다.

04 전세권설정등기 신청시 전세권의 존속기간은 신청정보내용(등기부)으로 (㉠ 필요적 기록(기록하여야) 한다? ㉡ 임의적기록(등기원인에 있는 경우 기록?)사항이다.

05 건물 전부에 대하여 전세권설정등기를 신청하는 경우에는 도면을 첨부정보로 등기소에 (㉠ 제공하여야 한다? ㉡ 제공하지 않아도 된다)

06 공동소유자 중 자기지분만에 대한 보존등기는 (㉠ 각하사유이다(=신청할 수 없다)? ㉡ 각하사유 아니다 (=신청할 수 있다)?)

07 규약상공용부분의 등기는 (㉠ 표제부? ㉡ 갑구? ㉢ 을구?)에 한다.

08 전세권설정등기는 (㉠ 주등기? ㉡ 부기등기?) 형식으로 한다.

정답 ▶ 1 ㉡ 2 ㉡ 2-1 ㉠ 3 ㉠ 3-1 ㉡ 4 ㉡ 5 ㉡ 6 ㉠ 7 ㉠ 8 ㉠

Chapter
01 등기의 의의와 특징

출제예상 포인트

이 장은 출제비중이 낮은 부분이다.
① 등기의 종류
② 등기되는 물건이 중요하다.

제1절 **등기의 의의와 특징**

1 의의 및 효력발생시기

① 민법 제186조는 법률행위(매매계약)로 인한 부동산(토지or건물)의 물권(소유권, 저당권 등) 변동은 등기해야만이 그 효력이 발생한다.

② 등기는 등기관이 <u>등기를 마친 경우</u> 접수한때부터 **효력이 발생한다.**✱

③ 등기신청은 등기신청정보가 <u>전산정보처리조직에 저장된 때</u> <u>접수된</u> 것으로 본다.✱
   따라서 전산정보처리조직에 **저장시 = 효력발생**

④ "등기관이 등기를 마친 경우"란 등기사무를 처리한 등기관이 <u>누구인지 알 수 있는 조치(=식별부호)</u>를 하였을 때를 말한다.✱

제2절 등기의 종류

1 내용에 의한 분류 (15 추가 기출)

등기종류	내 용	예)
① 소유권보존	**미등기부동산** 최초로 하는 등기	
② 소유권이전	매매 등으로 소유자가 이전되는 등기	
③ 설정등기	당사자 사이의 계약에 의하여 새로이 소유권 이외의 권리(**전세권설정, 저당권설정 등**)를 창설하는 것을 말한다.	
④ 변경등기	등기사항 일부 + 후발적	
	ⓐ 부동산표시변경등기	지목변경, 면적변경 등
	ⓑ 등기명의인표시변경등기	개명, 주소변경, 회사상호변경 등
	ⓒ 권리변경등기	전세금변경, 저당채권액변경 등
⑤ 경정등기	등기사항 일부 + 원시적(**착오**)	개명, 상호, 주소경정, 전세금경정 등
⑥ 말소등기	**등기사항** 전부 + **소멸된** 경우	저당채권 변제시, 전세기간 만료시
⑦ 멸실등기	부동산 **전부** + **멸실**된 경우	연평도폭격 건물멸실 **예** 일부멸실은 변경등기
⑧ 말소회복등기	등기사항 전부 or 일부 + **부적법 말소**된 경우	종전 순위와 효력발생

> **보충학습 ⊕**
>
> ㉠ 소유권보존이라 함은 미등기부동산에 대하여 이미 원시취득하여 가지고 있는 소유권의 존재를 공시하기 위해 최초로 하는 등기를 말한다.(예컨대 건물의 신축·공유수면의 매립 등),보존등기를 할 수 있는 권리로는 소유권뿐이다(소유권보존등기).
>
> ㉡ 이전 : 권리 주체의 변경 : 소유자 바뀌면 소유권이전, 전세권자 바뀌면 전세권이전, 저당권자 바뀌면 저당권이전등기 등
>
> ㉢ 등기명의**인표시변경** : 권리자는 변경이 없고, 권리자의 동일성을 나타내는 개명, 주소, 회사상호가 변경이 있는 경우(김치국 → 김국물, 한빛은행 → 우리은행)
>
> ㉣ 권리변경 : 권리의 내용의 일부가 바뀌는 경우(전세금 변경, 저당권 채권액 변경 등)

Chapter 02 각종 권리별 등기절차

이 장은 출제비중이 매우 높은 부분이다.
① **소유권보존등기** ② **소유권이전등기** ③ **신탁등기** ④ **용익권등기** ⑤ **저당권의 등기** 등이 매우 중요하다.

제1절 소유권보존등기 절차 [4 순위] (23,24,26,27,29,30,31,33,34회)

1 의의 및 보존등기사유

▨ 소유자가 그 부동산을 처분하려면 민법 제187조에 의해서 등기소에 먼저 가서 소유권 보존등기를 하고 처분하게 되어 있는데 이 경우 누가 어느 서류를 제공하면 등기소에서 어디에다가 보존등기를 해주느냐의 문제죠?

(1) 의의 : 소유권보존등기라 함은 미등기부동산에 대한 이미 소유권을 원시취득한 자가 새로이 등기기록을 개설하는 최초로 신청하는 등기이고, 소유권보존등기에 의해서 소유권이 창설되는 것은 아니다.

【 갑구 】 (소유권에 관한 사항)

순위 번호	등기목적	접 수	등기원인	권리자 및 기타사항
1	소유권 보존	–	X	소유자 최 선유 680321-1234567 서울 관악구 신림동 37

2 **대상물건**

(1) 객체(각하사유) : 소유권보존등기는 1부동산 1등기기록 원칙상 ①1필의 토지나 1동의 건물의 전부에 대하여 신청하여야 한다. ②따라서 <u>부동산의 일부</u>에 대해서는 <u>신청할 수 없다.</u>

▶ **미등기부동산이 공유인 때**

① 공유자 전원이 소유권보존등기를 신청할 수 있고

② 공유자 1인이 전원을 위하여 소유권보존등기를 신청할 수도 있고

③ 공유자 1인이 <u>자기 지분만을</u> 보존등기 하는 것은 <u>허용되지 않는다.</u>

④ 이미 보존등기된 부동산에 대하여 <u>다시 보존등기를</u> **신청할 수** <u>없다.</u>

---

3 **소유권의 보존등기 신청인 ★★★**

▨ 모든 등기는 소유권보존등기를 기초로 이루어지므로 등기소에서는 아무나 오면 보존등기를 해주는 것이 아니죠, 이 때 누가 보존등기를 할 수 있느냐의 문제죠?

암기 (대), (판)(수)-(시)는 보존등기 할 수 있다 (이 부분, 꼭 꼭 기억하세요)

고유번호		토지(임야), 건축물 대장	
소재	지번 18		
토지의 표시		소유자	
지목	면적 m²	甲 ‥‥‥‥‥ 乙 (최초) (이전등록받은자 ×)	
전	100	↓	
전	60		
공장용지	60	甲1	
공장용지	120	상속인○ 피상속인×	
개별공시지가		포괄수증자○ 특정수증자×	

토지 건물	① 토지(건축물)(대)장등본에 의하여 최초의 소유자로 등록되어 있는 자 또는 그 상속인, 그 밖의 포괄승계인
	② 확정(판)결에 의하여 자기의 소유권을 증명하는 자
	③ (수)용으로 인하여 소유권을 취득하였음을 증명하는 자
건물	④ 특별자치도지사, (시)장, 군수 또는 자치구청장의 확인에 의하여 자기의 소유권을 증명하는 자 ((건)물(토지×)의 경우로 한정한다.)
	(암기) (시)(건)방진자만 보존등기 할 수 있다.

(1) 토지대장, 임야대장 또는 건축물 대장등본에 의하여 <u>최초</u>**의 소유자**로 등록되어 있는 자 또는 <u>그 상속인</u>, 그 밖의 <u>포괄승계인</u>은 보존등기 할 수 있다.

(암기) 대장이 (최초), (포),(상), 받아 보존등기해, (시) (건)방지게

보존등기할 수 있는 자	보존등기할 수 없는 자
① (대)장에 (최초)의 소유자로 등록되어 있는 자는 소유권보존등기 할 수 있다. ② 다만, 토지는 국가로부터 소유권이전등록을 받은 자는 소유권보존등기가 가능하다.	① 대장상 소유권이전 등록받은 자**는** 직접자기 명의로 소유권보존등기 할 수 없다.
③ 미등기부동산의 상속인이 신청하는 경우에 그 소유권보존등기는 <u>바로</u> (상)속인 명의로 보존등기 한다. ④ 회사합병의 경우에는 존속법인 앞으로 직접 소유권보존등기 할 수 있다.	② 피상속인 <u>명의로는</u> 소유권보존등기 할 수 없다.
⑤ 미등기 부동산을 (포)괄적 유증을 받은 자는 자기 앞으로 직접 소유권보존등기를 할 수 있다.	③ **특정적 유증을** 받은 자는 직접자기 앞으로 소유권보존등기 할 수 **없다.**

(2) 확정판결에 의하여 자기의 소유권을 증명하는 자는 소유권보존등기 할 수 있다.

① 확정판결이면 판결(판결과 동일한 효력이 있는 화해조서, 인낙조서, 조정조서를 포함한다.)의 종류는 불문(확인판결, 이행판결, 형성판결)하고 소유권보존등기 할 수 있다. ② 따라서 토지대장상공유인 미등기토지에 대한 공유물분할 판결을 받아 소유권보존등기 할 수 있다. 다만 이 경우에는 공유물분할판결에 따라 토지의 분필절차를 거친 후 보존등기를 신청하여야 한다. ③ 당해 부동산이 보존등기신청인의 소유임을 이유로(타인 명의의) 소유권보존등기의 말소를 명한 판결을 받아서 소유권보존등기 할 수 있다.	① 확인판결에 한한다 x
④ 토지대장의 소유자를 특정할 수 없는 경우에는 국가를 상대로 한 판결을 받아서 소유권보존등기 할 수 있다. ⑤ 건축물대장의 소유자를 특정할 수 없는 경우에는 건축물대장 작성권자인 시장, 군수, 구청장을 상대로 한 판결을 받아서 소유권보존등기 할 수 있다.	② 건물에 대하여 국가를 상대로 한 확인판결 받아서 소유권보존등기 할 수 없다. ③ 건물에 대하여 건축허가명의인(또는 건축주)를 상대로 한 소유권확인 판결을 받아서 소유권보존등기 할 수 없다.

(3) 미등기토지를 수용으로 인하여 소유권취득증명자는 협의성립확인서 또는 재결서등본을 첨부하여 소유권보존등기를 신청할 수 있다.

(4) 건물의 경우는 **특별자치도지사**, 시장, 군수 또는 구청장(자치구의 구청장을 말한다)의 확인에 의하여 자기의 소유권을 증명하는 자는 소유권보존등기할 수 있다 : **건물만**(토지는 ×)

▶ **판결의 종류와 등기**

확정된 판결	등기없이 효력발생 (민법 제187조)	단독신청 (법 제29조)	소유권보존등기 (법 65, 66조)
이행판결	×	○(승소한 권리자 또는 의무자)	○
형성판결	○	×(단, 공유물 분할판결은 단독)	○
확인판결	×	×	○

> **보충학습 ⊕ 확정판결의 종류**
>
> 1. 이행판결 : 법원이 일정한 법률행위를 인정하여 원고가 청구한 대로 피고에게 이행의 의무가 있음을 인정하여 이행을 명하는 판결을 말한다(**예** 물건 인도 (명도)판결).
> 2. 형성판결 : 판결로써 직접으로 권리 또는 법률관계의 형성(발생·변경 혹은 소멸)이 이루어지는 판결을 말한다. 형성판결은 판결로써 권리변동이 확정되므로 별도의 등기가 필요 없다(**예** 공유물분할판결 등).
> 3. 확인판결 : 기존의 법률상태, 즉 이미 어떠한 원인에 의하여 발생한 법률의 효력을 확인하거나 사실관계의 존부를 확인하는 판결을 말한다(**예** 친자확인판결, 소유권확인판결 등).

4 소유권보존등기 절차

1) 신청방법	소유권보존등기나 소유권보존말소등기는 등기명의인이 될 자 또는 등기명의인이 단독신청으로 하고, 대위신청할 수도 있다.
2) 신청정보	소유권보존등기의 신청정보에는 법 제65조 제 몇 호의 규정에 의하여 **등기를 신청한다는 뜻(신청근거조항)**을 신청정보의 내용으로 등기소에 제공하여야 한다. 그러나 등기원인과 그 연월일은 등기소에 제공할 필요가 <u>없다.</u>

	보존등기 신청시 제공할 정보	제공하지 않아도 되는 정보
3) 첨부정보	① 소유자임을 증명정보(판결정보 등) ② **토지대장, 건축물대장정보** ③ 건물의 도면 　건물의 소유권보존등기를 신청하는 경우에 그 대지 위에 여러 개의 건물이 있을 때에는 그 대지 위에 있는 건물의 소재도를 첨부정보로서 등기소에 제공하여야 한다. 다만, 건물의 표시를 증명하는 정보로서 건축물대장 정보를 등기소에 제공한 경우에는 그러하지 아니하다. ④ 신청인 주소증명정보	**단독신청이므로 등기의무자의** 등기필정보, 인감증명정보는 제공**하지 않는다.**

4) 등기의 실행	① 갑구에는 **등기원인과 연월일**을 기록하지 않는다. ② 등기관은 등기를 마치면 단독신청의 보존등기시 등기필정보를 작성하여 통지한다.
5) 직권보존 등기	① 등기관은 미등부동산에 관하여 <u>법원의 소유권(전세권×)에 대한 처분제한등기</u>(가압류, 가처분, 강제경매개시결정의 등기 등)의 촉탁시 직권으로 소유권보존등기를 하고 처분제한등기를 한다. 　※ 세무서의 압류, 가등기가처분명령 × ② 등기관은 미등기부동산에 대한 법원의 주택(상가)임차권등기명령 촉탁시 직권으로 소유권보존등기를 하고 임차권등기를 한다. ③ 처분제한등기(가압류, 가처분등기)가 소멸하여 처분제한 등기(가압류, 가처분등기)가 말소되더라도 **직권보존등기된 것은 말소하지 않는다.** ④ 직권보존등기시 등기필정보는 작성하지 않는다.

【 갑구 】(소유권에 관한 사항) : 직권보존등기

순위 번호	등기목적	접 수	등기원인	권리자 및 기타사항
1	소유권 보존	–	–	소유자 박 말환 680321 – 1234567 서울 관악구 신림동 37 가처분등기촉탁으로 인하여
2	가처분	2006년 7월 7일 제2345호	2006년 7월 5일 서울중앙지방법원의 가처분결정	금지사항 : 증여, 매매, 양도, 전세권, 저당권설정등 일체의 처분행위의 금지 권리자 김 철수 751126-1372017

※ 가압류는 금전채권이나 금전으로 환산할 수 있는 채권을 가진 자가 장래에 강제집행을 보전하기 위하여 채무자의 재산을 잠정적으로 압류함으로서 그 처분권을 제한하는 보전처분을 말한다.

※ 가처분은 특정물(계쟁물)에 관한 인도청구권, 반환청구권을 가진 채권자가 장래의 집행절차의 보전을 위해 특정물의 처분금지 등을 위해 취하는 보전처분을 말한다. 가압류가 금전채권을 보전하기 위한 것이라면 가처분은 특정물채권을 보전하기 위해 이루어진다.

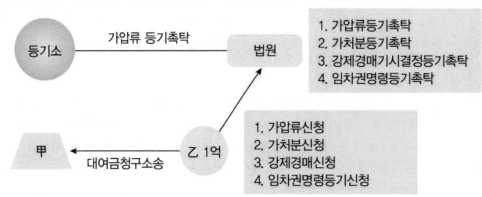

갑구(소유권) : 직권 보존등기

순위	등기목적	등기원인	권리자 및 기타사항란
1	소유권보존	×	소유자 甲
2	가압류	2018년3월2일 서울민사 지방 법원 가압류 촉탁	금액 1억 채권자 乙 75~ , 인천시 ~

> **보충학습 ⊕ 소유권보존등기 보충**
>
> ① 소유권보존등기는 전 소유자에 대하여 권리변동의 추정력이 없다.
> ② 미등기 부동산이 전전양도된 경우, 최후의 양수인이 소유권보존등기를 한 때에도 그 등기가 결과적으로 실질적 법률관계에 부합된다면, 특별한 사정이 없는 한 그 등기는 무효라고 볼 수 없다(모두생략등기).
> ③ 소유권보존등기가 무효인 경우에도 그 소유권보존등기를 말소하지 않고서는 또 다른 소유권보존등기를 할 수 없다(후등기 저지력).
> ④ 멸실된 건물의 보존등기를 멸실 후에 신축한 건물의 보존등기로서 유용할 수는 없다.
> ⑤ 건물에 관한 보존등기상의 표시와 실제 건물과의 다소의 불일치가 있더라도 **사회통념상 동일성 또는 유사성이 인정**되는 경우에는 그 등기는 당해 건물에 관한 등기로서 **유효하다**(대판).
> ⑥ 1동의 건물에 속하는 구분건물 중 일부만에 관하여 소유권보존등기를 신청하는 경우에는 그 나머지 구분건물에 관하여는 **표시(권리×)**에 관한 등기를 대위하여 동시에 신청하여야 한다.

관련기출문제

01 소유권보존등기에 관한 설명 중 옳은 것은? (29회)

① 보존등기에는 등기원인과 그 연월일을 기록한다.
② 군수의 확인에 의하여 미등기 토지가 자기의 소유임을 증명하는 자는 보존등기를 신청할 수 있다.
③ 등기관이 미등기 부동산에 관하여 과세관청의 촉탁에 따라 체납처분으로 인한 압류등기를 하기 위해서는 직권으로 소유권보존등기를 하여야 한다.
④ 미등기 토지에 관한 소유권보존등기는 수용으로 인하여 소유권을 취득하였음을 증명하는 자도 신청할 수 있다.
⑤ 소유권보존등기를 신청하는 경우 신청인은 등기소에 등기필정보를 제공하여야 한다.

정답 ▶ ④
① 원인과 연월일 기록하지 않는다 ② 건물이다 ③ 법원의 촉탁이어야 한다 ⑤ 제공 안 한다

02 등기관이 직권으로 보존등기를 하는 경우가 아닌 것은? (21회)

① 미등기의 주택에 대하여 임차권등기명령에 의한 촉탁이 있는 경우
② 미등기부동산에 대하여 강제경매신청등기의 촉탁이 있는 경우
③ 미등기부동산에 대하여 가압류 촉탁이 있는 경우
④ 미등기부동산에 대하여 가처분 촉탁이 있는 경우
⑤ 미등기부동산에 대하여 가등기의 신청이 있는 경우

정답 ▶ ⑤
암기 가,가,경,임은 직권보존등기 할 수 있다.

03 소유권등기에 관한 설명으로 틀린 것은? (다툼이 있으면 판례에 따름) (34회)

① 미등기 건물의 건축물대장상 소유자로부터 포괄유증을 받은 자는 자기명의로 소유권보존등기를 신청할 수 있다.

② 미등기 부동산이 전전양도된 경우, 최후의 양수인이 소유권보존등기를 한 때에도 그 등기가 결과적으로 실질적 법률관계에 부합된다면, 특별한 사정이 없는 한 그 등기는 무효라고 볼 수 없다.

③ 미등기 토지에 대한 소유권을 군수의 확인에 의해 증명한 자는 그 토지에 대한 소유권보존등기를 신청할 수 있다.

④ 특정유증을 받은 자로서 아직 소유권등기를 이전받지 않은 자는 직접 진정명의회복을 원인으로 한 소유권이전등기를 청구할 수 없다.

⑤ 부동산 공유자의 공유지분 포기에 따른 등기는 해당지분에 관하여 다른 공유자 앞으로 소유권이전등기를 하는 형태가 되어야 한다.

정답 ▶ ③
미등기 토지에 대한 소유권을 군수의 확인에 의해 증명한 자는 그 토지에 대한 소유권보존등기를 신청할 수 없다.

제**2**절 **소유권이전등기 절차** (20,24,32,34회) [8 순위]

1 매매로 인한 소유권이전등기

● 소유권+이전등기							
●매매 (소+이)	매수인(권리자) 매도인(의무자)	확정된+이행판결(단독)	(매매)실거래가액등	O:계약(검인), 매매(매매목록:2개) 등기필정보,인감, 주소증명, (매도인+매수),대장등	㉠부동산일부 x ㉡공유지분:O	갑 구	주등기

2 공동소유에 관한 등기

(1) 의의 : 공동소유라 함은 하나의 물건을 2인 이상의 다수인이 공동으로 소유하는 것을 말하는데 여기에는 공유, 합유, 총유의 3가지 유형이 있다.

1) 공유는 수인이 지분에 의하여 물건을 소유하는 것을 의미한다.

2) 합유는 수인이 조합으로서의 물건을 소유하는 것을 의미한다.

3) 총유는 법인 아닌 사단의 사원이 집합체로서 물건을 소유하는 것을 의미한다.

(2) 소유권의 일부이전등기 = 공유에 관한 등기

【 갑구 】 (소유권에 관한 사항)

순위 번호	등기목적	접 수	등기원인	권리자 및 기타사항
1	소유권 보존	–	–	甲
2	소유권 일부이전	2005년 3월 3일 제245호	2005년 3월 2일 매매	공유자 지분의 3분의 1 강 태우 671026-1422083 인천 남구 도화동 121

1) 의의	① 소유권의 일부이전등기는 단독소유를 공유로 하거나 또는 공유물의 지분을 이전하거나 지분의 일부를 이전하는 것(단, 부동산의 특정일부의 이전등기×) ② 부동산 공유자의 공유지분 포기에 따른 등기는 해당지분에 관하여 다른 공유자 앞으로 소유권이전등기를 하는 형태가 되어야 한다.
2) 등기신청 정보	① 소유권일부이전등기 신청시 신청정보에 공유지분을 표시하고, 등기원인에 **공유물불분할** 특약이 있을 때에는 이를 적어야 한다. ② 공유물분할 약정의 변경등기는 공유자 전원이 공동으로 신청하여야 한다.
3) 등기부 기재방법	공유자인 甲의 지분을 일부 이전하는 경우 : 甲 3/4중 절반 이전 (8분의 3)하는 경우 이전하는 지분은 부동산 전체에 대한 지분을 명시하여 괄호 안에 기재하여야 한다.
4) 공유지분	① 공유지분의 이전할 수도 있고, 저당권 및 처분제한등기(가압류, 가처분 등)도 할 수 있다. ② 공유지분에 대한 용익권(지상, 지역, 전세, 임차권)은 허용되지 않는다.

암기 (일용)이는 등기가 가능하지만, (지용)이는 등기가 불가능하다.

(3) 합유에 관한 등기

【 갑구 】 (소유권에 관한 사항)

순위 번호	등기목적	접 수	등기원인	권리자 및 기타사항
1	소유권 보존	–	–	생략
2	소유권이전	2005년 3월 3일 제245호	2005년 3월 2일 매매	합유자 : 전철우(사망) 강호동 이선희
2-1	합유명의인 변경	2015년 2월 3일 제45호	2015년 1월 3일 합유자 전철우 사망	합유자 : 강호동 이선희

1) 의의	민법상 조합의 재산은 조합자체로 등기할 수 없고, 그 조합원 전원의 합유이므로 조합원 전원의 합유로 등기를 신청하여야 한다.
2) 신청정보	부동산에 대한 합유는 등기를 할 수 있지만 <u>합유지분은 등기할 수 없어</u> 합유지분은 신청서에는 기재되지 않고 등기부에는 <u>합유지분은 기록되지 않고 합유라는 뜻을 기록</u>한다.
3) 합유지분	**합유지분은** 이전될 수 없고, 저당권 및 처분제한(가압류, 가처분)등기도 할 수 없다.
4) 합유자의 일부 사망	합유자 중 일부가 사망한 경우에는 상속인은 지분반환청구권을 가질뿐 합유자로서의 지위가 승계되는 것이 아니므로 <u>잔존합유자의 합유로</u> 하는 합유명의인 변경등기를 신청할 수 있다.

암기 (공지)는 등기부에 보이므로 지분을 이전할 수 (있지)만 (합지)는 등기부에 보이지 않으므로 지분을 이전할 수 (없다)

(4) 총유(권리능력없는 사단, 재단의 등기=종중)

1) 총유는 지분이 없고, 총유재산은 **법인 아닌 사단명의**로 등기되므로 총유등기는 존재하지 않는다.

2) 법인 아닌 사단·재단(종중)의 등기신청시 첨부정보 [핵심테마] (꼭 꼭 기억하세요)

   ① 정관이나 그 밖의 규약

   ② 대표자나 관리인임을 증명하는 정보. 다만, 등기되어 있는 대표자나 관리인이 신청하는 경우에는 그러하지 아니하다.

   ③ 「민법」 제276조 제1항의 결의가 있음을 증명하는 정보(=사원총회의 결의서)(법인아닌 사단이 <u>등기의무자</u>(등기권리자×)**인 경우로** 한정한다)

   ④ 대표자나 관리인의 주소 및 주민등록번호를 증명하는 정보

   ⑤ 대표자의 인감 : 법인아닌 사단이 <u>등기의무자</u>(등기권리자×)인 경우

	공 유	합 유	총 유
1. 의의	개인간	조합원	권리능력없는 사단
2. 지분	등기기록 1/3, 1/3, 1/3	등기기록하지 않는다	지분없음
3. 주체이전	소유권이전	합유명의인 변경등기	신청인 : 대표자 권리자 : 사단(종중)
4. 소유권이전	○	×	
5. 저당권	○	×	사원총회결의서, 대표자의 인감 = 등기의무자일 때 제공
6. 상속	○	×	부동산 등록번호 : 시장, 군수, 구청장이 부여함
7. 처분제한(가압류, 가처분)등기	○	×	
8. 용익권(지상,지역, 전세,임차권)	×	×	

관련기출문제

01 **공동소유의 등기에 관한 설명으로 옳은 것은?(다툼이 있으면 판례에 의함)** (22회)

① 토지의 합유자 甲과 乙 중 乙이 사망한 경우, 특약이 없는 한 甲이 그 토지를 제3자에게 매도하여 이전등기하기 위해서는 먼저 甲의 단독소유로 하는 합유명의인 변경등기를 신청해야 한다.

② 종중 명의로의 소유권이전등기를 신청하는 경우, 종중의 대표자가 등기권리자이다.

③ 농지에 대하여 공유물분할을 원인으로 한 소유권이전등기를 신청하는 경우, 농지취득자격증명을 첨부해야 한다.

④ 부동산의 공유지분에 저당권을 설정할 수 없다.

⑤ 합유자 1인이 다른 합유자 전원의 동의를 얻어 자신의 지분을 제3자에게 처분하는 경우, 지분이전등기를 한다.

정답 ▶ ①

② 종중 명의로의 소유권이전등기를 신청하는 경우, 종중이 등기권리자이다.

③ 농지에 대하여 공유물분할을 원인으로 한 소유권이전등기를 신청하는 경우, 농지취득자격증명을 첨부하지 않는다.

④ 부동산의 공유지분에 저당권을 설정할 수 있다.

⑤ 합유 지분이전등기를 할 수 없다.

3 상속으로 인한 소유권이전등기(상속등기) (35회 기출)

▨ 누가 어느 서류를 제공하면 상속등기를 해주느냐의 문제죠?

(1) 신청인	㉠ 상속인은 피상속인이 **사망한** 때에 등기 없이 그 권리를 취득하나, 등기하여야 그 권리를 처분할 수 있다(민법 제 187조). ㉡ 상속등기는 등기권리자가 **단독으로 신청**한다. ㉢ 상속인이 수인인 경우에 공동상속인 전원 또는 공동상속인 중 1인이 전원명의로 상속 등기신청은 가능 ㉣ 단, 공동상속인 중 1인이 자기지분만에 관한 상속등기를 신청할 수 없다. ㉤ 상속인이 상속포기를 할 수 있는 기간 내에 상속인의 채권자가 대위권을 행사하여 상속등기를 신청할 수 있다.
(2) 신청정보의 기록사항	등기원인은 '상속' 등기원인일자는 '피상속인의 사망일' 기록한다.
(3) 첨부정보	상속을 증명하는 시, 구, 읍, 면장의 서면(가족관계등록부) 또는 이를 증명함에 족한 서면을 첨부하여야 하나, 단독신청이므로 등기의무자의 등기필정보나 인감증명은 제공하지 않는다.
(4) 협의분할에 의한 상속등기	암기 협의분할은 전이, 후경이다. 1) 공동상속인들은 언제든지 협의에 의하여 상속재산을 분할할 수 있다. 상속재산의 분할은 상속이 개시된 때(피상속인의 사망시)에 소급하여 효력이 발생한다. 2) 협의분할시 상속인 전원의 인감증명을 첨부정보로 제공한다. 다만 협의분할서가 공정증서로 작성된 경우에는 인감정보를 첨부하지 않아도 된다. 3) 상속등기 전의 협의분할 : 상속등기의 경료 전에 협의분할로 인한 재산상속의 경우 등기목적은 '소유권이전등기'로 실행되고, 등기원인은 '협의분할에 의한 상속'이라고 기재하며, 등기원인일자는 '상속개시일(=피상속인의 사망일)(협의분할일×)'이다. 4) 상속등기 후의 협의분할 : 상속재산 협의분할은 언제든지 할 수 있으므로 법정지분에 의하여 상속등기가 경료된 이후에도 상속재산 협의분할을 할 수 있고, 이러한 경우에는 협의분할의 효과가 상속개시일에 소급하기 때문에 소유권경정등기를 신청하여야 한다. 이 경우에 등기원인일자는 '협의분할일'(사망일×)을 기재한다. 5) 상속재산분할심판에 따른 상속인의 소유권이전등기는 법정상속분에 따른 상속등기를 거치지 않더라도 할 수 있다.

구 분	등기실행방법	등기원인일자
상속등기 전 협의분할	소유권 이전등기	피상속인의 사망일
상속등기 후 협의분할	소유권 경정등기	협의분할일

갑구(소유권)(상속등기 전 협의분할)

순위	등기목적	권리자 및 기타사항란
1	소유권보존	소유자 甲 : 50~
2	소유권이전	소유자 : 甲1 1/2, 甲2 1/4, 甲3 1/4 사망일(2017년 5월 2일)

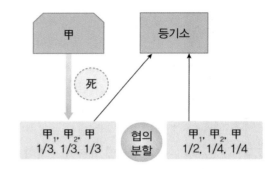

갑구(소유권) : (상속등기 후 협의분할)

순위	등기목적	권리자 및 기타사항란
1	소유권보존	소유자 甲 : 67~
2	소유권이전	소유자 : 甲1 1/3, 甲2 1/3, 甲3 1/4 사망일(2017년 5월 2일)
2-1	소유권경정	소유자 : 甲1 1/2, 甲2 1/4, 甲3 1/4 협의분할일(2017년 6월 1일)

4 유증(遺贈)으로 인한 소유권이전등기(15,24,35회) [핵심테마]

> **보충학습⊕ 유증의 및 종류**
>
> 1. 의의 : 유증이란 유언에 의하여 무상으로 재산을 증여하는 상대방 없는 단독행위이다.
> 2. 포괄유증 : A건물, b토지 등 각각 부동산의 3분의 1을 준다는 식으로 재산을 특정하지 않고 전 재산을 비율로 표시하는 유증으로 등기없이 바로 소유권을 취득하는 물권적 효력을 가지고 있다.
> 3. 특정 유증 : 현대 아파트 102호를 준다는 식으로 개개 재산을 구체적으로 특정하여 주는 유증으로 등기해야 소유권을 취득하는 채권적 효력을 가지고 있다.

【 갑구 】(소유권에 관한 사항)

순위 번호	등기목적	접 수	등기원인	권리자 및 기타사항
1	소유권 보존	–	–	甲(유증자)
2	소유권 이전	2007년 3월 3일 제45호	2007년 3월 2일 유증	소유자 : 김 마담 (수증자)

▨ 누가 어느 서류를 제공하면 유증에 의한 소유권이전 등기를 해주느냐의 문제죠?

1. 종류	㉠ **포괄적 유증**은 유증자의 **사망과** 동시에 물권변동의 효력이 발생하지만 ㉡ **특정적 유증은** 등기해야 물권변동의 효력이 발생한다.
2. 등기신청방법	① 포괄적 유증이나 특정적 유증을 불문하고 수증자가 등기권리자가 되고 유언집행자(또는 상속인)가 등기의무자가 되어 공동(<u>단독×</u>)**으로 신청**하여야 한다. ② 따라서 등기의무자의 등기필정보를 제공한다. ③ 수증자가 여러명인 포괄적 유증의 경우에는 수증자 전원이 공동으로 신청하거나 각자가 자기지분만**에 대하여 신청할 수도 있다**(없다×).
3. 등기원인과 연월일	등기원인은 '○년 ○월 ○일 유증'으로 기재하되, 그 연월일은 유증자가 <u>사망한 날</u>을 기재한다. 다만 유증에 조건 또는 기한이 붙은 경우에는 그 <u>조건이 성취한 날</u> 또는 기한이 도래한 날을 기재한다.
4. 미등기된 부동산	㉠ 미등기된 부동산에 대하여 <u>포괄유증</u>의 경우에는 포괄수증자 명의로 **직접보존등기를 할 수 있다.** ㉡ 다만 미등기된 부동산에 대하여 <u>특정유증</u>의 경우에는 상속인명의로 보존등기 후 수증자 명의로 소유권 이전등기를 하여야 한다.
5. 등기된 부동산	㉠ <u>상속등기를 거치지</u> 않고 직접 유증자로부터 수증자 명의로 등기를 신청하여야 한다. ㉡ 그러나 유증으로 인한 소유권이전등기 전에 상속등기가 이미 경료된 경우에는 <u>상속등기를 말소함이 없이</u> 상속인으로부터 유증으로 인한 소유권이전등기를 신청할 수 있다.
6. 유증의 가등기	㉠ 유증으로 인한 소유권이전등기청구권보전의 가등기는 유언자가 사망한 후인 경우에는 청구권이 발생하므로 이를 수리하고, ㉡ 유언자가 생존 중인 경우에는 청구권이 없으므로 가등기를 수리하여서는 아니된다.
7. 유류분	유증으로 인한 소유권이전등기 신청이 상속인이 <u>유류분을 침해</u>**하는** 내용이라 하더라도 등기관은 이를 <u>수리하여야 한다</u>.

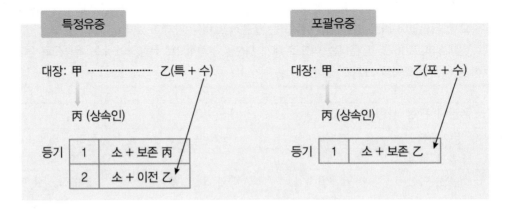

관련기출문제

01 유증으로 인한 소유권이전등기절차에 관한 설명이다. 옳지 않은 것은? (24회)

① 유증으로 인한 소유권이전등기의 등기원인은 '○년 ○월 ○일 유증'으로 적되 그 연월일은 원칙적으로 유증자가 사망한 날을 적는다. 다만, 유증에 조건이나 기한이 붙은 경우에는 그 조건이 성취된 날이나 그 기한이 도래한 날을 등기원인일자로 신청서에 적는다.

② 수증자가 여러 명인 포괄적 유증의 경우에는 수증자 전원이 공동으로 신청하여야 하며, 각자가 자기지분만에 관한 등기신청을 할 수 없다.

③ 특정유증의 목적부동산이 미등기인 경우에는 직접 수증자 명의로 소유권보존등기를 신청할 수 없고, 유언집행자가 상속인명의로 소유권보존등기를 한 다음 유증으로 인한 소유권이전등기를 신청하여야 한다.

④ 유증으로 인한 소유권이전등기를 신청할 때에는 등기의무자(유증자)의 등기필정보를 제공하여야 한다.

⑤ 유증으로 인한 소유권이전등기신청이 상속인의 유류분을 침해하는 내용이라 하더라도 이를 수리하여야 한다.

정답 ▶ ②
각자가 자기지분만에 관한 등기신청을 할 수 있다.

5 토지수용에 의한 토지소유권이전의 등기 (24,27,30,31회)

【 갑구 】 (소유권에 관한 사항)

순위 번호	등기목적	접 수	등기원인	권리자 및 기타사항
1	소유권 보존	–	–	甲
2	소유권 이전	2005년 3월 3일 제245호	2005년 3월 2일 토지수용	소유자 : LH 공사

(1) 의의 및 등기방식	토지수용이란 공익사업을 위하여 필요한 경우 타인토지의 소유권 기타의 권리를 법률이 정하는 바에 의하여 **강제적으로 취득**하는 경우로서 사업시행자는 **수용개시일에** 등기 없이 그 토지의 소유권은 취득하며 성질은 **원시취득에** 해당하나 이미 등기된 토지는 소유권이전등기의 방식에 의한다.
(2) 등기 신청인	1) 단독신청 : 등기의무자의 협력을 얻기가 어려우므로 **등기권리자(사업시행자)가 단독으로 신청**할 수 있다. 2) 등기권리자는 단독으로 신청을 하는 경우에 등기명의인이나 상속인, 그 밖의 포괄승계인을 갈음하여 부동산의 표시 또는 등기명의인의 표시의 변경, 경정 또는 상속, 그 밖의 포괄승계로 인한 소유권이전의 등기를 신청할 수 있다. 3) 관공서촉탁 : **관공서가** 기업자인 경우는 소유권이전등기를 **촉탁**하여야 한다.
(3) 신청정보의 기록사항	등기원인은 '토지수용' 등기원인일자는 '수용개시일'(재결일×)

(4) 첨부 정보	1) 등기원인을 증명하는 정보(재결서 또는 협의성립확인서 등), 보상이나 공탁을 증명하는 정보를 첨부한다.
	2) 단, 단독신청이므로 등기의무자의 '등기필정보'이나, 인감 증명서는 제공할 **필요가 없다.**
(5) 토지수용시 직권말소등기	암기 **수용+직**

직권말소 등기 ○	직권말소 ✕ 암기 **상 역** 이는 수용시 직권말소되지 않는다
① 수용의 개시일 이후에 경료된 소유권이전등기 ② <u>수용일 전후를 불문하고 경료된 소유권이외의 권리</u> <u>(지상권, 전세권, 저당권, 임차권, 가등기, 처분제한</u> <u>등기=가압류, 가처분)등기는 **직권말소된다**</u>	① 수용일 개시 **이전**에 경료된 소유권이전등기 ② 수용일 이전에 상속이 개시되었으나 수용일 이후에 경료된 **상**속을 원인으로 한 소유권이전등기 ③ 그 부동산을 위하여 존재하는 지**역**권(＝요역지)의 등기와 ④ 토지수용위원회의 재결로써 존속이 인정된 권리는 직권말소되지 않음

(6) 재결(裁決)의 실효에 따른 <u>말소등기</u>

토지수용의 <u>재결의 실효</u>를 원인으로 하는 토지수용으로 인한 <u>소유권이전등기의 말소등기신청은 '공동으로'</u> 신청하여야 하며, 이에 의하여 토지수용으로 말소된 등기를 '직권으로 회복'하여야 한다.

관련기출문제

01 **수용으로 인한 등기에 관한 설명으로 옳은 것을 모두 고른 것은?** (30회)

> ㉠ 수용으로 인한 소유권이전등기는 토지수용위원회의 재결서를 등기원인증서로 첨부하여 사업시행자가 단독으로 신청할 수 있다.
> ㉡ 수용으로 인한 소유권이전등기신청서에 등기원인은 토지수용으로, 그 연월일은 수용의 재결일로 기재해야 한다.
> ㉢ 수용으로 인한 등기신청 시 농지취득자격증명을 첨부해야 한다.
> ㉣ 등기권리자의 단독신청에 따라 수용으로 인한 소유권이전등기를 하는 경우, 등기관은 그 부동산을 위해 존재하는 지역권의 등기를 직권으로 말소해서는 안 된다.
> ㉤ 수용으로 인한 소유권이전등기가 된 후 토지수용위원회의 재결이 실효된 경우, 그 소유권이전등기의 말소등기는 원칙적으로 공동신청에 의한다.

① ㉠, ㉡, ㉢   ② ㉠, ㉢, ㉣   ③ ㉠, ㉣, ㉤
④ ㉡, ㉢, ㉤   ⑤ ㉡, ㉣, ㉤

정답 ▶ ③
㉡ 수용으로 인한 소유권이전등기신청서에 등기원인은 토지수용으로, 그 연월일은 수용의 개시일로 기재해야 한다.
㉢ 수용으로 인한 등기신청 시 농지취득자격증명을 첨부하지 않아도 된다.

6 진정명의회복을 원인으로 한 소유권이전등기 (15,35회)

▨ 부동산의 가짜 주인이 위조나 가장매매 등으로 등기를 해 갔을 때 진짜 주인이 말소등기 하지 않고, 진정명의회복을 원인으로 소유권이전등기방법으로 부동산을 찾아오는 경우를 말합니다.

▶ 진정명의 회복에 의한 소유권이전등기

【 갑구 】(소유권에 관한 사항)

순위 번호	등기목적	접 수	등기원인	권리자 및 기타사항
1	소유권 보존	–	–	甲
2	소유권 이전	2006년 3월 3일 제245호	진정명의 회복 (원인일자 ×)	소유자 이 용진 701027-1234563 서울 중랑구 면목동 77

1. 의의	현재 등기명의인이 무권리자인 경우 진정한 소유자는 현재의 등기명의인을 상대로 그 말소를 구하는 방법 외에 '진정명의회복'을 등기원인으로 하여 소유권 이전등기의 이행을 구하는 것도 허용된다.
2. 등기신청인	㉠ 공동신청 　ⓐ 진정한 권리자는 현재 등기명의인과 공동으로 '진정명의회복'을 원인으로 하여 소유권이전등기를 신청할 수 있다. 　ⓑ 특정유증을 받은 자로서 아직 소유권등기를 이전받지 않은 자는 직접 진정명의회복을 원인으로 한 소유권이전등기를 청구할 수 없다. ㉡ 판결에 의한 단독신청 　진정한 권리자는 현재의등기명의인을 상대로 '진정명의회복을 등기원인으로 한 소유권이전등기절차의 <u>이행을 명하는 판결을</u> 받아 단독으로 소유권이전등기를 신청할 수 있다.
3. 신청정보의 기록사항	신청정보에 <u>등기원인은 '진정명의회복'</u>으로 기재하되, 이 경우 새로운 계약을 한 것이 아니므로 등기원인일자를 <u>적을 필요가 없다.</u>
4. 첨부 정보	㉠ 공동신청시는 등기원인증명정보(계약서등)가 없어서 이를 제공하지 않는다, 다만, 판결에 의한 단독신청의 경우에는 판결서 정본이 등기원인증명정보가 되므로 **확정판결정본을 제공**하여야 한다. ㉡ 진정명의회복은 계약이 아니므로 <u>토지거래허가서, 농지취득자격증명정보, 계약서에 검인</u>을 받을 필요도 없다.
5. 소유권이전등기	말소청구소송에서 패소확정판결을 받았다면 그 후 진정명의회복을 원인으로 한 소유권이전등기청구소송을 제기할 수 없다(기판력이 미치므로).
6. 진정명의회복	이행판결에서 승소한 자가 그 판결에 기하여 말소등기를 신청하는 것은 허용되지 않는다.

관련기출문제

01 진정명의회복을 위한 소유권이전등기에 관한 설명으로 옳은 것을 모두 고른 것은? (35회)

> ㉠ 진정명의회복을 원인으로 하는 소유권이전등기를 신청하는 경우, 그 신청정보에 등기원인 일자는 기재하지 않는다.
> ㉡ 토지거래허가의 대상이 되는 토지에 관하여 진정명의회복을 원인으로 하는 소유권이전등기를 신청하는 경우에는 토지거래허가증을 첨부해야 한다.
> ㉢ 진정명의회복을 위한 소유권이전등기청구소송에서 승소확정판결을 받은 자는 그 판결을 등기원인으로 하여 현재 등기명의인의 소유권이전등기에 대하여 말소등기를 신청할 수는 없다.

① ㉠　　　　　　② ㉡　　　　　　③ ㉠, ㉢
④ ㉡, ㉢　　　　　⑤ ㉠, ㉡, ㉢

정답 ▶ ③
㉡ 토지거래허가의 대상이 되는 토지에 관하여 진정명의회복을 원인으로 하는 소유권이전등기를 신청하는 경우에는 토지거래허가증을 첨부하지 않는다.

7 환매특약의 등기절차 (15,32,33,35회 기출) ★ (이부분, 꼭 꼭 기억하세요)

▨ 누가 어느 서류를 제공하면 환매특약의 등기를 해주느냐의 문제죠?

(1) 의의 및 대항요건으로서의 등기

환매라 함은 매매계약과 동시에 특약으로 매도인이 환매할 권리(환매권)를 보유한 경우에, 그 환매권을 일정한 기간 내에 행사하여 매매의 목적물을 다시 사오는 것을 말하고, 환매권은 채권으로서 등기함으로써 제3자에게 '대항'할 수 있다.

▶ 환매권등기의 기재례

【 갑구 】(소유권에 관한 사항)

순위 번호	등기목적	접 수	등기원인	권리자 및 기타사항
1	소유권 보존	2000년 5월 3일 제1234호	–	소 유 자 : 전 철우(매도인) 551221−2287364 서울 동작구 사당동 10
2	소유권 이전	2001년 10월 5일 제12345호	2001년 10월 4일 환매특약부 매매	소 유 자 : 이 선희(매수인) 761210−1238693 서울 중랑구 상봉동 70
2-1	환매특약	2001년 10월 5일 제12345호	2001년 10월 4일 특약	①환매대금 금 50,000,000원 ②계약비용 금 300,000원 ㉠환매기간2006년 10월 5일까지 환매권자 : 전 철우(매도인) 551221−2287364 서울 동작구 사당동 10
3	소유권 이전 (행사)	2006년 10월 9일 제23456호	2006년 10월 5일 환매	소 유 자 : 전 철우 551221−2287364 서울 동작구 사당동 10
4	2-1 환매권 말소			3번 소유권이전등기로 인하여 2006년 10월 9일

(2) 환매특약 등기절차

1) 신청인	① 매도인을 등기권리자(환매권자) + 매수인을 등기의무자로 공동신청한다. ② 제3자를 환매권자로는 할 수 없다.
2) 등기신청 방법	① 동시신청 환매특약의 등기는 매매로 인한 소유권이전등기와 동시에 신청(소유권이전등기 이후에×) 한다, 동시에 신청하지 않는 경우 제29조 2호에 해당되어 각하의 대상이 된다. ② 별개의 신청정보 환매권의 설정등기는 소유권이전등기와는 별개의 독립한 신청정보에 의하여 신청한다.
3) 신청정보의 기재사항	① 필요적 기록사항 ㉠ 매수인이 지급한 매매대금 ㉡ 매매비용 ② 임의적 기록사항 : 환매기간의 약정(5년내, 연장×)
4) 첨부 정보	① 등기의무자(매수인)의 권리에 관한 등기필정보 안 한다. (환매특약의 등기신청 당시에는 아직 등기의무자(매수인)의 등기필정보가 존재하지 않으므로) ② 인감증명제공 안한다: 등기의무자인 매수인은 환매특약등기신청시점에서는 아직 등기부상 소유권의 등기명의인이 아니기 때문에

5) 등기의 실행	① 환매등기는 갑구에 소유권이전등기와 함께 부기등기(주등기×)의 방식으로 행해진다. **암기** **환** **갑**에 **부기** 부기 노래 불렀다. ② 매매로 인한 소유권이전등기신청을 각하하는 경우는 동시에 신청한 환매특약등기도 각하하지만, 반대로 환매특약의 등기신청을 각하하더라도 매매로 인한 소유권이전 등기는 실행할 수 있다. ③ 환매권의 이전등기: 환매권자가 등기의무자, 환매권을 매수한 자를 등기권리자로 하여 공동신청하며 부기등기의 부기등기형식으로 실행한다. ④ 한 필지 전부를 매매의 목적물로 하여 매매계약을 체결함과 동시에 그 목적물소유권의 일부 지분에 대한 환매권을 보류하는 약정은 민법상 환매특약에 해당하지 않으므로 이러한 환매특약등기신청은 할 수 없다."고 규정하고 있다.(대법원등기선례 제201111-3호) ⑤ 환매특약등기에 처분금지적 효력은 인정되지 않는다.
6) 환매권의 말소등기	① **직**권에 의한 말소: **암기** 환매＋행사＋직 환매권을 **행사**하여 환매에 의한 권리취득등기(소유권이전등기)를 하였을 때에는 존속할 필요가 없는 **환매특약등기**는 등기관이 **직**권말소'한다.❋ ㉠ 이 경우 환매권에 가처분, 가압류, 가등기 등의 부기등기가 있으면 그 등기명의인(권리자)의 승낙서 또는 재판등본이 첨부되지 않으면 환매특약의 등기를 말소할 수 없는데, 이와 같이 환매특약의 등기를 말소할 수 없는 경우에는 환매권 행사로 인한 소유권이전등기를 할 수 없다(등기예규 제845호). ② **공동신청**에 의한 말소: **환매권** 행사 이외의 원인(환매특약기간의 경과, 환매특약의 해제 등)으로 환매권이 소멸하는 경우에는 '**공동신청**에 **의해서**' 환매권말소등기가 행하여진다.

관련기출문제

01 환매권에 관한 등기에 대한 다음의 설명 중 옳은 것은?
① 환매특약등기는 소유권이전등기에 주등기로 한다.
② 환매특약의 무효나 환매기간의 경과 등으로 인하여 환매권이 소멸된 경우에는 등기관이 직권으로 환매특약등기의 말소등기를 한다.
③ 환매특약등기에는 환매기간과 환매대금은 신청정보의 필요적 기록사항이다.
④ 매매로 인한 소유권이전등기신청과 동시신청이라는 점에서 등기의무자의 권리에 관한 등기필증과 인감증명을 제공하여야 한다.
⑤ 환매특약의 등기신청은 매매로 인한 소유권이전등기신청과는 별개의 신청정보에 의하여야 하나, 매매로 인한 소유권이전등기신청과 동시에 하여야 하고 또 동일 접수번호로 접수하여야 한다.

정답 ▶ ⑤
① 부기등기로 한다.
② 공동신청에 의한 말소등기한다.
③ 환매기간은 임의적 기록사항이다.
④ 등기필정보와 인감증명정보는 제공하지 않는다.

02 환매특약의 등기에 관한 설명으로 **틀린** 것은? (33회)

① 매매비용을 기록해야 한다.
② 매수인이 지급한 대금을 기록해야 한다.
③ 환매특약등기는 매매로 인한 소유권이전등기가 마쳐진 후에 신청해야 한다.
④ 환매기간은 등기원인에 그 사항이 정하여져 있는 경우에만 기록한다.
⑤ 환매에 따른 권리취득의 등기를 한 경우, 등기관은 특별한 사정이 없는 한 환매특약의 등기를 직권으로 말소해야 한다.

정답 ▶ ③
환매특약등기는 매매로 인한 소유권이전등기신청과 <u>동시에</u> 하여야 하고 또 동일 접수번호로 접수하여야 한다.

03 환매특약 등기에 관한 설명으로 **틀린** 것은? (35회)

① 매매로 인한 소유권이전등기의 신청과 환매특약등기의 신청은 동시에 하여야 한다.
② 환매등기의 경우 매도인이 아닌 제3자를 환매권리자로 하는 환매등기를 할 수 있다.
③ 환매특약등기에 처분금지적 효력은 인정되지 않는다.
④ 매매목적물의 소유권의 일부 지분에 대한 환매권을 보류하는 약정을 맺은 경우, 환매특약등기 신청은 할 수 없다.
⑤ 환매기간은 등기원인에 그 사항이 정하여져 있는 경우에만 기록한다.

정답 ▶ ②
② 환매등기의 경우 매도인이 아닌 제3자를 환매권리자로 하는 환매등기를 할 수 없다.

---

8 신탁에 관한 등기절차 (25,26,28,31,32,33회)★ [핵심테마]

▨ 우리가 <u>재건축할 때</u> 건물의 소유자(위탁자)들이 재건축조합(수탁자)에 재건축을 목적으로 재산의 소유권을 이전해주죠. 이게 신탁법상의 신탁입니다.

(1) 의의 및 대항력

① 신탁법상 신탁이란 위탁자와 수탁자 간의 특별한 신임관계에 기하여 위탁자가 특정한 재산권을 수탁자에게 이전하고 수탁자는 그 재산권을 일정한 자의 이익을 위하여 또는 특정목적을 위하여 그 재산을 관리·처분하게 하는 법률관계를 말한다.
② 대항력 : 신탁등기를 하게 되면 제3자에게 대항할 수 있다.

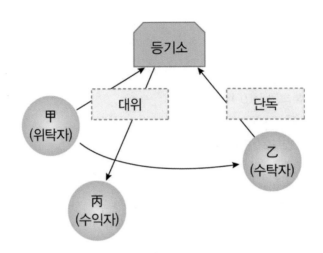

갑구(소유권)

순위	등기목적	권리자 및 기타사항란
1	소유권보존	소유자 甲 (위탁자) 서울 동작구
2 (주등기) 하나의 순위번호	소유권이전 +	乙(수탁자) (합유) 삼성주택조합 현대주택조합
	신탁등기	신탁원부 제5호 (매 부동산마다 제출)

(2) 신탁의 등기절차

1) 단독 신청	① 신탁재산에 속하는 부동산의 신탁등기는 수탁자(受託者)(위탁자×)가 단독으로 신청한다. ② 신탁등기의 말소등기는 수탁자가 단독으로 신청할 수 있다. ③ 수익자나 위탁자는 수탁자를 대위하여 신탁등기를 신청할 수 있다. 이 경우 동시에 신청할 필요는 없다.
2) 신청 정보	① 동시신청 : 신탁등기의 신청은 해당 신탁으로 인한 권리의 이전 또는 보존이나 설정등기의 신청과 동시에 신청하여야 한다. ② 일괄신청 : 신탁등기의 신청은 해당 신탁으로 인한 권리의 이전 또는 보존이나 설정등기의 신청과 함께 1건의 신청정보로 일괄신청(별건의 신청정보로×)하여 하여야 한다.✸

3) 첨부 정보	① 신탁등기를 신청하는 경우에는 **신탁원부**를 첨부하여야 한다. ② 이 신탁원부는 등기부의 일부로 보고 영구보존한다. ③ 신탁원부는 여러 개의 부동산에 관하여 하나의 신청서에 의하여 신탁의 등기를 신청하는 경우에는 '매 부동산마다 **별개**의 신탁원부'를 제출하여야 한다.✱ ④ 법원이 신탁변경의 재판을 한 경우 지체 없이 **신탁원부 기록의 변경등기**를 등기소에 **촉탁(신탁관리인의 신청×)**하여야 한다. ⑤ 등기관이 신탁재산에 속하는 부동산에 관한 권리에 대하여 **수탁자의 변경**으로 인한 이전등기를 할 경우에는 직권으로 그 부동산에 관한 **신탁원부 기록의 변경등기**를 하여야 한다.
4) 등기의 실행	① 등기관이 권리의 이전 또는 보존이나 설정등기와 함께 신탁등기를 할 때에는 하나의 순위번호를 사용하여야 한다.✱ ② 신탁재산이 수탁자의 고유재산이 되었을 때에는 그 뜻의 등기를 **주등기로** 하여야 한다. ③ 신탁가등기도 가능하다. 　 신탁가등기는 소유권이전청구권보전을 위한 가등기와 동일한 방식으로 신청하되, 신탁원부 작성을 위한 정보를 첨부정보로서 제공해야 한다. ④ 수탁자가 2인 이상인 경우에는 그 **공동수탁자의** 재산소유관계가 '**합유관계(공유관계×)**'라는 표시를 신청서에 적어야 한다.✱ ⑤ 수탁자를 의무자로 하는 처분제한등기(가압류, 가처분)는 수리하지만, 위탁자를 의무자로 하는 처분제한등기는 수리하지 않는다. ⑥ 신탁재산이 소유권인 경우 등기관은 신탁재산에 속하는 부동산의 거래에 관한 주의사항을 신탁등기에 부기등기로 기록하여야 한다.
5) 신탁 등기의 말소	① 신탁등기의 말소등기신청은 권리의 이전 또는 말소등기나 수탁자의 고유재산으로 된 뜻의 등기신청과 함께 1건의 신청정보로 일괄하여 하여야 한다. ② 등기관이 권리의 이전 또는 말소등기나 수탁자의 고유재산으로 된 뜻의 등기와 함께 신탁등기의 말소등기를 할 때에는 하나의 순위번호를 사용하고, 종전의 신탁등기를 말소하는 표시를 하여야 한다. ③ 신탁재산에 속한 권리가 이전 또는 소멸됨에 따라 신탁재산에 속하지 아니하게 된 경우 신탁등기의 말소신청은 신탁된 권리의 이전등기 또는 말소등기의 신청과 동시에 하여야 한다.

암기 (수단)이 (위대)하여 (동), (하나),를 (매), (주), (일) 마다 (합) 하여 **신탁한다**

① (수)탁자가 (단)독신청 한다.
② (위)탁자가 (대)위신청할 수 있다.
③ 권리등기와 (동)시에 신청한다.
④ 권리의 등기와 (하나)의 순위번호를 사용한다.
⑤ 신탁원부는 (매) 부동산마다 제공한다.
⑥ (주)등기로 행하여진다.
⑦ 권리의 등기와 1개의 신청정보로 (일)괄 신청한다.
⑧ 수탁자가 수인인 경우 재산 소유관계는 (합)유이다.

관련기출문제

01 신탁등기에 관한 설명으로 틀린 것은? (27회)

① 신탁등기시 수탁자가 甲과 乙인 경우, 등기관은 신탁재산이 甲과 乙의 합유인 뜻을 기록해야 한다.
② 등기관이 수탁자의 고유재산으로 된 뜻의 등기와 함께 신탁 등기의 말소등기를 할 경우, 하나의 순위번호를 사용한다.
③ 수탁자의 신탁등기신청은 해당 부동산에 관한 권리의 설정등기, 보존등기, 이전등기 또는 변경등기의 신청과 동시에 해야 한다.
④ 신탁재산의 일부가 처분되어 권리이전등기와 함께 신탁등기 의 변경등기를 할 경우, 각기 다른 순위번호를 사용한다.
⑤ 신탁등기의 말소등기신청은 권리의 이전 또는 말소등기 나 수탁자의 고유재산으로 된 뜻의 등기신청과 함께 1건의 신청정보로 일괄하여 해야 한다.

정답 ▶ ④
신탁재산의 일부가 처분되어 권리이전등기와 함께 신탁등기의 변경등기를 할 경우, 하나의 순위번호를 사용한다.

02 부동산등기법상 신탁등기에 관한 설명으로 틀린 것은? (33회)

① 수익자는 수탁자를 대위하여 신탁등기를 신청할 수 있다.
② 신탁등기의 말소등기는 수탁자가 단독으로 신청할 수 있다.
③ 신탁가등기는 소유권이전청구권보전을 위한 가등기와 동일한 방식으로 신청하되, 신탁원부 작성을 위한 정보를 첨부정보로서 제공해야 한다.
④ 여러 명의 수탁자 중 1인의 임무종료로 인한 합유명의인 변경등기를 한 경우에는 등기관은 직권으로 신탁원부 기록을 변경해야 한다.
⑤ 법원이 신탁관리자인 선임의 재판을 한 경우, 그 신탁관리인은 지체 없이 신탁원부 기록의 변경등기를 신청해야 한다.

정답 ▶ ⑤
법원이 신탁관리자인 선임의 재판을 한 경우, 법원이 촉탁으로 신탁원부 기록의 변경등기를 해야 한다.

제3절 용익권에 관한 등기 절차 [9 순위]

~용익권(지상, 지역, 전세, 임차권) 등기는?

↓

1. 당사자신청? 등기관 직권?   관공서촉탁?
2. 공동신청?   단독신청?
3. 등기권리자?   등기의무자?
4. 신청서에 필요적기록사항?   임의적기록사항?
5. 첨부정보를 제공하는지?   제공하지 않는지?
6. 각하사유?   각하사유가 아닌지?
7. 표제부? 갑구?   을구?
8. 주등기?   부기등기?

구 분	부동산의 일부	공유지분	2중	농지
소유권보존	×	자기지분만 ×	×	○
소유권이전	×	○	×	○
지상권	○	×	×	○
지역권	• 요역지 : × • 승역지 : ○	×	○	○
전세권	○	×	×	×
임차권	○	×	×	○
저당권	×	○	○	○

구 분	(용)익권 (지상권, 지역권, 전세권, 임차권)	저당권 (소＋이전, 가압류, 가처분)
부동산의 (일)부	○	×
공유(지)분(1/3)	×	○

암기 부동산 (일)부, (용)익권 등기가 가능, 공유(지)분은 (용)익권이 등기 안 된다. 단 저당권(소유권이전, 가압류, 가처분등기)은 반대다.

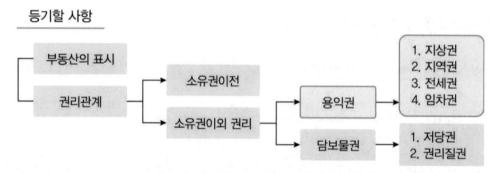

등기할 사항

구 분	부동산의 일부	합병	공유지분	하천	2중	대지권등기 후 처분의 일체성
용익권	○	○	×	×	×	○
저당권(소 + 이) (가압류, 가처분)	×	×	○	○	○	×

> ▶ **등기신청정보의 기록사항**
>
> 암 12-1, (약)(지)(보)(이)(기)는 등기신청정보의 임의적 기록사항이다.
>
> 등기원인에 약정이 있는 경우의 등기부에 기록사항이다.
>
> ① ~(약)정, ~특(약)
>
> ② 지상권에서의 (지)료
>
> ③ 임차권에서의 임차(보)증금
>
> ④ 저당권에서의 (이)자 (근저당권×)
>
> ⑤ 존속(기)간,
>
> ⑥ 변제(기)간(근저당권×)은 등기신청정보나 등기부의 임의적 기록사항이다.

▪ 1 **지상권**에 관한 등기절차 (15,20,35회 기출)

▨ 누가 어느 서류를 제공하면 지상권설정 등기를 해주느냐의 문제죠?

(1) 의의 및 객체

① 의의 : 지상권이라 함은 타인의 토지위에 건물 기타 공작물이나 수목을 소유하기 위하여 그 토지를 사용하는 용익물권을 말한다.(**예** 타인 토지에 한전이 송전탑 이용시 갖는 권리)

② 객체(각하사유) : ㉠ 1필지의 일부는 지상권설정이 가능,

㉡ 공유지분이나 2중지상권은 불가능하다.

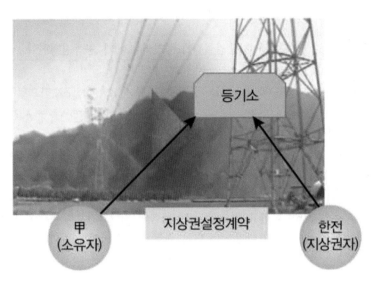

▶ **지상권등기에 관한 기재례**

【 을구 】 (소유권 이외의 권리에 관한 사항)

순위 번호	등기목적	접 수	등기원인	권리자 및 기타사항
1	지상권 설정	2004년 5월 3일 제1234호	2004년 5월 1일 설정계약	① 목 적: 철근콘크리트 건물 소유 ② 범 위: 토지의 일부 ㉠ 존속기간 2004년 5월 1일부터 30년간 ㉡ 지 료 월 300,000원 ㉢ 지급시기 매월 말일 지상권자: 이 명주 751221-1287364서울 강남구 청담동 30
1-1	**지상권이전**	2014년 5월 3일 제234호	2014년 5월 1일 매매	지상권자: 전 주성 611221-1287364서울 중랑구 면목동 13

(2) 지상권 신청절차

① 신청인	지상권자(등기권리자)와 지상권설정자(등기의무자)가 공동신청한다.

② 신청정보의 기록사항	㉠ 필요적 기록사항
	  ⓐ 지상권설정의 목적 : 건물, 공작물, 수목의 소유를 구체적으로 기록한다.
	  ⓑ 지상권설정의 범위 : 1필의 전부 또는 일부에 가능하다. 하지만, 공유지분을 목적으로 하는 지상권설정등기는 허용되지 아니한다.
	  ⓒ 1필 토지 전부 또는 일부인 경우에 지상권설정등기를 하는 경우, 지상권 설정의 범위를 기록한다.
	㉡ 임의적 기록사항 : ⓐ존속기간, ⓑ지료 **및** 그 지급시기의 약정 등을 기재한다.
	  ⓐ 존속기간에 대한 민법 제280조 제1항의 최단기간보다 단축한 기간을 기재한 등기신청이라도 법정기간까지 연장되기 때문에 신청서의 기재내용을 수리한다.
	  ⓑ 지상권의 존속기간은 '철답존속기간으로 한다'는 것과 같은 불확정기간(30년)으로 정할 수 있다.

③ 첨부정보	일반적 첨부정보 외에 지상권설정의 범위가 부동산의 일부인 경우에는 그 부분을 표시한 지적도를 첨부정보로서 등기소에 제공하여야 한다.
④ 등기형식	㉠**지상권설정등기는 주등기**로 하고, ㉡**지상권이전등기는 부기등기**로 한다.
⑤ 지상권의 이전등기에는 토지소유자의 승낙이 필요 없다.	

(3) 구분지상권설정의 등기★

① 의의 : 구분지상권이란 토지의 지하 또는 지상의 공간을 상하로 구분한 일정부분에 <u>건물 기타의 공작물</u>을 소유하기 위하여 설정되는 지상권(수목 ×)**을** 말한다. 예 SK가 설치한 광고탑

② 등기절차
  ㉠ 필요적 기록사항 : 도면을 첨부하지 못하므로 지하 또는 지상에서의 상하의 범위를 특정한다.
  ㉡ 임의적 기록사항 : 토지소유자의 토지사용제한의 특약을 할 수 있다.

③ 이중의 지상권설정등기는 허용되지 않지만, 구분지상권은 상하로 구분한 특정 층에만 효력이 미치므로 그 범위가 다르면 2개 이상의 설정등기도 가능하다.

④ 구분지상권설정토지에 제3자가 그 토지를 사용·수익하고 있는 경우 그 권리자들의 <u>승낙정보</u> 제공 필요

⑤ 일반지상권을 구분지상권으로 상호변경등기(지상권이 미치는 범위의 축소 또는 확장)하는 경우에는 등기상 이해관계인이 없거나, 있더라도 그의 승낙서 또는 이에 대항할 수 있는 재판등본을 제출한 때에 한하여 부기등기에 의하여 그 변경등기를 할 수 **있다**(등기예규 제389호).

⑥ 1동의 건물을 횡단적으로 구분한 경우에 상층의 건물은 하층의 건물에 의하여 물리적으로 지지되어 있으므로 계층적 구분건물의 특정 계층을 구분소유하기 위한 구분지상권의 설정등기는 할 수 **없다**(등기예규 제1040호).

2 지역권의 등기절차 (19,31,35회)

(1) 의의

지역권이란 토지의 소유자가 설정계약에서 정한 일정한 목적(통행, 인수 등)을 위하여 <u>타인의 토지를</u> <u>자기토지의 편익</u>에 사용하는 용익물권을 말한다(예 甲이라는 논주인이 벼를 심기 위하여 乙 논에 송수관을 매설하여 사용하는 권리).

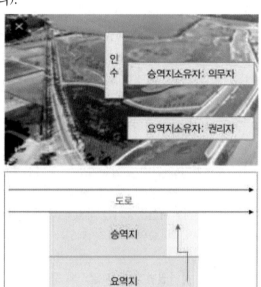

▶ **지역권의 설정등기 기재례**

1. 승역지(신청으로)

순위 번호	등기목적	접 수	등기원인	권리자 및 기타사항
【 을구 】				(소유권 이외의 권리에 관한 사항)
1	지역권 설정	2004년 5월 3일 제1234호	2004년 5월 1일 설정계약	① **목적** : 수로개설 ② **범위** : 토지의 서북 간 100m² ③ **요역지** : 서울 서초구 서초동 지역권 도면 제6책 제3면

2. 요역지(직권으로)

순위 번호	등기목적	접 수	등기원인	권리자 및 기타사항
【 을구 】				(소유권 이외의 권리에 관한 사항)
1	요역지 지역권			① 목 적 : 수로개설 ② 범 위 : 서북 간 100m² 2002년 5월 3일 ③ 승역지 : 서울 서초구 서초동 8

(2) 등기신청절차

① 신청인	ⓒ 승역지소유자(등기의무자)와 요역지소유자(등기권리자)가 공동신청한다. ⓒ 토지의 소유자는 물론, 지상권자, 전세권자, 임차권자도 지역권을 설정하거나 취득할 수 있다.
② 신청정보의 기록사항	ⓒ 필요적 기록사항 　ⓐ 요역지표시 　ⓑ 지역권설정의 목적 : 인수, 통행, 관망 등 　ⓒ 지역권설정의 범위 : **요역지는 1필의 토지의 전부**이어야 하고 1필의 토지의 일부에는 설정할 수 없으나, **승역지(요역지×)는 1필의 토지의 일부**에도 설정이 가능하다. ⓒ 임의적 기록사항 : 당사자가 정한 특약(부종성 배제특약 등).
③ 첨부정보	ⓒ 승역지가 1필지 일부인 경우에는 <u>도면정보</u>를 제공하여야 한다. ⓒ 승역지가 수필지로서 그 소유자가 각각 다른 경우에는 승역지의 각 소유자별로 <u>별개 신청정보에</u> 의하여 이를 신청하여야 한다(등기예규).
④ 등기의 실행	ⓒ 관할등기소 : 승역지(요역지×) 관할등기소에 등기신청 ⓒ 요역지의 등기부에 지역권등기　암기 요.직 등기관이 승역지에 지역권설정등기를 하였을 때에는 **직권으로** 요역지 등기기록에 ⓐ 순위번호, ⓑ 등기의 목적, ⓒ **승역지**, ⓓ 지역권의 설정목적, 범위, ⓔ 등기연월일을 기록**하여야 한다.** ⓒ 등기관이 승역지에 지역권변경 또는 말소의 등기를 하였을 때에는 직권으로 요역지의 등기기록에 변경 또는 말소의 등기를 하여야 한다.

⑤ 요역지의 소유권이 이전되면 지역권은 **별도의 등기없이** 이전된다.

⑥ 승역지의 <u>전세권자가 지역권을 설정해주는 경우</u>, 그 지역권설정등기는 <u>전세권등기에 부기등기로</u> 한다.

⑦ 시효완성을 이유로 통행지역권을 취득하기 위해서는 그 등기가 되어야 한다.

3 **전세권설정**에 관한 등기절차 (20,25,26,27,32,33회)

(1) 의의 및 객체

① 의의 : 전세권이란 전세금을 지급하고 타인의 부동산(토지와 건물)을 점유하여 그 부동산을 용도에 따라 사용·수익하는 용익물권이다(예 세입자가 가지는 권리).

② 객체(각하사유) :
ㄱ 부동산의 특정일부에는 전세권설정이 가능하다.
ㄴ 공유지분에 대한 전세권설정, ㄷ 이중전세권, ㄹ 농지에 대한 전세권설정등기는 허용되지 아니한다.

▶ 전세권등기에 관한 기재례

【 을구 】 (소유권 이외의 권리에 관한 사항)				
순위 번호	등기목적	접 수	등기원인	권리자 및 기타사항
1	전세권 설정	2004년 1월 3일 제2346호	2004년 1월 2일 설정계약	① 전 세 금 20,000만원 ② 범위 : 주거용 건물 전부 ㄱ 존속기간 2004년 1월2일부터 2007년 1월 1일까지 전 세 권 자 : 전 예찬 610415－1238595서울 영등포구
1-1	1번 전세권 이전	2004년 10월 5일 제39291호	2004년 10월 1일 양도	전 세 권 자 : 김 찬영 540501－129876 서울 금천구 가산동 57

(2) 등기절차

① 신청인	㉠ 전세권자(등기권리자)＋전세권설정자(등기의무자)가 공동신청이 원칙이다. ㉡ 공유부동산에 전세권을 설정할 경우, 공유자 전원이 등기의무자이다.
② 신청정보의 기록사항	㉠ 필요적 기록사항 　ⓐ 전세금 또는 전전세금 　ⓑ 전세권의 범위(목적×): 부동산의 전부 또는 일부 범위를 신청정보에 기재 ㉡ 임의적 기록사항: ⓐ존속기간(원칙적으로 10년을 넘지 못한다), ⓑ 위약금이나 배상금 　또는 ⓒ전세권의 양도금지특약, 담보제공금지, 임대차금지 등의 특약 등을 기재
③ 첨부정보	㉠ 전세권설정 또는 전전세의 범위가 부동산의 일부인 경우에는 그 부분을 표시한 지적도나 건물도면을 첨부정보로서 등기소에 제공하여야 한다. ㉡ 다만 전세권의 목적인 범위가 건물이 일부로서 '특정층 전부'인 때에는 그 도면정보를 제공 할 필요가 없다(있다×).
④ 등기의 형식	㉠ 전세권설정등기는 주등기 형식으로 한다. ㉡ 전세권설정등기가 된 후에 건물전세권의 존속기간이 만료되어 법정갱신이 된 경우, 먼저 존 속기간 연장을 위한 변경등기를 해야 그 전세권이전등기나 전세권에 대한 저당권설정등기 를 할 수 있다. ㉢ 집합건물에 있어서 특정 전유부분의 대지권에 대하여는 전세권설정등기를 할 수가 없다. ㉣ 전세권의 사용·수익 권능을 배제하고 채권담보만을 위해 전세권을 설정한 경우, 그 전세 권설정등기는 무효이다. ㉤ 등기관은 부동산이 5개 이상일 때에는 공동전세목록을 작성하여야 한다. ㉥ 전세권의 존속기간이 만료된 경우, 그 전세권설정등기를 말소하지 않고 동일한 범위를 대상 으로 하는 다른 전세권설정등기를 할 수 없다.

(3) 전세금반환채권의 일부양도에 따른 전세권 일부이전등기*

① 전세권의 존속기간만료 등으로 전세권이 소멸한 경우 그 전세권은 전세금을 반환받는 범위 내에서 유효하므로 전세금반환채권의 전부 또는 일부를 양도할 수 있다.

② 등기관이 전세금반환채권의 일부 양도를 원인으로 한 전세권 일부이전등기를 할 때에는 양도액을 기록한다.

③ 전세권 일부이전등기의 신청은 전세권의 **존속기간의** 만료 전에는 할 수 없다. 다만, 존속기간 만료 전이라도 해당 전세권이 소멸하였음을 증명하여 신청하는 경우에는 그러하지 아니하다.

④ 전세권이전 등기에 부기등기로 **한다**.

(4) 전세권이 존속기간의 만료로 종료된 경우 전세권은 당연히 소멸하므로 그 전세권을 목적으로 하는 저당권은 설정할 수 없다(등기선례).

(5) 전세권의 존속기간을 연장하는 변경등기를 신청하는 경우, 후순위저당권자는 등기법상 이해관계인에 해당된다.

4 임차권에 관한 등기절차 (25,27,35회 기출)

(1) 의의와 대항력 : 임차권이란 임대인이 임차인에게 목적물을 사용, 수익하게 할 것을 약정하고 임차인이 이에 대하여 <u>차임</u>을 지급할 것을 약정함으로써 성립하는 채권계약으로 <u>임차권등기</u>를 하면 제3자에게도 대항할 수 있는 <u>대항력이 생긴다.</u>

【 을구 】 (소유권 이외의 권리에 관한 사항)

순위 번호	등기목적	접 수	등기원인	권리자 및 기타사항
1	임차권 설정	2004년 1월 3일 제2346호	2004년 1월 2일 설정계약	① **차임** : 500,000만원 ② **범위** : 주거용 건물 전부 　㉠ 임차보증금 : 1억 　㉡ 존속기간 2004년 1월2일부터 2007년 1월1일까지 **임차권자** : 이 용진 610415-1238595서울 영등포구

(2) 등기신청절차

① 신청인	임차인인 등기권리자 + 임대인이 등기의무자가 되어 공동으로 신청한다.
② 신청서의 기재사항	㉠ 필요적 기재사항 ⓐ 차임 ⓑ 범위 ㉡ 임의적 기재사항 : ⓐ 존속기간, ⓑ 차임의 전급 및 지급시기, ⓒ **임차보증금**, ⓓ 임차권의 양도 또는 전대에 대한 임대인의 동의한 특약 ※ 임대차 차임지급시기에 관한 약정이 있는 경우, 임차권 등기에 이를 기록하지 않더라도 임차권 등기는 <u>유효하다.</u>
③ 첨부정보	일반적인 첨부서면 외에 1필지 일부인 경우에는 도면을 첨부한다.
④ 임차권 등기명령 제도	㉠ 의의 : 임대차계약이 '<u>종료</u>'후(**종료중×**) 보증금을 반환받지 못한 경우에는 임차인은 법원에 임차권등기명령을 신청 할 수 있고 법원이 심사하여 신청이 이유 있는 경우에는 법원은 임차권등기명령을 촉탁하게 된다(주택임대차보호법 제3조의3). ㉡ **관할법원의 촉탁** : 법원은 신청이 이유 있을 때에는 관할등기소에 임차권등기를 촉탁함 ㉢ 직권보존등기 : 미등기건물일 때에는 <u>직권</u>으로 소유권보존등기 후 임차권등기명령에 의한 등기를 기록함
⑤ 임차권의 양도 또는 전대의 등기	㉠ 임차권<u>이전</u>등기나 전대차의 등기는 '**부기**등기'로 한다. ㉡ 임대차의 존속기간이 만료된 경우와 **주택임차권명령등기 및** 상가건물임차권명령등기가 경료된 경우에는 <u>그 등기에 기초한</u> 임차권이전등기나 임차물 전대등기는 존속기간이 경과되었기 때문에 이를 **할 수 없다.** ㉢ 법령의 규정이 없으므로 송전선을 소유하기 위한 <u>구분임차권등기**를 신청할 수** 없다.</u> ㉣ **불확정기간**으로 존속기간('송전선이 존속하는 기간')으로 정한 임차권설정등기도 <u>가능하다.</u> ㉤ 차임이 없이 보증금의 지급만을 내용으로 하는 채권적 전세의 경우, 임차권설정등기기록에 임차보증금을 기록한다. ㉥ 임차권의 양도 또는 임차물의 전대에 대한 임대인의 동의가 있다는 뜻의 등기가 없는 경우에 임차권의 이전 또는 임차물의 전대의 등기를 신청할 때에는 임대인의 동의가 있음을 증명하는 정보를 첨부정보로서 등기소에 제공하여야 한다.

01 전세권 등기에 관한 설명으로 틀린 것은? (다툼이 있으면 판례에 따름) (33회)

① 전세권 설정등기를 하는 경우, 등기관은 전세금을 기록해야 한다.

② 전세권의 사용·수익 권능을 배제하고 채권담보만을 위해 전세권을 설정한 경우, 그 전세권설정등기는 무효이다.

③ 집합건물에 있어서 특정 전유부분의 대지권에 대하여는 전세권설정등기를 할 수가 없다.

④ 전세권의 목적인 범위가 건물의 일부로서 특정 층 전부인 경우에는 전세권설정등기 신청서에 그 층의 도면을 첨부해야 한다.

⑤ 乙 명의의 전세권등기와 그 전세권에 대한 丙 명의의 가압류가 순차로 마쳐진 甲 소유 부동산에 대하여 乙 명의의 전세권등기를 말소하라는 판결을 받았다고 하더라도 그 판결에 의하여 전세권말소등기를 신청할 때에는 丙의 승낙서 또는 丙에게 대항할 수 있는 재판의 등본을 첨부해야 한다.

정답 ▶ ④
전세권의 목적인 범위가 건물의 일부로서 특정 층 전부인 경우에는 전세권설정등기 신청서에 그 층의 도면을 첨부하지 않는다.

02 등기관이 용익권의 등기를 하는 경우에 관한 설명으로 옳은 것은? (34회)

① 1필 토지 전부에 지상권설정등기를 하는 경우, 지상권 설정의 범위를 기록하지 않는다.

② 지역권의 경우, 승역지의 등기기록에 설정의 목적, 범위 등을 기록할 뿐, 요역지의 등기기록에는 지역권에 관한 등기사항을 기록하지 않는다.

③ 전세권의 존속기간이 만료된 경우, 그 전세권설정등기를 말소하지 않고 동일한 범위를 대상으로 하는 다른 전세권설정등기를 할 수 있다.

④ 2개의 목적물에 하나의 전세권설정계약으로 전세권설정등기를 하는 경우, 공동전세목록을 작성하지 않는다.

⑤ 차임이 없이 보증금의 지급만을 내용으로 하는 채권적 전세의 경우, 임차권설정등기기록에 차임 및 임차보증금을 기록하지 않는다.

정답 ▶ ④
① 1필 토지 전부에 지상권설정등기를 하는 경우, 지상권 설정의 범위를 기록하여야 한다.
② 지역권의 경우, 승역지의 등기기록에 설정의 목적, 범위 등을 기록할 뿐, 요역지의 등기기록에는 지역권에 관한 등기사항을 기록한다.
③ 전세권의 존속기간이 만료된 경우, 그 전세권설정등기를 말소하지 않고 동일한 범위를 대상으로 하는 다른 전세권설정등기를 할 수 없다.
⑤ 차임이 없이 보증금의 지급만을 내용으로 하는 채권적 전세의 경우, 임차권설정등기기록에 임차보증금을 기록한다.

03 임차권등기에 관한 설명으로 옳은 것을 모두 고른 것은? (35회)

> ㉠ 임차권설정등기가 마쳐진 후 임대차 기간 중 임대인의 동의를 얻어 임차물을 전대하는 경우, 그 전대등기는 부기등기의 방법으로 한다.
> ㉡ 임차권등기명령에 의한 주택임차권등기가 마쳐진 경우, 그 등기에 기초한 임차권이전등기를 할 수 있다.
> ㉢ 미등기 주택에 대하여 임차권등기명령에 의한 등기촉탁이 있는 경우, 등기관은 직권으로 소유권보존등기를 한 후 주택임차권등기를 해야 한다.

① ㉠　　　　② ㉡　　　　③ ㉠, ㉢　　　　④ ㉡, ㉢　　　　⑤ ㉠, ㉡, ㉢

정답 ▶ ③
㉡ 임차권등기명령에 의한 주택임차권등기가 마쳐진 경우, 그 등기에 기초한 임차권이전등기를 할 수 없다.

제**4**절 **저당권에 관한 등기절차** (25,26,28,29,30,32,33,34,35회)

(1) 의의

① 저당권은 채무자 또는 제3자(물상보증인)가 채무의 담보로 제공한 부동산 기타의 목적물을 채권자가 인도받지 않고 관념적으로만 지배하며 채무의 변제가 없는 경우에는 그 목적물로부터 우선변제를 받을 수 있는 약정담보물권이다(**예** 은행이 가지는 권리).

② 객체(각하사유) :
　　　㉠ **부동산소유권, ㉡ 지상권 ㉢ 전세권 ㉣ 공유지분에 대한 저당권설정등기는** 허용하지만,
　　　㉤ 부동산의 특정일부에 대한 저당권설정등기는 허용하지 아니한다.

▶ **저당권설정등기 기재례**

【 을구 】(소유권 이외의 권리에 관한 사항)				
순위 번호	등기목적	접 수	등기원인	권리자 및 기타사항
1	저당권 설정	2000년 1월 3일 제2346호	2000년 1월 2일 설정계약	① 채 권 액 150,000,000만원 ② 채 무 자: 이 영란 750610−238595 서울 동작구 ㉠ 이 자 연 5푼 저당권자 주택은행(양도인) 서울 강남구 청담지점

(2) 저당권설정등기절차

① 신청인	① 저당권자(등기권리자)와 저당권설정자(등기의무자)가 공동신청한다. ⓒ 저당권을 설정하는 경우 채권자와 채무자 및 제3자 사이의 <u>합의가</u> 있었고 제3자에게 그 채권이 실질적으로 귀속되었다고 볼 수 있는 특별한 사정이 있으면 제3자명의의 저당권등기도 <u>유효</u>하다.

② 신청정보의 기록사항	① 필요적 기록사항
	  ⓐ **채권액 <u>또는</u>** 채권의 가액(일정한 금액을 목적으로 하지 않는 채권을 담보하기 위한 저당권설정등기도 <u>가능하고</u> 이 경우에는 그 <u>채권의 평가액</u>을 신청정보의 내용으로 등기소에 제공하여야 한다.✱(예) 백미 100가마, 채권금액 금 40,000,000원)
	  ⓑ 채무자 : 채무자와 저당권설정자가 다른 경우는 물론, 동일인인 경우에도 신청서와 등기부에 채무자의 성명과 주소를 적어야 한다.(단, 등기명의인이 아니므로 주민등록번호는 기록하지 않는다)
	  ⓒ 권리의 표시 : 저당권의 목적이 **지상권(전세권)**인 때에는 그 권리의 표시를 함
	  ⓓ 공동저당권의 경우 공동담보의 표시
	ⓒ 임의적 기록사항
	  ⓐ **변제기**, ⓑ **이자**, ⓒ 이자의 발생기 또는 이자의 지급시기, ⓓ 원본 또는 이자의 지급장소
	  ⓔ 부합물·종물에 저당권의 효력이 <u>미치지 않는다는</u> **특약**(종래의 건물에 대한 저당권의 효력은 당연히 **증축된 현존건물에도 미치므로** 미치는 변경등기는 할 필요가 없다)

③ 등기의 실행	① <u>소유권목적</u>의 저당권의 설정등기는 을구에 주등기 ⓒ **지상권 또는 전세권을 목적**으로 하는 저당권의 설정등기는 을구에 부기등기로 한다.

(3) 저당권이전등기(주택은행 → 국민은행으로 합병)

▦ 주택은행이 국민은행으로 합병(저당채권자가 바뀜)시 누가 어느 서류를 제공하면 저당권 이전 등기 등을 해주느냐의 문제죠?

▶ **저당권이전등기 기재례**

【 을구 】(소유권 이외의 권리에 관한 사항)

순위 번호	등기목적	접 수	등기원인	권리자 및 기타사항

1	저당권 설정	2000년 1월 3일
		제2346호
			2000년 1월 2일
			설정계약
				① **채 권 액** 150,000,000만원
				② **채 무 자** : 이 영란
				    서울 동작구 노량진동
				① **이 자** 연 5푼
				저당권자 주택은행(양도인)
				    서울 강남구 청담지점

1-1	1번 저당권 이전	2001년 10월 5일 제39291호	2001년 10월 1일 합병	저당권자 국민은행(양수인) 서울 중랑구 상봉지점

① 신청인	양수인이 등기권리자 + 양도인(저당권자)이 등기의무자가 되어 공동신청한다.
② 신청정보의 기록사항	㉠ 일반적인 기재사항 외에 신청정보에 필요적기록사항으로 "저당권이 채권과 <u>같이 이전한다</u>"라는 뜻을 적는다. ㉡ 채권의 일부양도나 대위변제로 인한 저당권의 이전등기도 가능하고 이 경우에는 신청정보에 양도나 대위변제의 목적인 채권액을 적어야 한다.
③ 첨부정보	채권양도의 대항요건을 증명하는 정보(채무자의 통지서나 승낙정보)**는 제공할 필요가 없다** (있다×).
④ 등기의 실행	㉠ 저당권의 이전등기는 **항상 부기등기에 의하여 실행한다.** ㉡ 종전의 저당권자의 표시는 말소한다.

(4) 저당권말소등기 (19회 기출) ★★ (이부분, 꼭 꼭 기억하세요)

▨ 담보대출금이 변제된 경우에 누가 어느 서류를 제공하면 저당권 말소등기 등을 해주느냐의 문제죠?

1) 등기 신청인	① 저당권설정자(등기권리자)와 저당권자(등기의무자)가 공동으로 신청한다. ② 저당권설정등기 이후에 소유권이 제3자에게 이전되는 경우에 　ⓐ '피담보**채무 변제로 인한**' 저당권말소등기 권리자는 저당권설정자인 종전소유자는 채권적청구권으로서 말소를 청구할 수 있고, 현재의 소유자인 제3취득자는 물권적청구권으로서 말소청구권을 행사할 수 있다. **즉** 저당권설정자 또는 현재의 소유자(제3취득자)가 저당권자와 공동으로 말소등기를 신청할 수 있다. 　ⓑ '**원인무효**'로 인한 저당권말소등기 권리자는 현재의 소유자만 가능하다(즉 말소등기권리자(현재의 소유자) + 말소등기의무자(저당권자) ③ **저당권이 이전된 후 저당권말소등기의 등기의무자는** 저당권의 양수인만이다(양도인 ×) (즉, 말소등기권리자(저당권설정자) + 말소등기의무자(저당권의 양수인)

구분	등기권리자
ⓐ 저당권이 설정되고 소유권이 제3자에게 이전 된 후, **피담보채권의 소멸로** 인하여 저당권을 말소하는 경우	저당권설정자 또는 제3취득자
ⓑ 저당권이 설정되고 소유권이 제3자에게 이전 된후, **원인무효로 인하여** 저당권을 말소하는 경우	**제3취득자**
ⓒ **저당권이 이전된 후** 저당권을 말소하는 경우	저당권설정자

2) 신청정보의 기록사항	**저당권이 이전된 후** 저당권말소등기의 경우 <u>등기신청정보에는</u> 말소할 등기로서 주등기인 저당권설정등기를 기재하고 부기등기인 저당권이전등기는 기재하지 않는다.
3) 등기의 실행	① 직권말소 : 저당권이 이전된 경우 저당권설정등기(주등기)가 말소되면 저당권이전등기는 등기관이 직권말소한다.

① 소유권이 제3자에게 **이전된 후** 피담보채무의 변제로 인한 저당권말소등기 : (甲과 乙) 또는 (丙과 乙)

1	소＋보존 甲		1	저당권설정 乙
	(저당권설정자)			(저당권자)
2	소유권이전 丙			
	(제3취득자)			

② 소유권이 제3자에게 **이전된 후** 원인무효로 인한 저당권말소등기 : (丙과 乙)

1	소＋보존 甲		1	저당권설정 乙
	(저당권설정자)			(저당권자)
2	소유권이전 丙			
	(제3취득자)			

③ 저당권이전된 후 저당권말소등기 : (甲과 丙)

1	소＋보존 甲		1	저당권설정 乙
	(저당권설정자)			~~(저당권양도인)~~:주택은행
			1-1	저당권이전 丙
				(저당권양수인):국민은행

(5) 공동저당

① 여러 개의 부동산에 관한 권리를 목적으로 하는 저당권설정의 등기를 신청하는 경우에는 각 부동산에 관한 권리의 표시를 신청정보의 내용으로 등기소에 제공하여야 한다.

② 등기관은 부동산이 5개 이상일 때에는 공동담보목록을 작성하여야 한다.

③ 공동담보목록은 등기기록의 일부로 본다.

④ 등기관이 1개 또는 여러 개의 부동산에 관한 권리를 목적으로 하는 저당권설정의 등기를 한 후 동일한 채권에 대하여 다른 1개 또는 여러 개의 부동산에 관한 권리를 목적으로 하는 저당권설정의 등기를 할 때에는 그 등기와 종전의 등기에 각 부동산에 관한 권리가 함께 저당권의 목적으로 제공된 뜻을 기록하여야 한다

⑤ 부동산이 담보로 추가된 경우, 이때 공동담보목록은 전자적으로 작성하고 1년마다 그 번호를 새로 부여하여야 한다.

⑥ 공동담보목록에는 신청정보의 접수연월일과 접수번호를 기록하여야 한다.

⑦ 공동담보 목적으로 새로 추가되는 부동산의 등기기록에는 그 등기의 끝부분에 공동담보라는 뜻을 기록하고 종전에 등기한 부동산의 등기기록에는 해당 등기에 부기등기로 그 뜻을 기록하여야 한다.

⑧ 공동저당 부동산 중 일부의 매각대금을 먼저 배당하여 경매부동산의 후순위 저당권자가 대위등기를 할 때, ㉠ 매각부동산 ㉡ 매각대금과 ㉢ 선순위 저당권자가 변제받은 금액 ㉣ 차순위 저당권자의 피담보채권에 대한 내용을 기록해야 한다.(존속기간 x)

(6) 근저당설정등기

① 의의

㉠ 근저당권이란 계속적인 거래관계로부터 발생하는 장래 증감·변동하는 불특정의 채권을 장래 결산기에서 일정한 한도까지 담보하기로 하는 저당권을 말한다.
(예 집을 담보로 한 마이너스 통장 대출)

㉡ 근저당권은 불특정 채권을 담보한다는 점과 일시적으로 채권액이 영(0)이 되는 경우에도 결산기 까지는 소멸하지 않으므로 피담보채권의 부종성이 요구되지 않는다는 점이 통상의 저당권과 다르다.

▶ 근저당권설정등기 기재례

【 을구 】(소유권 이외의 권리에 관한 사항)

순위 번호	등기목적	접 수	등기원인	권리자 및 기타사항
1	저당권 설정	2000년 1월 3일 제2346호	2000년 1월 2일 설정계약	① 채 권 액 150,000,000만원 ② 채 무 자 : 이 영란 　　서울 동작구 노량진동15 ㉠ 이 자 연 5푼 ㉡ 변제기 : 2005년 3월 2일 저당권자 우리은행 　　서울 강남구 청담지점
2	근저당권설정	2011년 10월 5일 제291호	2011년 10월 1일 설정계약	① 채권최고액 : 3억(단일) ② 채무자 : 이영란, 이명주 서울 중랑구 면목동 ㉠ 존속기간 ; 2021년 3월 근저당권자 우리은행 경기도 과천시 별양지점

② 신청정보의 필요적 기록사항	㉠ 근저당권설정계약이라는 뜻 ㉡ 채권의 최고액 : 채권자나 채무자가 수인이더라도 <u>구분하지 않고 단일하게</u> 기재한다. 　(채권최고액 5억원, 최고액의 내역 − 채무자 甲에 대하여 2억원, 채무자 乙에 대하여 3억원 등 　구분하여 기재하지 못한다) 　　ⓐ 신청정보의 채권최고액이 외국통화로 표시된 경우, 외화표시금액을 채권최고액으로 기 　　록한다. ㉢ 채무자 : 채무자가 수인인 연대채무자라도 등기부에는 단순히 <u>채무자라고만</u> 기재한다. 　　ⓐ 채무자 기록시 채무자의 성명, 주소만 기록하고 채무자는 등기명의인이 아니므로 주민 　　등록번호를 등기기록에 기록하지 않는다.
③ 등기의 실행	㉠ <u>이자는</u> 채권최고액 속에 당연히 포함되므로 별도로 <u>등기할 수 없다.</u> ㉡ <u>변제기는</u> 등기부에 기록되지 않는다. ㉢ 수용으로 인한 소유권이전등기를 하는 경우, 특별한 사정이 없는 한 그 부동산의 등기기록 　중 근저당권등기는 직권으로 말소하여야 한다.
④ 근저당권 이전등기	🔵암기 근저당권은 (전)(계), (후)(채)다 ㉠ 근저당권의 피담보채권액이 확정되기 (전) 　　ⓐ 근저당권의 기초가 되는 기본계약상의 채권자 지위가 제3자에게 전부 또는 일부 양도 　　된 경우, 그 양도인 또는 양수인은 '(계)약양도'(채권양도×) 를 등기원인으로 하여 근저 　　당권이전등기를 신청할 수 있다. 　　ⓑ 근저당권의 피담보채권액이 확정되기 전에는 <u>그 피담보채권이</u> 양도 또는 대위변제된 경 　　우에는 이를 원인으로 하여 근저당권이전등기를 신청할 수 없다. ㉡ 근저당권의 피담보채권액이 확정된 (후) 　근저당권자 및 그 채권양수인 또는 대위변제자는 '확정(채)권양도' 또는 '확정채권 대위 변제 　'를 등기원인으로 하여 근저당권이전등기를 할 수 있다.

⑤ 동일한 전세권을 목적으로 하는 1번, 2번 근저당권의 채권최고액의 합한 금액이 전세금을 <u>초과해도</u> 근저당권
　설정등기는 가능하다.

관련기출문제

01 부동산 공동저당의 등기에 관한 설명으로 옳은 것을 모두 고른 것은? (35회)

> ㉠ 공동저당의 설정등기를 신청하는 경우, 각 부동산에 관한 권리의 표시를 신청정보의 내용으로 등기소에 제공해야 한다.
> ㉡ 등기관이 공동저당의 설정등기를 하는 경우, 각 부동산의 등기기록 중 해당 등기의 끝부분에 공동담보라는 뜻의 기록을 해야 한다.
> ㉢ 등기관이 공동저당의 설정등기를 하는 경우, 공동저당의 목적이 된 부동산이 3개일 때에는 등기관은 공동담보목록을 전자적으로 작성해야 한다.

① ㉠　　　　　　② ㉢　　　　　　③ ㉠, ㉡
④ ㉡, ㉢　　　　⑤ ㉠, ㉡, ㉢

정답 ▶ ③
㉢ 등기관이 공동저당의 설정등기를 하는 경우, 공동저당의 목적이 된 부동산이 5개 이상일 때에는 등기관은 공동담보목록을 전자적으로 작성해야 한다.

02 저당권등기와 관련하여 다음 중 옳은 것은?

① 근저당권설정등기를 하는 경우 그 근저당권의 채권자 또는 채무자가 수인이면 각 채권자 또는 채무자별로 채권최고액을 구분하여 기재하여야 한다.
② 3개의 부동산이 공동담보의 목적물로 제공되는 경우, 등기관은 공동담보목록을 작성하여야 한다.
③ 甲소유의 부동산에 대하여 乙명의의 근저당권설정등기, 丙명의의 소유권이전등기가 순차적으로 경료된 후에 甲과 乙사이의 근저당권설정등기를 피담보채권의 변제로 말소하고자 하는 경우에 甲 또는 丙은 乙과 공동으로 그 말소등기를 신청할 수 있다.
④ 일정한 금액을 목적으로 하지 아니하는 채권을 담보하기 위한 저당권설정등기는 불가능하다.
⑤ 채권자가 등기절차에 협력하지 아니한 채무자를 피고로 하여 등기절차의 이행을 명하는 확정판결을 받은 경우, 채권자는 채무자와 공동으로 근저당권설정등기를 신청하여야 한다.

정답 ▶ ③
③ 저당권설정 후 소유권이 제3자에게 이전된 경우에는 저당권설정자나 제3취득자가 저당권자와 공동으로 저당권말소등기를 신청할 수 있다(1985.2.14., 등기예규 제554호).
① 단일하게 기재한다.　② 5개일 때 작성한다.　④ 가능하다.　⑤ 이행판결을 받았으므로 단독으로 신청한다.

03 등기관이 근저당권등기를 하는 경우에 관한 설명으로 틀린 것은? (34회)

① 채무자의 성명, 주소 및 주민등록번호를 등기기록에 기록하여야 한다.
② 채무자가 수인인 경우라도 채무자별로 채권최고액을 구분하여 기록할 수 없다.
③ 신청정보의 채권최고액이 외국통화로 표시된 경우, 외화표시금액을 채권최고액으로 기록한다.
④ 선순위근저당권의 채권최고액을 감액하는 변경등기는 그 저당목적물에 관한 후순위권리자의 승낙서가 첨부되지 않더라도 할 수 있다.
⑤ 수용으로 인한 소유권이전등기를 하는 경우, 특별한 사정이 없는 한 그 부동산의 등기기록 중 근저당권등기는 직권으로 말소하여야 한다.

정답 ▶ ①
채무자 기록시 채무자의 성명, 주소만 기록하고 채무자는 등기명의인이 아니므로 주민등록번호를 등기기록에 기록하지 않는다.

(7) 권리질권등기

1) 의의	권리질권이란 재산권(채권, 주식 등)을 목적으로 하는 질권을 말한다, 권리질권 중 등기가 될 수 있는 것은 저당권부 권리질권에 한하는데, 저당권으로 담보한 채권을 질권의 목적으로 한 때에는 그 **저당권등기에 질권의 부기등기를 하여야** 질권의 효력이 저당권에 미친다.
2) 신청인	질권자(등기권리자) + 저당권자(등기의무자)로 공동신청한다.
3) 신청정보	① 필요적 : ㉠ 저당권의 표시 ㉡ 채무자의 표시 ㉢ 채권액 ② 임의적 : 변제기, 이자 등
4) 부기등기	저당권등기에 <u>부기등기해야 질권의 효력이 저당권에도 미친다.</u>

제**5**절 **구분건물(집합건물)에 관한 등기 절차**★ (15,16,17,18,29,34회) 핵심테마

구조상 + 이용상 + 소유의사

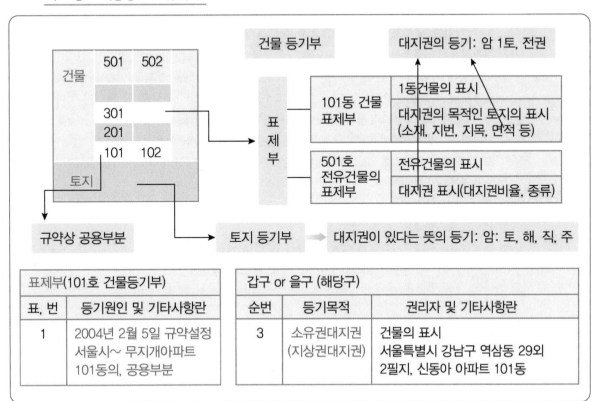

표제부(101호 건물등기부)		갑구 or 을구 (해당구)		
표, 번	등기원인 및 기타사항란	순번	등기목적	권리자 및 기타사항란
1	2004년 2월 5일 규약설정 서울시~ 무지개아파트 101동의, 공용부분	3	소유권대지권 (지상권대지권)	건물의 표시 서울특별시 강남구 역삼동 29외 2필지, 신동아 아파트 101동

구 분	내 용
요건	① 객관적요건: 구분건물이 되기 위해서는 객관적으로는 개개의 건물부분이 다른 건물과 벽이나 천정 또는 바닥에 의해 견고하게 구분되어 있어야 하고(구조상 독립성) 및 다른 부분을 통하지 아니하고 외부로 출입이 자유로울 정도의 출입구를 따로(이용상 독립성) 갖추어야 하고, ② 주관적요건: 주관적으로는 소유자의 구분건물로 등기하려는 의사가 있어야 한다. ③ 즉, 1동의 건물 중 구분된 각 부분이 구조상, 이용상 독립성을 가지고 있는 경우에 그 각 부분을 1개의 독립된 구분건물로 할 것인지 그 1동 전체를 1개의 건물로 할 것인지의 여부는 특별한 사정이 없는 한 **소유자의 의사**에 의하여 결정된다(판례). ④ 구분점포: 상가건물의 경우 구조상 독립성이 미흡하더라도 이용상 독립성이 있는 구분된 점포에 대해서는 일정한 요건을 갖춘 경우 구분소유권의 대상이 되도록 하여 단독소유형태의 소유권등기가 가능하다.
구성	① 101동 건물: 표제부(갑구, 을구x) ② 전유부분: 표제부, 갑구, 을구 ③ 공용부분 ㉠ 구조상공용부분(복도, 계단 등): 등기× 　　　　　㉡ 규약상공용부분(노인정): **전유부분** 표제부만 둠

규약상
공용부분등기
	① (규약상)<u>공용부분이라는 뜻의 등기</u>는 신청정보에 그 뜻을 정한 규약이나 공정증서를 첨부하여 소유권의 등기명의인(직권×)이 신청하여야 한다(<u>단독신청</u>).✱
	② 첨부정보- 이 경우 그 건물에 소유권의 등기 외의 권리에 관한 등기(전세권자등)가 있을 때에는 그 등기명의인의 <u>승낙정보</u> 또는 이에 대항할 수 있는 재판의 정보를 첨부하여야 한다.✱
	③ 실행- 그 등기를 할 때에는 (전유부분)표제부<u>에 공용부분이라는 뜻</u>을 적고 각 구의 소유권과 그 밖의 권리에 관한 등기를 말소한다.
	④ 공용부분인 뜻의 말소
	   ⊙ 공용부분이라는 뜻을 정한 규약을 폐지할 경우에는 <u>**공용부분의 취득자는**</u> 지체 없이 갑구란에 소유권<u>보존등기(소유권이전등기×)</u>를 한다.
	   © <u>**규약상공용부분의 말소등기는 등기관이** 직권(공용부분취득자의 신청×)</u>으로 한다.

등기부의 구성	(1) 건물의 대지 1동의 건물이 소재하는 토지인 법정대지와 규약에 의하여 법정대지와 같이 취급하기로 한 규약상 대지(주차장, 어린이놀이터 등)가 있다. (2) 대지사용권 ① 건물의 구분소유자가 전유부분을 소유하기 위하여 건물의 대지에 대하여 가지는 권리를 말한다. ② 소유권인 경우가 대부분이지만 지상권, 전세권, 임차권일 수도 있다(다만, **지역권**은 성질상 대지사용권이 될 수 없다). 구분소유자들은 이러한 권리를 공유 또는 준공유하게 되는데, 대지사용권의 지분비율은 전유부분의 면적비율에 의하나 규약으로 달리 정할 수 있다. (3) 대지권 대지권이라 함은 구분건물의 소유자가 전유부분을 소유하기 위하여 구분건물의 대지에 대하여 가지고 있는 대지사용권 중에서 전유부분과 분리해서 처분할 수 없는 권리를 말한다. 구분소유자의 대지사용권은 그가 가지는 전유부분의 처분에 따른다. (4) 대지권에 관한 등기(건물등기부의 표제부의 하단) 대지권의 등기는 구분건물의 소유자들이 신청하여 기재된다. 대지권은 토지에 관한 권리이지만 건물등기부에 기재하고 권리에 관한 사항을 등기하는 것이지만 표제부에 기재하는 특징이 있다. 대지권등기는 ① 토, 전권이다

1) ① 동의 건물의 표제부(하단)	① 대지권의 목적인 토지의 표시란(표시번호란, 소재, 지번란, 지목란, 면적을 둔다)✱
2) 각 전유건물의 표제부(하단)	② 대지권의 표시(<u>대지권의 종류란</u>, <u>대지권의 비율란</u>을 둔다)✱

1 대지권의 등기(건물등기부)

▶ 10①동 건물의 표제부(가동건물의 표제부)

【 표제부 】(1동 건물의 표시)

표시번호	접 수	소재 지번 및 건물번호	건물내역	등기원인 및 기타 사항
1	2004년 10월 7일	서울특별시 강남구 청담동 157-1 외 1필지 동인아파트 제101동	철근콘크리트조 슬래브지붕 5층 아파트 1층 310.02m² 2층 310.02m² 3층 310.02m² 4층 310.02m² 5층 310.02m²	도면편철장 제7책 제33면

(대지권의 목적인 ㊏지의 표시)

표시번호	소재 지번	지목	면 적	등기원인 및 기타 사항
1	1. 서울특별시 강남구 청담동 157-1 2. 서울특별시 강남구 청담동 157-2	대 대	50,000m² 100,000m²	2004년 10월 7일

▶ ㊈유건물의 표제부 (501호의 표제부)

【 표제부 】(전유부분 건물의 표시)

표시번호	접 수	건물번호	건물내역	등기원인 및 기타 사항
1	2004년10월 7일	제5층 제501호	철근콘크리트조 51.67m²	도면편철장 제6책 제5면

(대지㊜의 표시)

표시번호	대지㊜ 종류	대지㊜ 비율	등기원인 및 기타 사항
1	1.2 소유권 대지권	150000분의 47	2004년 10월 7일 대지권
			㊦도등기 있음 (직권으로 함) 1.토지(을구1번근정당권설정등기)

(5) ⓓ지권이 있다는 ⓕ뜻의 등기 : ❨암기❩ ⓓ대 ⓕ뜻은 ⓣ토 ⓗ해 ⓙ직지 ⓚ주 글래다

① 등기관이 건물등기부에 대지권등기를 하였을 때에는 ⓙ직권(관공서 촉탁×)으로 대지권의 목적인 ⓣ토지의 등기기록(건물등기기록×)의 갑구나 을구 중 ⓗ해당구 (표제부×)에 소유권, 지상권, 전세권 또는 임차권이 **대지권이라는 뜻**을 ⓚ주등기(부기×)형식으로 기록하여야 한다.✸

ⓣ토지등기부	건물등기부×
ⓗ해당구(갑구 : 소유권이 대지권이라는 뜻의 등기 을구 : 지상권이 대지권이라는 뜻의 등기	표제부×
ⓙ직권	**신청×**, 관공서의 촉탁×
ⓚ주등기로	부기등기로×

(6) 등기 절차의 간소화

① 대지권을 등기한 후에 한 건물의 권리에 관한 등기는 대지권에 대하여 동일한 등기로서 효력이 있다. 다만, 그 등기에 건물만에 관한 것이라는 뜻의 부기가 되어 있을 때에는 그러하지 아니하다.✸

② 구분**건물**의 ⓓ대지권에 대한 등기로서의 효력이 있는 등기와 대지권의 목적인 **토지의** 등기기록 중 해당 구에 한 등기의 순서는 ⓩ접수번호(순위번호×)에 따른다.✸

❨암기❩ ⓓ대 ⓩ접

③ 구분건물로서 그 대지권의 변경이 있는 경우에는 구분건물의 소유권의 등기명의인은 1동의 건물에 속하는 다른 구분건물의 소유권의 등기명의인을 대위하여 그 변경등기를 신청할 수 있다.

④ 토지에 관하여 ⓑ별도등기가 있다는 ⓕ뜻의 등기
대지권의 목적인 토지의 등기기록에 대지권이라는 뜻의 등기를 한 경우로서 그 토지 등기기록에 소유권보존등기나 소유권이전등기 외의 소유권에 관한 등기 또는 소유권 외의 권리에 관한 등기(저당권)가 있을 때에는 등기관이 직권으로 그 건물의 등기기록 중 ⓟ전유부분 ⓟ표제부에 토지 등기기록에 별도의 등기가 있다는 뜻을 기록하여야 한다.

(왼쪽 세로 칸) 등기 절차의 간소화

2 (대)지권이 있다는 (뜻)의 등기(토지등기부) (암기) 대 (뜻)은 (토)(해)(직)지 (주)글래다

(대지권의 목적인 (토)지의 등기기록의 갑구, 을구((해)당구)에 (직)권으로 (주)등기로 기재함)

▸ 아파트 토지등기부 : 서울특별시 강남구 청담동 119-11

순위번호	갑구
3	소유권 대지권 건물의 표시 서울 강남구 청담동 119-11 동인 아파트 가동. 2007년 10월1일 등기

순위번호	을구
3	지상권 대지권 건물의 표시 서울 강남구 청담동 119-11 동인 아파트 가동. 2007년 10월1일 등기

▸ 대지권등기와 대지권이 있다는 뜻의 등기의 비교

① 대지권등기	건물 등기부	• ①동건물표제부:(토)지의 표시(소재/지번/지목/면적) • (전)유건물표제부:대지(권)의 표시(대지권종류 + 대지권비율)		신청	(주)등기
② (대)지권이 있다는 (뜻)의 등기	(토)지 등기부	(해)당구	갑구 : 소유권이 대지권이라는 뜻	(직)권	(주)등기
			을구 : 지상권이 대지권이라는 뜻		
③ 토지만에 (별)도등기 있다는(뜻)의 등기	건물 등기부	(전)유부분 (표)제부		직권	주등기

3 대지권등기 후의 소유권 이전등기 등의 금지

법 제61조(구분건물의 등기기록에 대지권등기가 되어 있는 경우)

① 대지권이 등기된 구분건물의 등기기록에는 건물만에 관한 소유권이전등기 또는 저당권설정등기, 그 밖에 이와 관련이 있는 등기를 할 수 없다.

④ 토지의 소유권이 대지권인 경우에 대지권이라는 뜻의 등기가 되어 있는 토지의 등기기록에는 소유권이전등기, 저당권설정등기, 그 밖에 이와 관련이 있는 등기를 할 수 없다.

⑤ 지상권, 전세권 또는 임차권이 대지권인 경우에는 준용한다.

* 전유부분과 대지권의 일체성과 예외

전유부분과 대지사용권을 일체로 처분하는 것이 거래의 실정이고, 또한 분리처분하면 복잡한 법적 분쟁이 생길 소지가 있으므로 건물과 대지사용권을 분리하여 처분할 수 없도록 하였다.

구 분		금지되는 등기	허용되는 등기
건물 등기부		① 건물만에 소유권이전등기, 가등기, 압류, 가압류 등기는 할 수 없다. ② 건물만에 저당권설정등기 할 수 없다. 암기 건물만에 대한 소 저 ×	① 건물만 전세권·임차권등기는 가능하다. 암기 건물만에 대한 전 임 ○ ② 대지권취득 등기 전 건물만에 설정된 저당권 실행으로 인한 경매등기, 가등기에 기한 본등기
토지 등기부	소유권이 대지권	① 토지만 목적 소유권이전등기, 가등기, 압류, 가압류등기 할 수 없다. ② 토지만 목적 저당권설정등기 할 수 없다.	① 토지만에 대한 지상권·지역권·전세권·임차권설정등기는 가능하다.
	지상권, 전세권, 임차권이 대지권 (반값)	① 토지만에 지상권, 전세권, 임차권이전등기는 할 수 없다. ② 토지만에 지상권, 전세권목적저당권설정등기는 할 수 없다.	① 토지에 대한 소유권이전·압류·가압류등기 가능하다. ② 토지에 대한 소유권목적 저당권설정등기는 가능하다.

관련기출문제

01 다음은 구분건물의 등기에 관한 설명이다. 옳지 **않은** 것은?

① 규약상 공용부분을 등기하는 경우에는 갑구와 을구는 두지 않고 표제부만 둔다.

② 대지권등기 후 건물소유권에 대한 등기를 하였다면, 그 등기는 건물만에 한한다는 뜻의 부기가 없는 한 대지권에 대하여도 동일한 효력을 가진다.

③ 공용부분이라는 뜻을 정한 규약을 폐지함에 따라 공용부분의 취득자가 소유권보존등기를 신청하는 경우에는 규약의 폐지를 증명하는 정보를 첨부정보로서 등기소에 제공하여야 한다.

④ 등기관이 구분건물의 대지권등기를 하는 경우에는 건축물대장 소관청의 촉탁으로 대지권의 목적인 토지의 등기기록에 소유권, 지역권, 전세권, 또는 임차권이 대지권이라는 뜻을 기록한다.

⑤ 1동의 건물에 속하는 구분건물 중의 일부만에 관하여 소유권보존등기를 신청하는 경우에는 그 나머지 구분건물에 관하여는 표시에 관한 등기를 동시에 신청하여야 한다.

정답 ▶ ④

(대지권이 있다는 뜻의 등기는 토지등기부에 해당구(갑구or을구),등기관이 직권으로 주등기로 한다(**암기** 토,해,직,주 글래)

02 대지권의 등기에 관련된 다음 설명 중 틀린 것은?

① 대지권을 등기한 건물의 등기부에는 그 건물만에 관한 소유권이전의 등기를 하지 못한다.

② 대지권을 등기한 건물의 등기부에는 그 건물만에 관한 저당권설정등기를 하지 못한다.

③ 대지권을 등기한 건물의 등기부에는 그 건물만에 관한 전세권설정등기를 하지 못한다.

④ 토지의 소유권이 대지권인 경우 그 뜻의 등기를 한 때에는 그 토지의 등기부에 소유권이전의 등기를 하지 못한다.

⑤ 토지의 소유권이 대지권인 경우 그 뜻의 등기를 한 때에는 그 토지의 등기부에 지상권설정등기를 할 수 있다.

⑥ 토지의 지상권이 대지권인 경우 그 뜻의 등기를 한 때에는 그 토지의 등기부에 지상권이전의 등기를 하지 못한다.

⑦ 토지의 지상권이 대지권인 경우 그 뜻의 등기를 한 때에는 그 토지의 등기부에 소유권이전의 등기를 할 수 있다.

정답 ▶ ③

할 수 있다.

03 구분건물의 등기에 관한 설명으로 틀린 것은? (34회)

① 대지권의 표시에 관한 사항은 전유부분의 등기기록 표제부에 기록하여야 한다.

② 토지전세권이 대지권인 경우에 대지권이라는 뜻의 등기가 되어 있는 토지의 등기기록에는 특별한 사정이 없는 한 그 전세권목적의 저당권설정등기를 할 수 없다.

③ 대지권의 변경이 있는 경우, 구분건물의 소유권의 등기명의인은 1동의 건물에 속하는 다른 구분건물의 소유권의 등기명의인을 대위하여 대지권변경등기를 신청할 수 있다.

④ 1동의 건물에 속하는 구분건물 중 일부만에 관하여 소유권보존등기를 신청하는 경우에는 나머지 구분건물의 표시에 관한 등기를 동시에 신청하여야 한다.

⑤ 집합건물의 규약상 공용부분이라는 뜻을 정한 규약을 폐지한 경우, 그 공용부분의 취득자는 소유권이전등기를 신청하여야 한다.

정답 ▶ ⑤

집합건물의 규약상 공용부분이라는 뜻을 정한 규약을 폐지한 경우, 그 공용부분의 취득자는 소유권보존등기를 신청하여야 한다.

03 각종 내용에 따른 등기절차

이 장은 출제비중이 매우 높은 부분이다.
① 말소등기 ② 가등기 ③ 가압류, 가처분등기 ④ 변경등기 등이 매우 중요하다.

~(① 변경, ② 경정, ③ 말소, ④ 말소회복, ⑤ 가등기, ⑥ 가압류 등기는?

↓

1. 당사자신청?(원칙)   관공서촉탁?   등기관이 직권(예외)
2. 공동신청(원칙)? : 계약일때   단독신청(예외)?
3. 등기권리자?   등기의무자?
4. 신청서에 필요적기록사항?   임의적기록사항?(약,지,보,이기)
5. 첨부정보를 제공하는지?   제공하지 않는지?
6. 각하사유?   각하사유가 아닌지?
7. 표제부?   갑구?   을구?
8. 주등기(표제부, 갑 - 을)?   부기등기?(을 - 병)?

제1절 변경등기 (17,23,29,35회 기출) : 일부 + 후발적

▶ 변경등기의 종류와 특징★

1. 종류	2. 개념	3. 신청의무	4. 등기 방법	5. 등기 형식	6. 이해관계인
(1) 부동산 (표시) 변경등기	분필, 합필, 지목변경, 면적 변경 등	신청의무 ○ 1월 : 과태료×	단독신청	주등기	이해관계인 ×
(2) 등기명의인 표시변경 등기	성명, 주소, 상호변경 등	신청의무×	단독	부기등기	이해관계인 ×
(3) 권리변경 등기	전세금변경, 저당채권액변경 등	신청의무×	공동	주 or 부기등기	이해관계인 ○

1 의의와 종류

(1) 의의 : 변경등기는 등기와 실체관계와의 사이에 **일부가 후발적으로** 불일치가 생긴 경우에 이를 일치시키기 위한 등기이다.

2 **부동산(표시)변경** 등기

(1) 의의 : 부동산 자체의 변경등기란 **토지나 건물의** 분필, 합필등기, **지목변경, 면적의 증감,** 건물의 증축, 구조의 변경 등과 같이 부동산 자체의 물리적 변경을 공시하는 등기를 말한다.

▶ **부동산 표시변경등기 기재례**

【 표제부 】(토지의 표시)

표시번호	접 수	소재 지번	지 목	면 적	등기원인 및 기타 사항
1 (전2)	2000년 10월 15일	서울특별시 상도동 7	전	359m²	
2	2002년 5월 5일	서울특별시 상도동 7	대	700m²	지목(면적)변경으로 인하여

(2) 등기절차

① 대장등록의 선행	부동산의 물리적 변경은 대장의 기재가 기초가 되므로 대장등록을 변경한 후 대장등본을 첨부하여 신청한다.
② 단독신청	소유권의 등기명의인이 단독 **신청**한다.
③ 신청의무	㉠ 토지의 분필, 합필등기, 일부멸실, 면적의 증감 또는 지목의 변경이 있을 때에는 그 토지 소유권의 등기명의인은 1개월 **이내에** 그 등기를 신청하여야 한다. ㉡ 신청의무 게을리시 **과태료** ×
④ 첨부정보	㉠ 부동산표시의 변경을 증명하는 대장정보(**토지대장, 건축물대장**)을 첨부한다. ㉡ 이해관계인이 없으므로 이해관계있는 제3자의 승낙정보는 첨부하지 않는다.
⑤ 등기의 실행	㉠ 표제부에 하므로 주등기로 한다. ㉡ 부동산의 표시변경등기를 하는 경우, 변경전 사항은 말소한다.
⑥ 직권변경등기	행정구역 또는 그 명칭이 변경된 경우에 등기관은 직권으로 부동산의 표시변경등기 또는 등기명의인의 주소변경등기를 할 수 있다.

(3) 토지합필의 허용과 제한 (이부분, 꼭 꼭 기억하세요)

① 소유권·지상권·전세권·임차권 및 <u>승역지(승역지 : 편익제공지)(요역지×)에 관하여 하는 지역권</u><u>의 등기 외의</u> 권리에 관한 등기가 있는 토지에 대하여는 합필(合筆)의 등기를 할 수 없다. 그러나 모든 토지에 대하여 등기원인 및 그 연월일과 접수번호가 <u>동일한(다른×) 저당권</u>(창설적공동저당)에 관한 등기가 있는 경우에는 그러하지 아니하다.✱

합필이 허용되는 토지	합필이 허용되지 않는 토지
① 소유권, (임)차권, (용)익물권(지상권, 전세권, (승)역지에 관하여 하는 지역권등기)에 관한등기가 있는 토지에 대해서는 합필등기를 할 수 있다. ② 모든 토지에 대하여 등기원인 및 연월일과 접수번호가 동일한 저당권((창)설적공동저당)에 관한 등기도 합필등기 할 수 있다. ③ 등기사항이 동일한 (신)탁등기가 있는 경우에도 합필할 수 있다. **암기** 합필 (신) (임)(창)(용), (승)이야	① 가등기 ② 가압류, 가처분 ③ 저당권설정등기 ④ 추가적 공동저당 ⑤ 요역지 지역권

---

3 등기명의인표시 변경등기(한빛은행 → 우리은행)

(1) 의의 : 등기명의인의 동일성을 나타내는 표시사항이 후발적으로 변경된 경우에 즉 <u>등기명의인의</u> 성명, 주소, 주민등록번호, 회사 상호 <u>등이</u> 변경된 경우에 행하는 등기이다 다만, 등기명의인 자체가 변경된 경우에는 이전등기를 하여야 한다.

▶ 등기명의인표시변경등기 기재례

【 갑구 】(소유권에 관한 사항)

순위 번호	등기목적	접 수	등기원인	권리자 및 기타사항
1	소유권보존	2003년 7월 7일 제35679호	2003년 7월 7일 매매	소유자 : 임 정원 660920-2113456 ~~서울 송파구 가락동 10~~
1-1	1번 등기명의인 표시 변경		2004년 10월 5일 주소이전	임정원의 주소 서울특별시 강남구청담동 326 2004년 10월 10일 부기
2	소유권이전	2004년 10월 5일	2004년 10월 3일 매매	소유자 : 전 주성 서울특별시 중구 면목동 326

(2) 등기신청절차

1) 단독신청의 원칙	등기명의인의 표시의 변경 또는 경정의 등기는 등기명의인 **단독으로 신청**할 수 있다.	
2) 첨부정보	① 등기명의인의 표시의 변경 또는 경정의 등기를 신청하는 경우에는 신청정보에 그 표시의 변경 또는 경정을 증명하는 시·구·읍·면의 장의 서면 또는 이를 증명할 수 있는 서면을 첨부하여야 한다. ② (단, 단독신청이므로 등기필정보, 인감증명은 첨부 ×. 이해관계인이 없으므로 승낙정보 첨부×)	
3) 등기의 실행	① 등기명의인의 표시의 변경 또는 경정의 등기는 **항상 부기등기에** 의하여 한다. ② 등기를 한 경우에는 <u>변경 전의 등기사항을 말소하는 표시를 하여야 한다.</u>✱	
4) 직권에 의한 등기명의인 표시변경 등기	① <u>소유권이전등기를 신청하는 경우</u> 소유권이전등기를 신청할 때 등기명의인의 주소 변경으로 신청정보상의 등기의무자 표시가 등기부와 일치하지 아니한 경우에 그 등기신청시 제출한 <u>시·구·읍·면의 장이 발행한 주소를 증명하는 정보</u>에 등기의무자의 등기부상 주소가 신청정보상의 주소로 변경된 사실이 명 백히 나타날 때에는 <u>등기관이</u> 직권(동시신청x)**으로** 등기명의인 표시의 변경등기(變更登記) = 주소변경 등기)를 하여야 한다. ② <u>행정구역 또는 그 명칭이 변경되었을</u> 때에는 등기부에 적은 행정구역 또는 그 명칭은 변경된 것으로 본다. 이 경우 등기관이 **직권으로** 등기명의인표시변경등기를 한다.	
5) 등기명의인 표시변경 등기의 생략	① 등기명의인의 <u>주소가 수차에 걸쳐서 이전</u>되었을 경우에는 <u>중간주소변경사항을 생략</u>하고 최종주소지로 막바로 등기명의인표시변경등기를 할 수 있다(등기예규). ② <u>소유권이외의 권리의 말소등기(예 가등기말소, 저당권말소)를</u> 신청하는 경우 그 표시변경 또는 경정을 증명하는 정보를 첨부하여 그 **등기명의인표시변경등기를 생략할 수 있다.** ③ **멸실등기를 신청**하는 경우 그 표시변경 또는 경정을 증명하는 정보를 첨부하여 그 등기명의인표시변경등기를 생략할 수 있다. ④ 회사가 합병된 경우는 권리주체가 변경된 경우이므로 존속회사명의로 소유권이전등기를 신청하여야 하며, 등기명의인 표시변경등기를 할 수 없다.	

4 **권리변경**등기(전세금 2억 → 2억 8천 증액)

▨ 현실에서 전세금(저당채권)의 증액, 감액이 있을 때 누가 어느 서류를 제공하면 권리변경(전세금 증액, 감액의) 등기를 해주느냐의 문제죠?

(1) 의의 : 권리변경등기란 등기부의 갑구, 을구에 기재된 권리내용의 일부에 후발적 변경이 생긴 경우에 이를 고치기 위하여 행하여지는 등기로, 전세금의 증감, 존속기간의 변경, 저당권에서의 채권액의 증감, 이율의 변경 등이 있을 때에 행하여지는 등기이다.

▸ **권리변경등기(이해관계인의 승낙을 얻은 경우)**

【 을구 】 (소유권 이외의 권리에 관한 사항)

순위 번호	등기목적	접 수	등기원인	권리자 및 기타사항
1	전세권 설정	2004년 1월 3일 제2346호	2004년 1월 2일 설정계약	전세금 200,000,000만원 범위 : 주거용 건물 전부 존속기간 2004년 1월 2일부터2007년 1월 1일까지 전세권자 한가람610415-1238595
2	저당권설정	생략	생략	채권액 3억
1-1 부기	1번 전세권 변경	2004년 10월 5 제39291호	2004년 10월 1 변경계약	전세금 280,000,000

▸ **권리변경등기(이해관계인의 승낙을 얻지 못한 경우)**

【 을구 】 (소유권 이외의 권리에 관한 사항)

순위 번호	등기목적	접 수	등기원인	권리자 및 기타사항
1	전세권설정	2004년 1월 3일 제2346호	2004년 1월 2일 설정계약	전세금 200,000,000만원 범위 주거용 건물 전부 존속기간 2004년 1월 2일부터2007년 1월 1일까 전세권자 한가람610415-123859
2	저당권설정	생략	생략	3억
3(주)	1번 전세권 변경	2004년 10월 5 제39291호	2004년 10월 1 변경계약	전세금 280,000,000

(2) 등기신청인 및 등기실행방법

1) 공동신청 : 권리변경등기는 등기권리자와 등기의무자가 <u>공동신청</u>함이 원칙이다.

2) 등기의 형식★ (암기) (권변)호사가 (승낙)하면(부기)로 (말소)한다.

　① 이해관계인이 **없는** 경우 : 부기등기의 원칙

　② 이해관계인이 있는 경우

　　㉠ (부기)등기 : ⓐ 이해관계인의 (승낙)서나 이에 대항할 수 있는 재판등본을 제공한 경우

　　　　　　　　　ⓑ 이경우 변경 전 사항은 (말소)하는 표시를 한다

　　㉡ 주등기(각하x) : ⓐ 이해관계인의 승낙서를 제공하지 못한 경우

　　　　　　　　　　ⓑ 변경 전 사항은 말소하는 표시를 하지 아니한다.

3) 선순위 전세권의 전세금을 감액하는 경우에 후 순위 근저당권자는 이해관계인이 아니다. 그러나 <u>선순위 전세금을 감액하면서 동시에 존속기간을 연장하는 경우</u>에는 후 순위 근저당권자는 등기상 이해관계인 이므로 후순위 근저당권자의 승낙을 얻어야 그 변경등기를 부기등기로 할 수 있다.

4) 선순위근저당권의 채권최고액을 감액하는 변경등기는 그 저당목적물에 관한 후순위권리자의 승낙서가 첨부되지 않더라도 할 수 있다.

5) 등기관이 소유권 외의 권리의 이전등기를 할 때에는 부기등기로 하고, 종전 권리자의 표시에 관한 사항을 말소하는 표시를 하여야 한다.

관련기출문제

01　변경등기에 관한 설명 중 옳은 것은?

　① 등기명의인 표시변경등기는 언제나 부기등기로 한다.

　② 소유권이전청구권보전을 위한 가등기신청을 한 경우 등기관은 그 첨부된 정보에 의하여 직권으로 등기 명의인의 표시변경등기(주소변경등기)를 할 수 있다.

　③ 권리변경등기 신청정보에 이해관계인의 승낙서 또는 이에 대항할 수 있는 재판의 등본을 첨부하지 못한 때에는 부기등기로 한다.

　④ 권리변경등기를 주등기로 실행한 경우에는 변경 전 사항을 말소한다.

　⑤ 토지의 분합, 면적의 증감 등이 있는 경우 1개월 이내에 대장등본을 첨부하여 변경등기를 신청하여야 하고 이를 위반시에는 과태료에 처한다.

정답 ▶ ①

② 소유권이전등기시이다. ③ 승낙서를 제공하지 않으면 주등기로 한다. ④ 말소 안 한다. ⑤ 과태료가 없다.

02 부동산등기에 관한 설명으로 옳은 것은? (35회)

① 유증으로 인한 소유권이전등기는 상속등기를 거치지 않으면 유증자로부터 직접 수증자 명의로 신청할 수 없다.

② 유증으로 인한 소유권이전등기 신청이 상속인의 유류분을 침해하는 내용인 경우에는 등기관은 이를 수리할 수 없다.

③ 상속재산분할심판에 따른 상속인의 소유권이전등기는 법정상속분에 따른 상속등기를 거치지 않으면 할 수 없다.

④ 상속등기 경료 전의 상속재산분할협의에 따라 상속등기를 신청하는 경우, 등기원인일자는 '협의분할일'로 한다.

⑤ 권리의 변경등기는 그 등기로 등기상 이해관계 있는 제3자의 권리가 침해되는 경우, 그 제3자의 승낙 또는 이에 대항할 수 있는 재판이 있음을 증명하는 정보의 제공이 없으면 부기등기로 할 수 없다.

정답 ▶ ⑤

① 유증으로 인한 소유권이전등기는 상속등기를 거치지 않더라도 유증자로부터 직접 수증자 명의로 신청할 수 있다.

② 유증으로 인한 소유권이전등기 신청이 상속인의 유류분을 침해하는 내용인 경우에는 등기관은 이를 수리할 수 있다.

③ 상속재산분할심판에 따른 상속인의 소유권이전등기는 법정상속분에 따른 상속등기를 거치지 않더라도 할 수 있다.

④ 상속등기 경료 전의 상속재산분할협의에 따라 상속등기를 신청하는 경우, 등기원인일자는 '사망일'로 한다.

제2절 경정등기 (25,26회 기출) : 일부 + 원시적 착오

1 의의

경정등기란 등기실행 당시(원시적)에 생긴 등기사항 일부의 **착오나 빠트림**을 등기완료 후에 발견하여 시정하는 등기이다.

▶ 경정등기 기재례

【 을구 】(소유권 이외의 권리에 관한 사항)

순위 번호	등기목적	접 수	등기원인	권리자 및 기타사항
1	전세권설정	2004년 1월 3일 제346호	2004년 1월 2일 설정계약	전세금 200,000,000만원 범위 주거용 건물 전부 존속기간 2004년 1월 2일부터2007년 1월 전세권자 깁차 610415-123859
1-1	등기명의인 표시경정	2004년 10월 5일 제391호	2004년 10월 1일 신청착오	전세권자 **김치국** 610415-123859

1) 요건	① '등기'에 대한 착오 또는 빠진 부분일 것 부동산의 표시 또는 권리관계에 관한 등기사항에 대하여 착오나 유루가 있어야 한다. ② 등기사항의 '일부'에 대한 착오 또는 빠진 부분일 것 ③ 등기와 실체관계가 '원시적' 불일치일 것 ④ 등기 '완료' 후에 착오나 빠진 부분이 발견될 것 ⑤ 착오 또는 빠진 부분이 있을 것 : 원인이 등기관의 잘못이든 신청인의 잘못이든 불문한다.
2) 동일성	⑥ 등기의 경정 전후를 통하여 '동일성'이 인정될 것 ㉠ 권리자체를 경정하거나, 권리자 전체를 경정할 수 없다. 　ⓐ 전세권설정등기 합의 했으나 신청착오로 임차권등기된 경우 경정할 수 없다. 　ⓑ 권리자 갑인데 신청착오로 을로 등기된 경우 경정등기를 할 수 없다. 　ⓒ 갑과 을 공동소유에서 병과정의 공동소유로 경정할 수 없다. 　ⓓ 다만, 단독 소유의 소유권보존등기를 공동소유로 경정하거나, 공동소유를 단독소유로 경정하는 경우의 신청은 할 수 있다. 　ⓔ 등기사항의 일부가 부적법하게 된 경우에는 일부말소의미의 경정등기를 할 수 있다. ㉡ 법인 아닌 사단을 법인으로 경정하는 등기를 신청하는 등 동일성을 해하는 등기명의인 표시경정 등기신청은 수리할 수 없다. ㉢ 등기부상의 권리를 이전하여 현재등기명의인이 아닌 종전 등기명의인 또는 이미 사망한 등기명의인에 대한 등기명의인 표시경정등기신청은 수리 할 수 없다. ㉣ 법정상속분대로 등기된 후 협의분할에 의하여 소유권경정등기를 신청 할 수 있다.
3) 착오, 빠진 부분의 통지	① 착오 또는 빠진 부분을 발견한 등기관은 이를 등기권리자와 등기의무자에게 알려야 한다. 등기권리자와 의무자가 없는 경우에는 등기명의인에게 알려야 한다. ② 등기권리자나 등기의무자가 2인 이상인 경우에는 그중 1인에게만 통지하면 된다.
4) 직권경정 등기	① 등기의 착오나 빠진 부분이 등기관의 잘못으로 인한 것임을 발견한 경우에는 지체 없이 등기관이 직권으로 경정등기 할 수 있다. 이 경우는 경정전후의 동일성 여부는 별도로 심사하지 않는다. ② 등기관의 과오로 인한 경우에는 당사자도 경정등기를 신청할 수 있다. ③ 등기상 이해관계 있는 제3자가 있는 경우에는 제3자의 승낙이 있어야 한다.✳ ④ 등기관은 직권에 따른 경정등기를 하였을 때에는 그 뜻을 등기권리자와 등기의무자에게 사후에 알려야 한다. 이 경우 등기권리자나 등기의무자가 2인 이상인 경우에는 그중 1인에게 알릴 수 있다.✳ ⑤ 지방법원장의 허가는 필요치 않고, 지방법원장에게 보고한다.

01 경정등기에 관한 설명으로 옳은 것은?(다툼이 있으면 판례에 의함) (19회)

① 소유권이 이전된 후에도 종전 소유권에 대한 등기명의인의 표시경정등기를 할 수 있다.

② 부동산의 표시에 관한 경정등기에서는 등기상 이해관계 있는 제3자의 승낙의 유무가 문제될 여지가 없다.

③ 등기사항의 일부가 부적법하게 된 경우에는 일부말소 의미의 경정등기를 할 수 없다.

④ 법인 아닌 사단이 법인화된 경우에는 등기명의인을 법인으로 경정하는 등기를 신청할 수 있다.

⑤ 법정상속분에 따라 상속등기를 마친 후에 공동상속인 중 1인에게 재산을 취득케 하는 상속재산분할협의를 한 경우에는 소유권경정등기를 할 수 없다.

정답 ▶ ②

① 없다. ③ 있다. ④ 없다. ⑤ 있다.

제3절 **말소등기** (20,26,28,29,30,33회 기출) ★★

▨ 전세권 설정 후 전세권의 존속기간의 만료로 전세권이 소멸된 경우나 은해에 담보대출금이 변제된 경우에 누가 어느 서류를 제공하면 말소등기를 해주느냐의 문제죠?

1 의의

말소등기란 기존등기 전부가 **부적법한** 경우에 이를 소멸시킬 때 하는 등기다. 말소등기의 종류에는 제한이 없으나, 말소등기의 말소등기는 허용되지 않으며, 이때에는 말소회복등기에 의하게 된다.

▶ 말소등기 기재례

순위	갑구
1	소 + 보존 甲(설정자)
2	소 + 이전가등기 乙 (2月)
	소 + 이전 乙(11월)
3	소 + 이전 제3자(5月)

순위	을구
1	전 + 설정 2억, 3년 김 치국(전세권자)
2	저 + 설정 3억, 3% 한빛은행(저당권자)
1-1	1전세권목적저당권설정 채권액 1억 5천 저당권자 : 국민은행
3	1전 + 말소 2억 8천
4	1-1 저당권말소 1번전세권말소로 인하여 2017 2월 5일

2 말소등기의 요건

(1) 등기의 전부가 부적법 할 것

등기사항의 일부가 부적법하게 된 경우에 행해지는 변경·경정등기와는 구별됨

(2) 부적법의 원인이 원시적인 것(원인무효 등)이든 후발적인 것(채무변제로 인한 저당권 말소) 불문한다.

3 등기절차

(1) 공동원칙	존속기간만료, 채무변제등으로 인한 말소등기는 공동신청함이 원칙
(2) 단독신청말소	**암기** 단독으로 **혼**(사)가 **불명**하다 ① 판결에 의한 말소등기 ② **혼**동으로 소멸한 권리의 말소 소유권과 소유권을 목적으로 하는 다른 권리 등이 혼동에 의하여 소멸하는 경우 소유자 또는 소유권이외의 권리자는 단독으로 말소등기를 신청할 수 있다(예 전세권자가 소유권의 취득시의 전세권말소등기). ③ **사**망 등으로 인한 권리의 소멸과 말소등기 등기명의인인 사람의 사망 또는 법인의 해산으로 권리가 소멸한다는 약정이 등기되어 있는 경우에 사람의 사망 또는 법인의 해산으로 그 권리가 소멸하였을 때에는, 등기권리자는 그 사실을 증명하여 단독(직권×)으로 해당 등기의 말소를 신청할 수 있다.

(2) 단독신청말소	④ 등기의무자가 소재(불명)된 경우 등기권리자가 <u>등기의무자</u>의 소재불명으로 인하여 공동으로 등기의 말소를 신청할 수 없을 때에는 「민사소송법」에 따라 <u>공시최고</u>(公示催告)를 신청할 수 있고 이 경우에 <u>제권판결(除權判決)</u>이 있으면 등기권리자가 그 사실을 증명하여 단독(직권×)으로 등기의 말소를 신청할 수 있다.✴ (※ 종래에는 소재불명시 전세계약서와 전세금반환증서가 있었으면 단독말소가 가능했는데 개정법에는 삭제되었다.) ⑤ 가등기의 말소등기의 경우 : 가등기의 말소등기는 공동 신청함이 원칙이나, 　㉠ <u>가등기</u> 명의인이 그의 인감을 첨부하여 단독으로 가등기말소등기를 신청할 수 있으며, 　㉡ <u>가등기</u>의무자 또는 '<u>등기상</u> 이해관계인'은 가등기명의인의 승낙서를 첨부하여 단독으로 가등기 말소등기 신청할 수 있다.✴ ⑥ 소유권보존등기의 말소등기 ⑦ 가처분 이후에 경료된 제3자명의의 등기의 말소 소유권이전등기청구권보전을위한 가처분등기가 된 후 가처분채권자의 권리를 침해하는 <u>제3자의 소유권이전등기</u> 등의 말소등기를 가처분권자가 단독으로 신청할 수 있다.
(3) 등기관의 직권에 의한 말소등기	암기 29조1,2호(관할 아닌+직),(본+중+직),(말+이+직),(수용+직),(환매+행사+직),(해당가처분+직)등은 직권말소된다. ① 법 제29조 제1호(관할 위반), 제2호(사건이 등기할 것이 아닌 때)에 위반된 등기의 직권말소 ② 가등기에 기하여 본등기가 행해진 경우에 그 본등기와 저촉되는 중간처분등기의 직권말소 ③ 말소등기를 할 때 그 말소할 권리를 목적으로 하는 이해관계 있는 제3자의 권리의 직권말소(예 전세권 목적으로 하는 저당권설정등기는 전세권말소등기시 저당권등기는 직권말소됨) ④ 토지 수용에 의한 소유권이전등기시 그 부동산 위에 존재하는 소유권 또는 소유권 이외의 권리저당권 등의 등기의 직권말소(단, 상속에 의한 소유권이전등기 또는 (요역지)지역권등기와 재결위원회에 의하여 존속하기로 결정된 권리는 말소되지 않는다) ⑤ 환매권 행사에 의한 권리취득등기를 한 경우의 환매특약등기의 직권말소 ⑥ 소유권이전청구권 보전을 위한 가처분등기 후 가처권자가 승소하여 소유권이전등기를 신청하는 경우 해당가처분등기의 직권말소 ⑦ 규약상공용부분 뜻의 말소등기

4 첨부정보

(1) 이해관계인의 승낙정보 등 : 말소등기를 신청함에 있어서 그 등기에 이해관계 있는 제3자가 있는 경우에는 그의 승낙서나 이에 대항할 수 있는 재판정보를 첨부하여야 한다.✿

(2) 승낙서 등을 첨부하지 아니하고 말소등기를 신청하는 경우에는 말소등기를 각하하여야 한다(법 제29조 9호).

(3) 이해관계인의 판단기준 : 이해관계 있는 제3자라 함은 **등기부상** 자기의 권리가 등기되어 있고, 그 등기부의 기재에 의하여 형식적으로 판단할 때 <u>손해</u>를 받게 될 지위에 있는 자를 말한다.

등기상 이해관계인에 해당하는 경우 (√=말소할 권리를 목적으로 하는 등기)	등기상 이해관계인에 해당하지 않는 경우 암기 √(동구의 선, 후관계
㉠ 전세권(지상권)의 말소등기 신청시에 전세권(지상권)을 목적으로 한 저당권자 ㉡ 소유권보존등기의 말소신청시 그 부동산을 목적물로 하는 모든 권리자, 즉 저당권자, 지상권자, 가압류권자, 가등기권자 ㉢ 소유권이 甲에서 乙로 이전되고 乙이 丙에게 저당권을 설정한 경우 乙의 소유권이전등기의 말소신청시 저당권자 丙	㉠ 1번 저당권의 말소에 관하여 2번 저당권자 ㉡ 2번 저당권의 말소에 관하여 1번 저당권자 ㉢ 토지에 대한 저당권등기를 말소하는 경우 그 토지에 대한 지상권자 ㉣ 2순위 소유권 말소에 관하여 3순위 소유권자

5 말소등기의 실행방법

(1) 말소등기는 <u>주등기</u>방식으로 행하여진다.

(2) 등기를 말소할 때에는 말소의 등기를 한 후 해당 등기를 말소하는 표시를 하여야 한다.

(3) 말소할 권리를 목적으로 하는 제3자의 권리에 관한 등기가 있을 때에는 등기기록 중 해당 구에 그 제3자의 권리의 표시를 하고 어느 권리의 등기를 말소함으로 인하여 말소한다는 뜻을 기록하여야 한다.✿

(4) 피담보채무의 소멸을 이유로 근저당권설정등기가 말소되는 경우, 채무자를 추가한 근저당권변경의 부기등기는 직권으로 말소한다.

01 말소등기에 관련된 설명으로 틀린 것은? (26회)

① 말소등기를 신청하는 경우, 그 말소에 대하여 등기상 이해관계 있는 제3자가 있으면 그 제3자의 승낙이 필요하다.

② 근저당권설정등기 후 소유권이 제3자에게 이전된 경우, 제3취득자가 근저당권설정자와 공동으로 그 근저당권말소등기를 신청할 수 있다.

③ 말소된 등기의 회복을 신청하는 경우, 등기상 이해관계 있는 제3자가 있을 때에는 그 제3자의 승낙이 필요하다.

④ 근저당권이 이전된 후 근저당권의 양수인은 소유자인 근저당설정자와 공동으로 그 근저당권말소등기를 신청 할 수 있다.

⑤ 가등기의무자는 가등기명의인의 승낙을 받아 단독으로 가등기의 말소를 신청할 수 있다.

정답 ▶ ②
근저당권설정등기 후 소유권이 제3자에게 이전된 경우,제3취득자가 근저당권자와 공동으로 그 근저당권말소등기를 신청할 수 있다.

02 말소등기를 신청하는 경우 등기상 이해관계있는 제3자에 해당하는 것을 모두 고른 것은? (29회)

> ㉠ 지상권등기를 말소하는 경우 그 지상권을 목적으로 하는 저당권자
> ㉡ 순위 2번 저당권등기를 말소하는 경우 순위 1번 저당권자
> ㉢ 순위 1번 저당권등기를 말소하는 경우 순위 2번 저당권자
> ㉣ 토지에 대한 저당권등기를 말소하는 경우 그 토지에 대한 지상권자
> ㉤ 소유권보존등기를 말소하는 경우 가압류권자

① ㉠, ㉣   ② ㉠, ㉤   ③ ㉡, ㉢

④ ㉡, ㉤   ⑤ ㉢, ㉣

정답 ▶ ②
말소등기시 이해관계인은 말소등기시 등기부상 손해보는 자이다. (암기 동구의 선후관계는 대개 이해관계인이 아니다)

제4절 멸실등기

▨ 목조건물이 화재 등으로 전부가 소실된 경우 누가 어느 서류를 제공하면 등기부에 기록된 내용을 없앨 것인가의 문제죠?

1 의의

멸실등기란 토지의 해면화(포락), 건물의 철거, 소실 등으로 인하여 1개 부동산 '전부'가 물리적으로 멸실한 경우 표제부에 하는 사실의 등기(단, 토지나 건물의 일부가 멸실한 경우에는 변경등기다)

▶ 멸실등기 기재례

【 표제부 】 (건물의 표시)

표시번호	접 수	소재 지번 건물번호	건물내역	등기원인 및 기타 사항
1 (전2)	2000년 10월 15일	서울특별시 상도동 7	시멘트 벽돌조기와지붕 1층 359m²	
2	2002년 5월 5일			2002년 4월5일 멸실 2번등기하였으므로 본호기록 폐쇄 2002년5월5일

2 등기절차

신청의무	① 토지나 건물이 멸실한 경우에 그 소유권의 등기명의인(단독신청)이 1월 이내에 **멸실등기를 신청**하여야 한다(과태료×). ② <u>존재하지 아니하는 건물에</u> 대한 등기가 있는 경우에는 그 소유권의 등기명의인(직권×)은 지체 없이(1월 이내에×) 그 건물의 멸실등기를 신청하여야 한다(신청의무×). ③ 건물이 멸실한 경우에 그 소유권의 등기명의인이 1개월 이내에 그 멸실등기를 신청 하지 아니한 때에는 그 건물대지의 소유자(건물소유자×)가 대위하여 그 등기를 신청할 수 있다.✸
첨부정보	신청정보에 멸실된 사유와 면적기재하고 토지의 멸실시는 반드시 <u>토지대장</u>, 임야대장의 등본을 첨부하나, 건물이 멸실한 경우에는 건축대장등본이나 이를 증명하는 서면(판결서나 건축물대장 무등재원 등)을 **첨부**하여야 한다.✸

등기상 이해관계인에 통지	건물의 멸실등기의 신청이 있는 경우에 소유권의 등기명의인 이외의 등기상 이해관계인이 있는 때에는, 등기관은 그에게 1개월 이내의 기간을 정하여 이의를 진술하지 않으면 **멸실등기를 한다는 뜻을 알려야 한다.** 다만, 건축물대장에 건물멸실의 뜻이 기록되어 있거나 소유권 외의 권리의 등기명의인이 멸실등기에 동의한 경우에는 그러하지 아니하다. (이해관계인의 승낙서 등을 첨부할 필요가 없다).
실행	① 등기관이 건물의 멸실등기를 할 때에는 등기기록 중 **표제부**에 멸실의 뜻과 그 원인 또는 부존재의 뜻을 기록하고 표제부의 등기를 말소하는 표시를 한 후 **그 등기기록을 폐쇄**하여야 한다. ② 다만, 멸실한 건물이 구분건물인 경우에는 그 등기기록을 폐쇄하지 않는다. 즉, 1동건물의 표제부나 다른 구분건물의 등기기록은 폐쇄하지 않고 그 멸실된 구분건물의 등기기록만 폐쇄한다.

제5절 말소회복등기 (15회 기출) ★

1 의의

(1) 말소회복등기란 **등기사항의 전부 또는 일부가 부적법하게 말소된 경우에** 그 말소 전의 상태를 회복하기 위해서 하는 등기를 말한다.

(2) 등기가 원인 없이 말소되었다 하더라도 그 물권의 효력에는 영향이 없고, 그 회복등기가 경료되기 전이라도 말소된 등기의 명의인은 적법한 권리자로 추정된다.

▶ 말소회복등기 기재례

순위	갑구
1	소 + 보존 甲(설정자)
2	소+이전 乙(1월)
3	소 + 이전 제3자(5月)

순위	을구
1	전 + 설정 2억, 3년 김 치국(전세권자)
2	저 + 설정 3억, 3% 한빛은행(저당권자)
1-1	1번 전 +말소 2-1 2저당권말소회복 3%
4	1전세권 전부회복
1 (종전순위)	전세권설정 2억, 3년 김치국(전세권자)

2 말소회복등기의 요건

요건	① 등기가 <u>부적법하게</u> 말소되었을 것 　㉠ 당사자가 자발적으로 말소등기를 한 경우에는 말소회복등기를 할 수 없다. ② 말소된 등기를 회복하려는 것일 것 : 말소된 등기의 회복은 <u>말소등기의 말소등기에 의할 것이</u> 　<u>아니라</u> 말소회복등기에 의하여야 한다. ③ 이해관계인이 있으면 승낙정보를 첨부해야 한다.
등기절차	① 공동신청의 원칙 : 등기의 등기권리자와 등기의무자가 공동신청함이 원칙이다(전세권말소회복 　등기 등). ② 단독신청 : 불법말소된 상속등기의 회복등기 ③ 촉탁 : 불법말소된 가압류등기의 회복등기 ④ 직권말소회복 : 등기관의 **직권에** 의하여 말소된 경우 그 회복등기도 등기관이 **직권**으로 한다.
효력	① 말소 전의 등기와 동일한 효력이 있고, 등기의 순위도 종전 등기순위와 같다. ② ㉠부말소회복등기를 하는 때에는 ㈜등기, ⑪부말소회복등기를 하는 때에는 ㈜기등기로 　한다.　암기 전주　일부로 회복했다. ③ 저당권의 등기가 불법 말소된 후에 소유권이전등기가 마쳐진 경우에 저당권 말소회복등기의 등 　기의무자는 <u>말소 당시의 소유명의인</u>이다.

▶ **말소회복등기의 이해관계인 정리** 암기 손해보고 + ㈐ ㈎만이 **회복등기의 이해관계인이다**

① 손해를 입을 우려가 있는 자 : 말소회복등기에 있어서의 이해관계 있는 제3자란 말소회복등기되면 등기부
　기재상 그 손해를 입을 우려가 있는 자이다.

② 손해의 판단시점-<u>회복등기시</u>(말소등기시×)

③ 또한 회복등기와 ㈐립이 ㈎능한 자만이 이해관계인에 해당된다.
　㉠ 이해관계인에 해당하는 경우
　　ⓐ 순위1번 저당권회복에 있어서 1번 저당권 말소 후에 등기한 순위 2번의 저당권자
　　ⓑ 순위1번 저당권회복에 있어서 1번 저당권 말소전 등기한 순위 2번의 전세권자
　㉡ 이해관계인에 해당하지 않는 경우
　　ⓐ 2번소유권 회복시 3번으로 경료된 소유권의 등기명의인
　　ⓑ 1번 전세권 회복시, 2번으로 경료된 전세권자, 지상권자
　　ⓒ 지상권등기 회복시 그 지상권을 목적으로 하였던 저당권자

관련기출문제

01 등기에 관한 설명이다. 옳지 않은 것은?

① 등기관은 등기의 착오 또는 빠진 부분이 등기관의 잘못으로 인한 것임을 발견한 경우에는 지체 없이 이를 경정하여야 한다. 다만, 등기상 이해관계 있는 제3자가 있는 경우에는 그의 승낙서를 제공하여야 한다.

② 존재하지 않는 건물에 관해서도 소유권의 등기명의인은 1개월 이내에 멸실등기를 신청하여야 하며, 이를 게을리하면 과태료가 부과된다.

③ 멸실등기시 등기관은 멸실등기로 인하여 말소되는 저당권자 · 전세권자 등에게 멸실등기 한다는 뜻을 통지한다.

④ 말소회복등기의 이해관계인의 판단시점은 말소등기시가 아니라 회복등기시를 기준으로 한다.

⑤ 순위 1번의 전세권설정등기를 회복함에 있어서 순위 2번의 전세권자는 말소회복등기의 이해관계인에 해당되지 않는다.

정답 ▶ ②

존재하지 않는 건물에 관해서도 소유권의 등기명의인은 지체 없이 멸실등기를 신청하여야 한다. 신청의무가 없으므로 과태료 처분의 대상은 아니다.

제6절 부기등기 (21,22,23,24,28,29 ,30,31,32,33회 기출) ★★

▨ 부동산 경매시 등기의 순위에 따라 배당을 받아가죠, 그래서 등기관이 등기부에 기록할 때 표시번호나 순위번호란에 1,2,3등 독립된 번호를 붙여서 행해지는 등기를 주등기라 하고, 일정한 경우에는 주등기의 순위번호를 이어받을 필요가 있어서 1-1, 2-1등으로 행해지는 등기가 있는데 이를 부기등기라 한다. 그럼 어느 등기는 주등기로 하고, 어느 등기는 부기등기로 행하여지는지를 기억해야 한다.

■1 부기등기 (이 부분, 꼭 꼭 기억하세요)

(1) 의의 : 부기등기란 그 자체로는 독립된 순위번호를 갖지 않고, 어느 등기에 기초한 것인지 알 수 있도록 주등기 또는 부기등기의 순위번호에 가지번호를 붙여서 하여야 한다.(등기부에 1-1,1-2등으로 표시)

(2) 효력

① 부기등기의 순위는 주등기의 순위에 의하나, 부기등기 상호간의 순위는 그 순서에 의한다.

② 하나의 주등기에 여러 개의 부기등기를 할 수 있으며, 부기등기에 대한 부기등기도 가능하다.

③ 기존 주등기가 말소되면 그에 따른 부기등기는 등기관이 직권으로 말소한다.

▶ 주등기, 부기등기 기재례

순위	갑구(소유권)
1	소 + 보존 甲(설정자)
2	소+이전 乙(1월)
2-1	환매특약
3	소유권가압류

순위	을구 (소유권이외의 권리)		
1	전 + 설정 2억, 3년 乙(전세권자)	1-1	전+저당권설정 1억5천 농협(丙)
2	저 + 설정 3억, 3% 주택(한빛)은행 (저당권자)	2-1	권리질권(丙)
2-1	저+이전 국민은행(丙)	2-1	등기명의인 표시변경 우리은행
1-1 3	전세권변경 2억 8천		
4	1번 전 + 말소	2-1	2저당권말소회복 3%
5	1전세권회복		
1-1	1번 전세권 가압류		

2 부기등기로 하는 경우⁕ (소유권이외의 권리로부터 파생하는 등기, 일부, 약정등기)

암기 (말),(표),(소),(주),   (부기) (명의)로는 (약),(소+외)

주등기 (암기 49) ✪	① 표제부 : 부동산표시변경등기(=토지분필(합필)등기), 멸실등기 ② 甲(소유자)~乙 : ㉠ 소유권보존등기, ㉡ 소유권이전등기 　　　　　　　　 ㉢ 소유권을 목적으로 하는(지상권설정, 저당권설정)등기 　　　　　　　　 ㉣ 소유권에 대한 처분제한등기(압류, 가압류, 가처분, 경매 등)등기=저당 　　　　　　　　 부동산의 저당권실행을 위한 임의경매등기 ③ 전부말소회복등기(암기 48) ④ 권리변경등기시(이해관계인의 승낙서 첨부 못한 경우) ⑤ 말소등기 ⑥ 대지권이 있다는 뜻의 등기
부기등기 ✪	① ~특약등기 : ㉠ 환매특약등기, ㉡ 권리소멸약정등기, ㉢ 공유물분할금지특약등기 ② 乙(소유자 이외 자)~丙 : ㉠ 전세권(지상권)목적의 저당권설정등기, ㉡ 권리질권등기, 　　　　　　　　　 ㉢ 소유권이외의 권리의 이전등기(전세권이전), 　　　　　　　　　 ㉣ 소유권이외의 권리의 처분제한등기(전세권에 대한 가압류) ③ 일부말소회복등기 ④ 권리변경등기시(이해관계인의 **승낙서** 첨부시)(암기 45) ⑤ 등기명의**인표시**변경등기 ⑥ 가등기의 이전등기, 가등기에 대한 가압류(가처분)등기

7. 가등기는 본등기 형식에 따라 주등기 or 부기등기로 한다.

    ① 본등기를 주등기로 하여야 하는 등기(소유권이전가등기, 전세권설정가등기) : 주등기

    ② 본등기를 부기등기로 하여야 하는 등기(전세권**이전**가등기) : 부기등기

8. 저당부동산의 저당권실행에 의한 경매개시등기(=소유권에 대한 경매이므로)는 주등기로 한다.

관련기출문제

01 부기등기를 하는 경우가 아닌 것은? (30회)

    ① 환매특약등기   ② 권리소멸약정등기

    ③ 전세권을 목적으로 하는 저당권설정등기   ④ 저당부동산의 저당권실행을 위한 경매개시결정등기

    ⑤ 등기상 이해관계 있는 제3자의 승낙이 있는 경우, 권리의 변경등기

정답 ▶ ④

저당부동산의 저당권실행을 위한 경매개시결정등기는 소유권에 대한 경매이므로 주등기로 한다.

02 등기상 이해관계인 있는 제3자가 있는 경우에 그 제3자의 승낙이 없으면 부기등기로 할 수 없는 것은? (29회)

    ① 환매특약등기   ② 지상권이전등기

    ③ 등기명의인 표시변경등기   ④ 지상권위에 설정한 저당권이전등기

    ⑤ 근저당권에서 채권최고액 증액의 변경등기

정답 ▶ ⑤

(권리변경등기(채권의 증액 변경등기)는 이해관계인 승낙이 있으면 부기등기, 승낙 없으면 주등기로 한다.) (**암기** 권변은 승낙하면 부기로)

03 부기로 하는 등기로 옳은 것은? (33회)

    ① 부동산 멸실등기   ② 공유물 분할금지의 약정등기

    ③ 소유권이전등기   ④ 토지분필등기

    ⑤ 부동산의 표시변경등기 등 표제부의 등기

정답 ▶ ②

공유물 분할금지의 약정등기는 부기등기고, 나머지는 주등기이다.

제**7**절 **가등기** (22~35회 기출) [1 순위] (이 부분, 꼭 꼭 기억하세요)

▨ 甲(할아버지)이 乙(마담)에게 중개사 시험에 합격하면 자기가 소유하고 있는 빌딩 105호의 소유권을 이전등기해 주겠다고 약정을 했을 때 乙(마담)의 시험기간 중 그 집값이 올라갈 때 甲(할아버지)가 제3자 丙(친구)에게 중간에 그 집을 처분하면 乙(마담)은 그 집을 아직 등기가 안 되어 있기 때문에 취득할 수가 없는데 이 경우 乙(마담)을 보호하기 위해서 일정한 경우에 소유권이전등기 청구권의 순위만이라도 확보할 수 있도록 법은 가등기라는 제도를 인정하고 있다. 이 경우 누가 어느 서류를 등기소에 제공하면 청구권보전 가등기를 해 줄 것인가의 문제다.

1 의의

가등기란 본등기를 할 수 있는 요건이 갖추어지지 아니한 경우에 후일에 할 본등기의 권리의 순위를 미리 보전(확보)해 놓기 위하여 부동산물권변동을 목적으로 청구권을 보전하기 위하여 하는 예비등기

▶ 가등기 기재례

【 갑구 】(소유권에 관한 사항)

순위 번호	등기목적	접 수	등기원인	권리자 및 기타사항
1	소유권 보존	생략	생략	甲(가등기의무자)
2	소유권이전청구권 가등기	2005년 3월 2일 제334호	2005년 2월 19일 매매예약	乙(가등기권리자) 671115-1067035 서울 관악구 신림동 1
	소유권이전(본등기)	2007년 5월 5일 제235호	2007년 5월 3일 매매	소유자 乙 671115-1067035 서울 관악구 신림동 1
3	소유권 이전 (직권말소)	2006년 7월 6일 제357호	2006년 7월 5일 매매	소유자 丙(제3자) 631015-1467075 서울 관악구 봉천동 357
2-1	2번가등기 이전		2006년 3월 3일 매매	소유자 : 丁
2-2	2번가등기 가압류,(가처분)		2006년 5월 3일	채권자 A
4	3번 소유권 말소		2번 가등기의 본등기로 인하여 2006년 7월 6일	

2 가등기를 할 수 있는 경우

(1) 가등기할 수 있는 권리 : 본등기를 할 수 있는 권리는 모두 가등기의 대상이 될 수 있다. 소유권, 지역권, 지상권, 전세권, 저당권, 권리질권 등 물권은 물론 임차권, 환매권도 가등기를 할 수 있다.

(2) 가등기할 수 있는 권리변동

① 가등기는 권리의 설정·이전·변경·소멸의 <u>청구권을</u> 보전하기 위하여 할 수 있다.

(3) 가등기의 허용여부가 문제되는 경우 암기 본 처 는 보 물 이라 가등기할 수 없다.

가등기가 가능한 경우	가등기가 불가능한 경우
① 가등기의 이전등기(판례)	① 가등기에 기한 본 등기금지 가처분등기
② 가등기의 가압류등기	② 처 분제한등기(가압류)의 가등기
③ 가등기 이전(처분)금지 가처분등기	③ 소유권 보 존등기의 가등기
④ 채권적 청구권을 보전하기 위한 가등기	④ 물 권적 청구권을 위한 가등기
⑤ 시기부, 정지조건부 청구권의 가등기	⑤ 종기부, 해제조건부 청구권의 가등기
⑥ 장래에 확정될 청구권의 가등기	⑥ 표제부의 가등기
⑦ 사인증여에 의한 가등기	⑦ 합유지분에 대한 가등기
⑧ 공유지분에 대한 가등기	⑧ 유언자 생존중 유증에 의한 소유권이전가등기
⑨ 유언자 사망시 유증에 의한 소유권이전가등기	
⑩ 근저당권 채권최고액의 변경등기청구권을 보전하기 위해 가등기를 할 수 있다.	

3 가등기의 신청절차

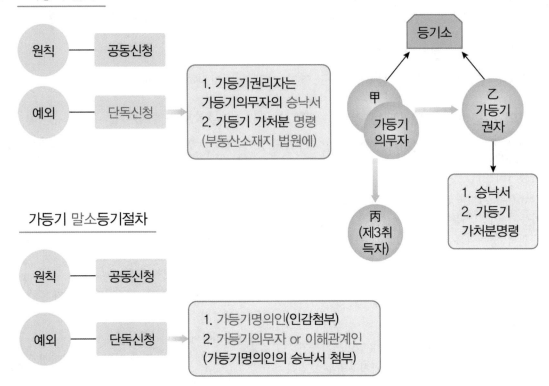

가등기 신청방법	① 공동신청의 원칙 : 가등기도 가등기권리자와 가등기의무자가 공동신청함이 원칙이다. ② 가등기권리자의 단독신청 　㉠ 가등기권리자는 가등기의무자의 승낙서를 첨부하여 단독으로 신청할 수 있다. 　㉡ 가등기권리자는 <u>부동산 소재지(신청인 주소지x)</u> 법원의 **가등기의 가처분명령(假處分命令)의 정본(正本)**을 첨부하여 **단독(<u>법원의 촉탁×</u>)으로** 신청할 수 있다.⊛ 　　ⓐ 가등기를 명하는 가처분명령은 부동산의 소재지를 관할하는 지방법원이 가등기권리자의 신청으로 가등기 원인사실의 소명이 있는 경우에 할 수 있다. 　　ⓑ 가등기권리자의 가등기가처분 명령에 의하여 가등기를 신청하는 경우 <u>등기의무자의 등기필정보는 제공하지 않는다.</u> 　　ⓒ 가등기가처분명령에 의하여 이루어진 가등기는 단독신청에 의하므로 그 가등기의 말소는 <u>통상의 가등기말소절차</u>에 따라야 하며, '민사집행법'에 정한 <u>가처분 이의의 방법으로 가등기를 말소를 구할 수는 없다.</u>

	가등기시 제공정보	본등기시 제공정보
첨부정보	① 검인계약서 or 실거래가액 (×) ② 농지취득자격증명(×) ③ 토지거래허가서(○)	① 검인계약서(○), 실거래신고필증 ② 농지취득자격증명(○) ③ 토지거래허가서(×)

④ 가등기를 신청하는 경우에는 그 가등기로 보전하려고 하는 권리를 신청정보의 내용으로 등기소에 제공하여야 한다.

⑤ 가등기권리자가 단독으로 가등기를 신청하는 경우에는 가등기의무자의 승낙이나 가처분 명령이 있음을 증명하는 정보를 첨부정보로써 등기소에 제공하여야 한다.

가등기 실행

① 갑구·을구에 기재 : <u>소유권이전가등기는 갑구</u>, 소유권 이외의 권리의 가등기(전세권설정가등기)는 을구

② 가등기의 형식 : 본등기형식에 따라 주등기 또는 부기등기로 한다.

㉠ 주등기 : <u>소유권이전청구권 가등기, **전세권**설정가등기는 주등기</u>로 한다.

㉡ 부기등기 : **전세권**<u>이전</u>**청구권 가등기**는 부기등기로 한다.

가등기의 효력

① 가등기만으로는 아무런 실체법상 효력을 갖지 않는다.
따라서 소유권이전등기청구권 보전을 위한 가등기권리자는 가등기만으로는 가등기된 부동산에 경료된 <u>무효인 중복소유권보존등기의 말소를 청구할 수 없다</u>.

② 순위보전의 효력 : 가등기를 한 경우에 본등기의 <u>순위는 가등기의 순위</u>에 따른다.

③ <u>물권변동효력은 본등기시</u>에 일어나고 가등기시로 소급하지 않는다.

④ 소유권이전청구권 보전을 위한 가등기가 있다 하더라도 소유권이전등기를 청구할 어떤 법률관계도 <u>추정되지 않는다</u>.

⑤ 다만 담보가등기는 가등기 자체의 효력뿐만 아니라 본등기 전이라도 그 자체에 의하여 우선변제효력과 경매청구권등기 인정된다.

⑥ 가등기된 소유권이전등기청구권이 양도된 경우, 그 가등기상의 권리의 이전등기를 가등기에 대한 부기등기의 형식으로 경료할 수 있다.

4 가등기의 말소등기

(1) **공동신청의** **원칙**	가등기의 말소등기는 가등기권리자와 가등기의무자가 공동신청함이 원칙이며 제3취득자가 있는 경우(가등기 후 소유권이 이전된 경우)에는 가등기의무자 또는 제3취득자가 가등기말소등기의 등기권리자로서 가등기의 말소등기를 신청할 수 있다.
(2) **단독신청의** **특칙**	① 소유권에 관한 가등기명의인은 **자신의 인감증명정보를 첨부하여** 단독으로 가등기의 말소를 신청할 수 있다. ② 가등기의무자 또는 등기상의 이해관계인도 신청정보에 <u>가등기명의인의 승낙서를 첨부한</u> 경우에는 가등기의 말소를 단독**으로** 신청할 수 있다.✽
(3) **제공하는** **등기필 정보**	가등기명의인이 가등기의 말소를 신청하는 경우에는 등기의무자가 가등기명의인이므로 가등기 명의인이 가지고 있는 <u>가등기필정보를</u> 제공하여야 한다.

5 가등기에 기한 본등기 절차

▨ 마담인 乙이 나중에 시험에 합격하여 본등기를 하러 갈 때 누가 어느 서류를 제공하면 본등기를 해주고, 만약에 중간에 행해진 등기가 있으면(중간처분등기) 등기관은 이를 어떻게 처리할 것인가의 문제다.

(1) **본등기권리자**	① 본등기 권리자는 가등기권리자 또는 가등기 권리를 이전받은 자이다. ② 본등기권리자와 가등기권리자는 일치하여야 하므로 하나의 가등기에 관하여 여러 사람의 가등기권리자가 있는 경우에 가등기권리자 중 1인이 자기지분만에 관하여 본등기를 신청할 수는 있다. 자기지분은 처분이 가능하기 때문이다. ③ 그러나 일부의 가등기권리자가 공유물보존행위에 준하여 전원명의의 본등기를 신청할 수는 없다. 가등기에 기한 본등기는 물권변동의 효력을 발생시키는 절차로서 이는 반드시 당사자의 의사에 의하여야 하는 것이지 타인이 대신할 수 없기 때문이다.
(2) **본등기 의무자**	① 가등기 후 제3취득자가 소유권을 이전받은 경우에도 본등기의무자는 제3취득자가 아니라 가등기 의무자가 된다(가등기 후에 본등기 전의 제3<u>취득자는 직권말소되므로 본등기의무자가 아니며</u>, 그의 승낙을 받을 필요도 없다). ② 가등기권리자나 가등기의무자가 사망한 경우 상속인은 <u>상속등기를 할 필요 없이</u> 상속을 증명하는 서면을 첨부하여 공동으로 본등기를 신청할 수 있다.
(3) **본등기의 방식** **및 첨부정보**	① 본등기는 가등기 아래 기록하되 별도의 순위번호를 기록하지 아니하고 가등기순위번호를 사용하여 본등기사항을 기록한다.✽ ② 본등기를 하더라도 가등기사항은 말소하지 않는다. ③ 본등기를 신청할 때에는 본 등기의무자가 권리취득의 등기 후 교부받았던 등기필정보만 제공하면 족하고 가등기필정보는 이를 제공할 필요가 없다.

(4) 본등기 후의 조치(양립이 불가능한 중간처분등기의 직권말소)

등기관은 가등기에 의한 본등기를 하였을 때에는 대법원규칙으로 정하는 바에 따라 가등기 이후에 된 등기로서 <u>가등기의 의하여 보전되는 권리를 침해하는</u> (본등기와 양립이 불가능한) 등기는 직권(공동신청×)으로 말소하여야 한다.

▶ 가등기 후 본등기시 중간 처분등기의 직권말소 암기 단 전, 해당 만 직권말소 안 된다.

	직권말소 대상 ○	직권말소등기 대상 ×
1. 소유권 이전 가등기에 의한 본등기	① 소유권이전등기 ② 전세권설정, 저당권설정등기 ③ 가압류, 가처분등기 ④ 경매신청등기 등 ⑤ 가등기의무자의 사망으로 인한 상속등기 ⑥ 체납처분으로 인한 압류등기	① 가등기 전에 마쳐진 담보가등기, 전세권 및 저당권에 의한 임의경매개시결정등기 ② 가등기 전에 마쳐진 가압류에 의한 강제 경매개시결정등기 ③ 해당 가등기상 권리를 목적으로 하는 가압류등기나 가처분등기 ④ 가등기권리자에게 <u>대항력 있는</u> 주택임차권등기, 상가건물임차권등기
2. 용익권(지상권, 지역권,전세권, 임차권)에 의한 본등기	① **동일한 범위의** 용익권(지상권, 지역권, 전세권, 임차권) 등기	① 소유권에 관한등기(소유권이전등기 및 소유권에 대한 가압류, 가처분등기) ② 저당권설정등기 ③ 가등기가 설정되지 않은 부분의 용익권등기
3. 저당권설정 가등기에 의한 본등기	① 직권말소되는 등기사항이 없다.	① 소유권이전등기(후순위가 됨) ② 전세권설정등기 ③ 저당권설정등기

*① 소유권이전청구권보전가등기에 기한 본등기시 직권말소되는 등기

1	소 + 보존 甲
2	소유권이전 가등기 乙(2월)
	소유권이전 乙(11월)
2-1	2번 가등기의 이전 : 해당
	2번 가등기의 가압류,가처분
3	소유권이전 丙 (5월)

1	전세권설정 (1월) : 전
2	저당권설정 (5월)

② 용익권청구권보전 가등기에 기한 본등기시 직권말소되는 등기

1	소+보존 甲
2	소유권이전 A

1	전세권설정가등기 乙
	전세권설정 乙
2	저당권설정
3	전세권설정 丙

③ 저당권청구권보전 가등기에 기한 본등기시 직권말소되는 등기

1	소+보존 甲
2	소유권이전 A

1	저당권설정가등기 乙
	저당권설정 乙
2	저당권설정 丙
3	전세권설정 B

1) 등기관이 직권말소규정에 따라 가등기 이후의 등기를 말소하였을 때에는 말소 후 지체 없이 그 사실을 말소된 권리의 등기명의인에게 통지하여야 한다.

2) 판결주문에 기재되지 않았더라도 판결이유라도 가등기에 의한 본등기절차의 이행임이 명백한 경우에는 그 판결에 의한 본등기를 신청할 수 있다(등기선례).

3) 판결의 주문과 이유에 가등기에 기한 본등기절차의 이행을 명하는 취지가 없다면 그 판결로서 가등기에 기한 본등기를 신청할 수 없다.

4) 소유권이전등기청구권 보전을 위한 가등기가 마쳐진 부동산에 처분금지가처분등기가 된 후 본등기가 이루어진 경우, 그 본등기로 가처분채권자에게 대항할 수 있다.

관련기출문제

01 **가등기에 관한 설명으로 옳은 것을 모두 고른 것은?** (22회)

> ㉠ 매매예약완결권의 행사로 소유권이전청구권이 장래에 확정되게 할 경우, 이 청구권을 미리 보전하기 위한 가등기를 할 수 있다.
> ㉡ 물권적 청구권을 보전하기 위한 가등기를 할 수 있다.
> ㉢ 가등기에 의하여 보전된 소유권이전청구권을 양도한 경우, 그 청구권의 이전등기는 가등기에 대한 부기등기로 한다.
> ㉣ 甲이 乙 소유 토지에 대한 소유권이전청구권을 보전하기 위하여 가등기를 한 후 乙이 그 토지를 丙에게 양도한 경우, 甲의 본등기청구의 상대방은 丙이다.
> ㉤ 지상권설정청구권을 보전하기 위한 가등기는 乙구에 한다.

① ㉠, ㉡, ㉣   ② ㉠, ㉢   ③ ㉠, ㉢, ㉤
④ ㉡, ㉤   ⑤ ㉡, ㉣, ㉤

정답 ▶ ③
㉡ 물권적 청구권을 보전하기 위한 가등기를 할 수 없다.(**암기** 본,처,보,물 은 가등기 할 수 없다)
㉣ 甲의 본등기청구의 상대방은 乙이다.

02 **가등기에 관한 설명으로 틀린 것은?** (25회)

① 가등기 후 본등기의 신청이 있는 경우, 가등기의 순위번호를 사용하여 본등기를 하여야 한다.
② 등기관이 소유권이전등기청구권보전 가등기에 의한 본등기를 한 경우, 가등기 후 본등기 전에 마쳐진 해당 가등기상 권리를 목적으로 하는 가처분등기는 직권으로 말소한다
③ 임차권설정등기청구권보전 가등기에 의한 본등기를 마친 경우, 등기관은 가등기 후 본등기 전에 가등기와 동일한 부분에 마친 부동산용익권 등기를 직권말소한다.
④ 저당권설정등기청구권보전 가등기에 의한 본등기를 한경우, 등기관은 가등기 후 본등기 전에 마친 제3자 명의의 부동산용익권 등기를 직권말소할 수 없다.
⑤ 가등기명의인은 단독으로 그 가등기의 말소를 신청할 수 있다.

정답 ▶ ②
해당 가등기상 권리를 목적으로 하는 가처분등기는 직권으로 말소되지 않는다.

03 가등기에 관한 설명으로 옳은 것은? (다툼이 있으면 판례에 따름) (35회)

① 소유권이전등기청구권 보전을 위한 가등기에 기한 본등기가 경료된 경우, 본등기에 의한 물권변동의 효력은 가등기한 때로 소급하여 발생한다.

② 소유권이전등기청구권 보전을 위한 가등기가 마쳐진 부동산에 처분금지가처분등기가 된 후 본등기가 이루어진 경우, 그 본등기로 가처분채권자에게 대항할 수 있다.

③ 정지조건부의 지상권설정청구권을 보전하기 위해서는 가등기를 할 수 없다.

④ 가등기된 소유권이전등기청구권이 양도된 경우, 그 가등기상의 권리의 이전등기를 가등기에 대한 부기등기의 형식으로 경료할 수 없다.

⑤ 소유권이전등기청구권 보전을 위한 가등기가 있으면 소유권이전등기를 청구할 어떤 법률관계가 있다고 추정된다.

정답 ▶ ②

① 소유권이전등기청구권 보전을 위한 가등기에 기한 본등기가 경료된 경우, 본등기에 의한 물권변동의 효력은 가등기한 때로 소급하지 않고 본등기에 발생한다.

③ 정지조건부의 지상권설정청구권을 보전하기 위해서는 가등기를 할 수 있다.

④ 가등기된 소유권이전등기청구권이 양도된 경우, 그 가등기상의 권리의 이전등기를 가등기에 대한 부기등기의 형식으로 경료할 수 있다.

⑤ 소유권이전등기청구권 보전을 위한 가등기가 있으면 소유권이전등기를 청구할 어떤 법률관계가 있다고 추정되지 않는다.

04 가등기에 관한 설명으로 틀린 것은? (34회)

① 가등기로 보전하려는 등기청구권이 해제조건부인 경우에는 가등기를 할 수 없다.

② 소유권이전청구권 가등기는 주등기의 방식으로 한다.

③ 가등기는 가등기권리자와 가등기의무자가 공동으로 신청할 수 있다.

④ 가등기에 기한 본등기를 금지하는 취지의 가처분등기의 촉탁이 있는 경우, 등기관은 이를 각하하여야 한다.

⑤ 소유권이전청구권 가등기에 기하여 본등기를 하는 경우, 등기관은 그 가등기를 말소하는 표시를 하여야 한다.

정답 ▶ ⑤

본등기를 하는 경우, 가등기를 기초로 하는 권리가 존재하므로 그 가등기를 말소표시하지 않는다.

제8절 처분제한등기(가압류, 가처분등기)(20,22,23,24,27 기출) ★

▨ 관공서(법원, 세무서, 행정관청 등)의 필요에 의해서 등기소에 부탁할 수 있는 등기는 어떤 것들이고 이 등기들의 특징은 무엇인가의 문제다.

1 가압류등기

(1) 의의와 구별

① 가압류는 <u>금전채권</u>이나 금전으로 환산할 수 있는 채권을 가진 자가 장래에 강제집행을 보전하기 위하여 채무자의 재산을 잠정적으로 압류함으로서 그 처분권을 제한하는 보전처분을 말한다.

② 가압류는 금전채권의 보전수단이라는 점에서 <u>특정물(계쟁물)자체</u>에 대한 청구권보전을 위한 가처분과 구별된다.

【 갑구 】(소유권에 관한 사항)

순위 번호	등기목적	접 수	등기원인	권리자 및 기타사항
1	소유권보존	2003년 7월 7일 제35679호		소유자 : 임 정원 660920-2113456 서울 송파구 가락동 10
2	가압류	2004년 10월 5일	2004년101일 서울민사지방법원의 가압류촉탁	금액 : 1억 채권자 : 전 예찬

(2) 법원의 촉탁	① 실행 : 채권자는 채무자의 부동산에 대하여 법원에 가압류를 신청하면, 법원은 등기소에 <u>우편으로</u> 가압류등기를 촉탁한다. ② 말소 : 가압류 부동산에 대한 매각이 이루어진 경우에 경매법원은 매수인(경매로 소유권을 취득한 자)앞으로의 소유권이전등기를 촉탁할 때 <u>가압류말소등기도 촉탁</u>한다.
(3) 등기형식	① 소유권에 대한 가압류는 갑구에 주등기로, ② 소유권이외의 권리에 대한 가압류는 을구에 부기등기로 한다.
(4) 등기기록	등기부에는 청구금액을 기록한다.
(5) 객체	① <u>공유지분</u>에 대하여는 가압류, 가처분등기를 <u>할 수 있으나,</u> ② <u>합유지분이</u>나 부동산의 일부에 대한 가압류, 가처분등기는 <u>할 수 없다.</u>

2 가처분등기★

순위번호	
1	소 + 보존 甲
2	소 + 처분금지가처분(직권말소) : 해당가처분＋직 乙 (2月)
3	소 + 이전 제3자(5月) : 단독신청말소 : 가처분 후 제3자는＋단
4	소유권이전 乙 (6月)

(1) 의의	가처분은 특정물(계쟁물)에 관한 인도청구권, 반환청구권을 가진 채권자가 장래의 집행절차의 보전을 위해 특정물의 처분금지 등을 위해 취하는 보전처분을 말한다. 가압류가 금전채권을 보전하기 위한 것이라면 가처분은 특정물채권을 보전하기 위해 이루어진다.
(2) 법원의 촉탁	가처분도 채권자는 채무자의 부동산에 대하여 법원에 가처분을 신청하면, 법원은 등기소에 우편으로 가처분등기를 촉탁한다.
(3) 등기형식 및 등기부에의 기재	① 소유권에 대한 가처분은 등기 갑구에 주등기로, 소유권이외의 권리에 대한 가처분등기는 을구에 부기등기로 한다. ② 등기부에는 가압류와는 달리 **청구금액을 기록하지** 않고 가처분의 피보전권리와 금지사항을 기록하여야 한다. ③ 가처분의 피보전권리가 소유권 이외의 권리설정등기청구권으로서 소유명의인을 가처분채무자로 하는 경우에는 그 가처분등기를 등기기록 중 갑구에 한다.
(4) 가처분등기의 효력	가처분도 가압류와 마찬가지로 상대적 효력만 있다. 따라서 가압류, **가처분등기가 있는 경우에도 제3취득자에게 처분할 수 있지만** 가처분채권자에게 대항할 수 없을 뿐이다.

(5) 처분금지가처분권리자의 승소판결에 의한 <u>가처분등기이후의 등기의 말소</u>

① 소유권이전등기청구권을 보전하기 위한 가처분등기가 마쳐진 후 그 가처분채권자가 가처분채무자를 등기의무자로 하여 소유권이전등기 를 신청하는 경우에는 <u>가처분등기</u> 이후에 <u>마쳐진 등기로서 가처분채권자의 권리를 침해하는</u> 제3자의 등기는 **가처분채권자가** 단독신청(직권x)으로 말소할 수 있다.❀〈**가처분 후 제3자는＋단**〉

다만, 다음 각 호의 등기는 말소되지 아니하다.

㉠ 가처분등기 <u>전에</u> 마쳐진 가압류에 의한 강제경매개실결정등기

㉡ 가처분등기 <u>전에</u> 마쳐진 담보가등기, 전세권 및 저당권에 의한 임의경매개시결정등기

㉢ 가처분채권자에 **대항할 수** 있는 주택임차권등기 등

② 가처분등기 이후의 등기의 말소를 신청하는 경우에는 등기원인을 "가처분에 의한 실효"라고 하여야 한다.

③ 등기관은 가처분 등기이후의 등기를 말소할 때에는 해당 <u>가처분등기</u>도 직권(관공서촉탁×)으로 **말소**하여야 한다.❀〈**해당가처분＋직**〉

④ 지상권, 전세권 또는 임차권의 설정등기청구권보전을 위한 가처분등기가 마쳐진 후 그 가처분채권자가 가처분채무자를 등기의무자로 하여 지상권, 전세권 또는 임차권의 설정등기를 신청하는 경우에는, 그 가처분등기 이후에 마쳐진 제3자명의의 지상권, 전세권, 임차권의 설정등기(동일한 부분에 마쳐진 등기로 한정한다)의 말소를 단독으로 신청할 수 있다.❀

⑤ 저당권설정등기청구권을 보전하기 위한 가처분등기가 마쳐진 후 그 가처분채권자가 가처분채무자를 등기의무자로 하여 저당권설정등기를 신청하는 경우에는 그 가처분등기 이후에 마쳐진 제3자 명의의 등기라 하더라도 그 말소를 신청할 수 없다.

구 분	가처분권자가 본안소송에서 승소로 소유권이전등기를 신청하는 경우
가처분 이후에 된 제3자의 등기로서 가처분채권자의 권리를 침해하는 등기의 말소	단독신청말소
해당 **가처분등기**	직권으로 말소

관련기출문제

01 가압류·가처분 등기에 관한 설명으로 옳은 것은? (22회)

① 소유권에 대한 가압류등기는 부기등기로 한다.
② 처분금지가처분등기가 되어 있는 토지에 대하여는 지상권설정등기를 신청할 수 없다.
③ 가압류등기의 말소등기는 등기권리자와 등기의무자가 공동으로 신청해야 한다.
④ 부동산에 대한 처분금지가처분등기의 경우, 금전채권을 피보전권리로 기재한다.
⑤ 부동산의 공유지분에 대해서도 가압류등기가 가능하다.

정답 ▶ ⑤
① 소유권에 대한 가압류등기는 주등기로 한다.
② 처분금지가처분등기가 되어 있는 토지에 대하여는 지상권설정등기를 신청할 수 있다.
③ 가압류등기의 말소등기는 관공서의 촉탁으로 한다.
④ 특정물채권을 피보전권리로 기재한다.

02 乙 소유의 건물에 대하여 소유권이전등기청구권을 보전하기 위한 甲의 가처분이 2013.2.1. 등기되었다. 甲이 乙을 등기의무자로 하여 소유권이전등기를 신청하는 경우, 그 건물에 있던 다음의 제3자 명의의 등기 중 단독으로 등기의 말소를 신청할 수 있는 것은? (24회)

① 2013.1.9. 체결된 매매계약에 의하여 2013.8.1.에 한 소유권이전등기
② 2013.1.8. 등기된 가등기담보권에 의하여 2013.7.8.에 한 임의경매개시결정등기
③ 2013.1.7. 등기된 가압류에 의하여 2013.6.7.에 한 강제경매개시결정등기
④ 2013.1.9. 등기된 근저당권에 의하여 2013.9.2.에 한 임의경매개시결정등기
⑤ 임차권등기명령에 의해 2013.4.2.에 한 갑에게 대항할 수 있는 주택임차권등기

정답 ▶ ①
가처분등기 후에 행하여진 등기는 단독으로 말소되지만, 가처분 전(대항할 수 있는)에 행하여진 등기는 말소되지 않는다.

Chapter

04 등기절차 총론

출제예상
포인트

이 장은 출제비중이 매우 높은 부분이다.
① 촉탁, 직권에 의한 등기
② 등기신청적격자
③ 공동신청시(등기권리자 + 등기의무자)
④ 단독신청등기
⑤ 신청정보 및 첨부정보
⑥ 각하사유
⑦ 등기필정보의 작성 등 부분이 매우 중요하다.

제1절 **등기의 개시방법**

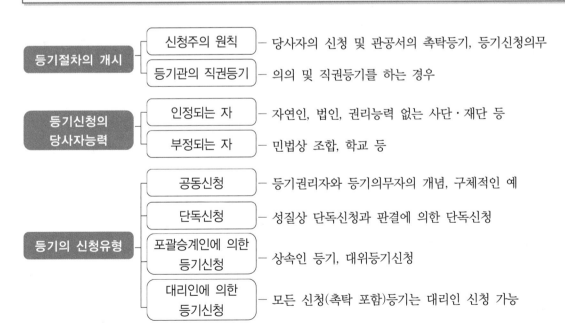

| 등기절차의 개시 | 신청주의 원칙 | — 당사자의 신청 및 관공서의 촉탁등기, 등기신청의무 |
| | 등기관의 직권등기 | — 의의 및 직권등기를 하는 경우 |

| 등기신청의 당사자능력 | 인정되는 자 | — 자연인, 법인, 권리능력 없는 사단·재단 등 |
| | 부정되는 자 | — 민법상 조합, 학교 등 |

등기의 신청유형	공동신청	— 등기권리자와 등기의무자의 개념, 구체적인 예
	단독신청	— 성질상 단독신청과 판결에 의한 단독신청
	포괄승계인에 의한 등기신청	— 상속인 등기, 대위등기신청
	대리인에 의한 등기신청	— 모든 신청(촉탁 포함)등기는 대리인 신청 가능

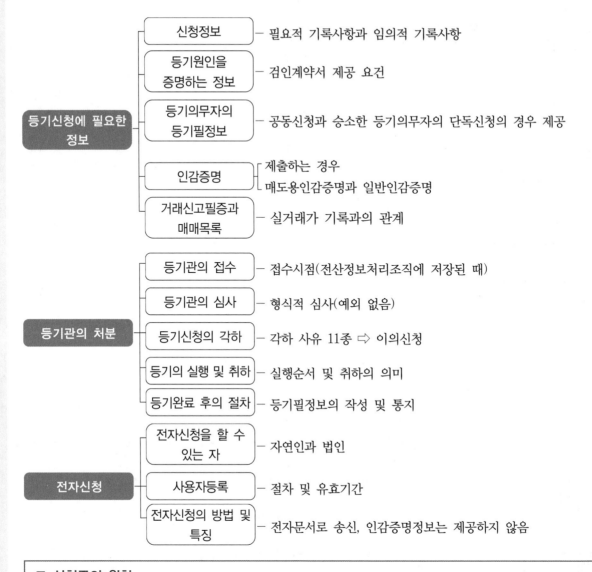

□ **신청주의 원칙**
 ① 당사자의 신청에 의한 등기(㉠공동신청 or ㉡단독신청)
 ② 관공서의 촉탁에 의한 등기
□ **신청주의 예외**
 ① 등기관의 직권에 의한 등기
 ② 이의신청시 법원의 명령에 의한 등기

1 신청주의의 원칙

등기는 당사자의 신청 또는 관공서의 촉탁에 따라 한다. 다만 법률에 다른 규정이 있는 경우에는 그러하지 아니하다.

(1) 당사자의 신청(등기신청의무) (25회 기출)

	신청기간	과태료
① 부동산의 표시변경 등기(분필, 합필, 면적변경 등)	사유가 발생한 날로부터 1월	×
② 부동산의 멸실등기	사유가 발생한 날로부터 1월	×
③ 소유권보존등기	㉠ 미등기부동산에 대하여 소유권 이전 계약을 체결한 경우 계약 당시 보존등기가 가능하면 그 **계약일로부터 60일** 내에, ㉡ 계약당시 보존등기가 불가능하면 **소유권보존등기가 가능한 날로부터 60일** 내에 소유권보존등기를 신청하여야 한다.	○
④ 소유권이전등기	㉠ 계약으로 인한 소유권이전등기에서 쌍무계약(매매 등)의 경우 **반대급부이행(＝잔금지급일)로부터 60일** ㉡ 편무계약(＝사인증여)의 경우에는 **계약의 효력이 발생한** 날로부터 60일 이내에 소유권이전등기를 신청하여야 한다.	

(2) 관공서(법원, 세무서, 지적소관청)의 촉탁 (20,28,32,35회) [핵심테마]

촉탁 등기대상	① 처분제한(압류, 가압류, 가처분, 경매개시결정)의 등기 ② 매각(경매)으로 인한 소유권이전등기, ③ 매수인(경락인)이 인수하지 아니한 부동산의 부담에 관한 기입의 말소등기 및 경매개시결정등기의 말소등기 ④ (주택)임차권명령에 의한 등기 ⑤ 공매처분으로 인한 권리이전의 등기 ⑥ 공매처분으로 인하여 소멸한 권리등기(權利登記)의 말소 ⑦ 관공서가 사업시행자인 경우 토지수용으로 인한 소유권이전등기 [암기] (가압),(가처),(경매),(임명)은 관공서 촉탁등기다.
특징	① 촉탁에 의한 등기절차에 대하여는 법률에 다른 규정이 있는 경우 외에는 신청에 따른 등기에 관한 규정을 준용한다. ② 촉탁등기는 출석하지 않고 **우편에 의한 등기촉탁도** 가능하다. ③ 등기권리자인 관공서가 부동산 **거래의 주체로서** 등기를 촉탁할 수 있는 경우라도 등기의무자와 **공동으로 등기를 신청할 수** 있다. ④ 등기의무자인 관공서가 등기권리자의 청구에 의하여 등기를 촉탁하는 경우, 등기의무자의 권리에 관한 등기필정보를 제공할 필요가 없다. ⑤ 관공서가 등기의무자인 경우에는 인감증명정보의 제출을 요하지 않는다. ⑥ 관공서가 경매로 인하여 소유권이전등기를 촉탁하는 경우에는 등기기록과 대장상의 **부동산의 표시**가 부합하지 아니하더라도 그 등기촉탁을 수리하여야 한다. ⑦ 국가 또는 지방자치단체가 등기권리자인 경우에는 국가 또는 지방자치단체는 등기의무자의 승낙을 받아 해당 등기를 지체 없이 등기소에 촉탁하여야 한다. ⑧ 관공서가 상속재산에 대해 체납처분으로 인한 압류등기를 촉탁하는 경우, 상속인을 갈음하여 상속으로 인한 권리이전의 등기를 함께 촉탁할 수 있다.

01 관공서의 촉탁등기에 관한 설명으로 틀린 것은? (32회)

① 관공서가 경매로 인하여 소유권이전등기를 촉탁하는 경우, 등기기록과 대장상의 부동산의 표시가 부합하지 않은 때에는 그 등기촉탁을 수리할 수 없다.

② 관공서가 등기를 촉탁하는 경우 우편에 의한 등기촉탁도 할 수 있다.

③ 등기의무자인 관공서가 등기권리자의 청구에 의하여 등기를 촉탁하는 경우, 등기의무자의 권리에 관한 등기필정보를 제공할 필요가 없다.

④ 등기권리자인 관공서가 부동산 거래의 주체로서 등기를 촉탁할 수 있는 경우라도 등기의무자와 공동으로 등기를 신청할 수 있다.

⑤ 촉탁에 따른 등기절차는 법률에 다른 규정이 없는 경우에는 신청에 따른 등기에 관한 규정을 준용한다.

정답 ▶ ①
관공서가 경매로 인하여 소유권이전등기를 촉탁하는 경우, 등기기록과 대장상의 부동산의 표시가 부합하지 않은 때에는 그 등기촉탁을 수리한다.

02 등기의 촉탁에 관한 설명으로 틀린 것은? (35회)

① 관공서가 상속재산에 대해 체납처분으로 인한 압류등기를 촉탁하는 경우, 상속인을 갈음하여 상속으로 인한 권리이전의 등기를 함께 촉탁할 수 없다.

② 법원의 촉탁으로 실행되어야 할 등기가 신청된 경우, 등기관은 그 등기신청을 각하해야 한다.

③ 법원은 수탁자 해임의 재판을 한 경우, 지체 없이 신탁 원부 기록의 변경등기를 등기소에 촉탁하여야 한다.

④ 관공서가 등기를 촉탁하는 경우 우편으로 그 촉탁서를 제출할 수 있다.

⑤ 촉탁에 따른 등기절차는 법률에 다른 규정이 없는 경우에는 신청에 따른 등기에 관한 규정을 준용한다.

정답 ▶ ①
① 관공서가 상속재산에 대해 체납처분으로 인한 압류등기를 촉탁하는 경우, 상속인을 갈음하여 상속으로 인한 권리이전의 등기를 함께 촉탁할 수 있다.

2 신청주의의 예외(법률에 따른 규정이 있는 경우) (16,23,28,29,31회 기출) ★★

(1) ★등기관의 직권에 의한 등기 [13순위] (꼭 꼭 기억해요)

1) 직권에 의한 소유권보존등기	미등기 부동산에 대한 법원의 소유권에 대한 처분제한등기(① 가압류, ② 가처분, ③ 강제경매개시결정 또는 ④ 임차권명령등기) 촉탁시 직권으로 보존등기를 한다.
2) 직권경정등기	<u>등기관의 잘못</u>으로 등기의 착오가 있는 때의 직권으로 경정등기한다.
3) 직권변경등기	① 소유권이전등기를 신청함에 있어서 주소증명정보에 의하여 주소변경사실이 명백한 경우의 <u>등기명의인 표시(주소)변경등기는 직권으로 한다.</u> ② <u>행정구역</u> 또는 그 명칭이 변경된 경우(부동산표시변경, 등기명의인 표시변경)는 직권으로 한다.
4) 직권말소등기 ✓암 : 29조1,2호 (관할)(아닌)+(직), (본)+(중)+(직), (말)+(이)+(직), (수용)+(직), (환매)+(행사)+(직), (해당가처분)+(직) 등기는 직권말소 된다.	① (관할)위반의 등기(29조1호)가 실행된 경우의 말소등기 ② 사건이 등기할 것이 (아닌)것(29조2호)이 실행된 경우의 말소등기 ③ 가등기에 의한 (본)등기시에 가등기후 본등기전의 양립불가능한 (중)간처분 등기의 말소등기 ④ (말)소등기시 말소할 권리를 목적으로 하는 (이)해관계 있는 제3자의 권리에 관한 말소등기 ⑤ (수용)으로 인한 소유권이전등기시 그부동산의 등기부 중 소유권 또는 (소)유권이(외)의 권리에의 말소등기(저당권등) ⑥ (환매)권 (행사)에 의한 권리취득등기 후의 환매특약의 말소등기 ⑦ 가처권자가 승소하여 소유권이전등기를 신청하는 경우 (해당가처분)등기의 말소등기 ⑧ 규약상 공용부분이라는 뜻의 말소등기
5) 직권말소회복등기	가등기에 기한 본등기를 하므로 <u>직권말소된 등기</u>는 그 본등기를 말소 한 때에는 직권으로 회복한다(판례).
6) 대지권 관련 등기	① 토지등기부 갑구에 하는 <u>소유권이 대지권이라는 뜻의 등기</u> ② 토지등기부 을구에 하는 지상권, 전세권, 임차권이 <u>대지권이라는 뜻의 등기</u> ③ 집합건물등기부 중 전유부분표제부에 하는 <u>토지등기부에 별도 등기 있다는 뜻의</u> 등기
7) 요역지지역권등기	승역지 등기 후 요역지의 등기기록에 하는 지역권등기 : (요)(직)

(2) 법원의 명령에 의한 등기 : 등기관의 결정 또는 처분에 대한 신청인의 <u>의의신청</u>에 대하여 관할법원이 <u>의의가 이유 있다고</u> 하여 법원의 명령에 의해서 실행되는 등기

01 다음 중 등기관이 직권으로 등기할 수 있는 것으로 옳게 묶은 것은?

> ㉠ 전세권을 말소하는 경우 그 권리를 목적으로 하는 저당권의 말소등기
> ㉡ 소유권이전등기시 등기의무자의 주소변경등기
> ㉢ 대지권이라는 뜻의 등기
> ㉣ 농지 전세권에 관한 말소등기
> ㉤ 등기의무자의 소재불명으로 인한 제권판결을 받은 경우의 말소등기
> ㉥ 임차권등기명령에 의한 등기

① ㉠, ㉡ ② ㉠, ㉡, ㉥ ③ ㉠, ㉡, ㉢, ㉣
④ ㉠, ㉡, ㉢, ㉣, ㉤ ⑤ ㉠, ㉡, ㉢, ㉣, ㉤, ㉥

정답 ▶ ③
㉤ 신청에 의한 말소, ㉥ 관공서의 촉탁에 의한 등기에 해당한다.

제2절 등기의 신청

1 등기신청행위

법 제26조(법인 아닌 사단 등의 등기신청인)
① 종중(宗中), 문중(門中), 그 밖에 대표자나 관리인이 있는 법인 아닌 사단(社團)이나 재단(財團)에 속하는 부동산의 등기에 관하여는 그 사단이나 재단을 등기권리자 또는 등기의무자로 한다.
② 제1항의 등기는 그 사단이나 재단의 명의로 그 대표자나 관리인이 신청한다.

(1) *등기신청 적격(등기명의 적격) (24,28,29,31,32,34회) [12 순위] (이 부분, 꼭 꼭 기억하세요)

등기신청절차에서 당사자 즉, 등기권리자나 등기의무자가 될 수 있는 법률상의 자격자를 말한다.

암기 읍,면에 있는 민조 태아 학교는 등기신청적격이 없다.

인정되는 경우	부정되는 경우
① 자연인, 무능력자(미성년), 외국인, 북한주민,	① 死者, 태아
② 법인(외국법인)	② 학교
③ 국가 지방자치단체(특별시, 광역시, 시, 군, 구)	③ 읍·면, 리, 동(단, 자연부락은 가능)
④ 권리능력 없는 사단, 재단 (종중, 교회, 아파트입주자대표회의, 정당, 자연부락, 어촌계 등) ㉠ 신청인--대표자 ㉡ 명의인(권리 or 의무자)--사단, 재단	
⑤ 특별법상의 조합(농협, 정비사업조합(재건축조합등)	④ 민법상 조합
⑥ 전통사찰(전통사찰보존법등록시)	

1. 민법상 조합의 경우에는 그 조합명으로는 등기를 신청할 수 없으므로 조합원 전원명의로 합유등기를 신청할 수 있다.
2. **동민이 법인 아닌 사단을 구성(자연부락)**하고 그 명칭을 행정구역인 동 명의와 동일하게 한 경우에는 그 동민의 대표자가 동 명의로 등기신청을 할 수 있다.
3. 외국인은 법령이나 조약의 제한이 없는 한 자기 명의로 등기신청을 하고 등기명의인이 될 수 있다.
4. 법인 아닌 사단인 종중이 건물을 매수한 경우, 종중의 대표자는 종중 명의로 소유권이전등기를 신청할 수 있다.

관련기출문제

01 부동산등기법상 등기의 당사자능력에 관한 설명으로 틀린 것은? (32회)

① 법인 아닌 사단(社團)은 그 사단 명의로 대표자가 등기를 신청할 수 있다.
② 시설물로서의 학교는 학교 명의로 등기할 수 없다.
③ 행정조직인 읍, 면은 등기의 당사자능력이 없다.
④ 민법상 조합을 채무자로 표시하여 조합재산에 근저당권 설정등기를 할 수 있다.
⑤ 외국인은 법령이나 조약의 제한이 없는 한 자기 명의로 등기신청을 하고 등기명의인이 될 수 있다.

정답 ▶ ④
민법상 조합을 채무자로 표시하여 조합재산에 근저당권 설정등기를 할 수 없다.

02 등기신청에 관한 설명으로 **틀린** 것은? (34회)

① 정지조건이 붙은 유증을 원인으로 소유권이전등기를 신청하는 경우, 조건성취를 증명하는 서면을 첨부하여야 한다.

② 사립대학이 부동산을 기증받은 경우, 학교 명의로 소유권이전등기를 할 수 있다.

③ 법무사는 매매계약에 따른 소유권이전등기를 매도인과 매수인 쌍방을 대리하여 신청할 수 있다.

④ 법인 아닌 사단인 종중이 건물을 매수한 경우, 종중의 대표자는 종중 명의로 소유권이전등기를 신청할 수 있다.

⑤ 채권자대위권에 의한 등기신청의 경우, 대위채권자는 채무자의 등기신청권을 자기의 이름으로 행사한다.

정답 ▶ ②

시설물로서의 학교는 학교 명의로 등기할 수 없다.

2 등기신청의 당사자

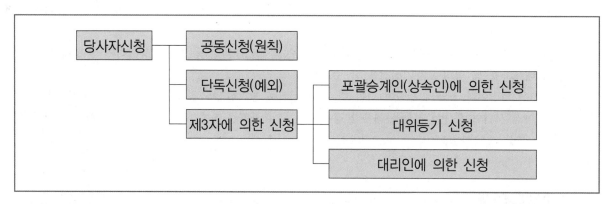

(1) 공동신청주의 원칙(등기권리자 + 등기의무자)

공동신청원칙	등기권리자(등기하고 싶어하는자)	등기의무자
절차법상(등기법상)	등기부상 권리의 취득 or 이익자	권리의 상실 or 손해
실체법상(민법상)	등기청구권자	등기청구권에 협력의무자

※ 절차법상의 등기권리자와 등기의무자, 실체법상의 등기권리자와 등기의무자는 반드시 일치하는 것은 아니다.(등기인수청구권 행사시의 경우)

암기 저(전)당권 ⓒ액변경등기시 저(전)당ⓟ자는 등기ⓟ리자이고 ⓖ액변경등기시 저당ⓟ자는 등기ⓘ무자이다

(2) 구체적인 예★ [14 순위] (이부분, 꼭 꼭 기억하세요)

구 분	절차법상 등기권리자(등기하고 싶어하는자)	절차법상 등기의무자
① 매매(소유권이전)	매수인	매도인
소유권이전등기 말소	매도인	매수인
환매특약등기	매도인(환매권자)	매수인
② 저당권설정등기	저당권자	저당권설정자(집주인)
저당권권말소등기	저당권설정자	저당권자
③ 근저당권최고액 증액(감액)변경등기	근저당권자(근저당권설정자)	근저당권설정자(근저당권자)
④ 저당권이전등기	저당권양수인	저당권양도인(저당권설정자 ×)
⑤ 가등기 후 본등기시	가등기권리자	가등기의무자(제3취득자 ×)

구 분	등기권리자	등기의무자
⑥ 저당권이 제3자에게 이전된후 저당권을 말소하는 경우	저당권설정자	저당권양수인
⑦ 저당권이 설정되고 소유권이 제3자에게 이전된 후 피담보채권의 소멸로 인하여 저당권을 말소하는 경우	저당권설정자 또는 제3취득자	저당권자
⑧ 저당권이 설정되고 소유권이 제3자에게 이전된 후 원인무효로 인하여 저당권을 말소하는 경우	제3취득자	저당권자
⑨ 저당권이 말소되고 소유권이 제3자에게 이전된 후 저당권의 말소회복하는 경우	저당권자	말소당시의 소유자

보충학습 ⊕

⑩ 甲에서 乙 앞으로 마쳐진 소유권이전등기가 이루어 졌으나 甲의 채권자 丙이 등기원인이 사해행위임을 이유로 그 소유권이전등기의 말소판결을 받은 경우 그 판결에 따른 등기기 乙이 절차법상 등기의무자이고, 소유권을 취득하는 甲이 절차법상 등기권리자가 된다.

⑪ 부동산이 甲 ⇨乙 ⇨ 丙 순으로 매도된 후 甲에서 乙 앞으로의 소유권이전등기를 丙이 대위신청하는 경우 소유권을 상실하는 甲이 절차법상 등기의무자이고 乙이 절차법상 등기권리자가 된다.

⑫ 甲에서 乙로, 乙에서 丙으로 순차적으로 소유권이전등기가 이루어 졌으나 乙명의의 등기가 원인무효임을 이유로 甲이 丙을 상대로 丙명의의 등기말소를 명하는 확정판결을 얻은 경우 그 판결에 따른 등기권리자는 乙이다.

관련기출문제

01 등기권리자와 등기의무자에 관한 설명으로 틀린 것은? (30회)

① 실체법상 등기권리자와 절차법상 등기권리자는 일치하지 않는 경우도 있다.
② 실체법상 등기권리자는 실체법상 등기의무자에 대해 등기신청에 협력할 것을 요구할 권리를 가진 자이다.
③ 절차법상 등기의무자에 해당하는지 여부는 등기기록상 형식적으로 판단해야 하고, 실체법상 권리의무에 대해서는 고려해서는 안 된다.
④ 甲이 자신의 부동산에 설정해 준 乙명의의 저당권설정등기를 말소하는 경우, 甲이 절차법상 등기권리자에 해당한다.
⑤ 부동산이 甲 ⇨ 乙 ⇨ 丙으로 매도되었으나 등기명의가 甲에게 남아 있어 丙이 乙을 대위하여 소유권이전등기를 신청하는 경우, 丙은 절차법상 등기권리자에 해당한다.

정답 ▶ ⑤
부동산이 甲 ⇨ 乙 ⇨ 丙으로 매도되었으나 등기명의가 甲에게 남아 있어 丙이 乙을 대위하여 소유권이전등기를 신청하는 경우, 乙이 절차법상 등기권리자에 해당한다.

(2) 단독신청의 특례 (23,24,26,27,28,29,30,31,32,35 기출) ★★ [3 순위] (이 부분, 꼭 꼭 기억하세요)

① 의의 : 등기의 성질상 등기의무자가 없거나, 판결 등을 통하여 등기의 진정성을 보장할 수 있는 경우는 단독신청을 인정하고 있다.

제23조(등기신청인)

② 소유권보존등기(所有權保存登記) 또는 소유권보존등기의 말소등기(抹消登記)는 등기명의인으로 될 자 또는 등기명의인이 단독으로 신청한다.
③ 상속, 법인의 합병, 그 밖에 대법원규칙으로 정하는 (포괄승계 = 법인의 분할)에 따른 등기는 등기권리자가 단독으로 신청한다.
④ 등기절차의 이행 또는 인수를 명하는 판결에 의한 등기는 승소한 등기권리자 또는 등기의무자가 단독으로 신청하고, 공유물을 분할하는 판결에 의한 등기는 등기권리자 또는 등기의무자가 단독으로 신청한다.
⑤ 부동산표시의 변경이나 경정(更正)의 등기는 소유권의 등기명의인이 단독으로 신청한다.
⑥ 등기명의인표시의 변경이나 경정의 등기는 해당 권리의 등기명의인이 단독으로 신청한다.
⑦ 신탁재산에 속하는 부동산의 신탁등기는 수탁자(受託者)가 단독으로 신청한다.

암기 ①(신)②(보)③(상)은 단독신청이다. ④(이판)사(수)⑤(표)(멸실)은 단독신청이다.
⑥(혼) ⑦(사)가 ⑧(불명)은 단독말소다. ⑭(가처분 후 제3자는) 단독신청말소이다
단, (권변)호사,(유증)은 공동신청이다

228 제2편 부동산등기법

등기종류	단독신청	공동신청(계약일 때)
	(신)탁등기, 신탁등기의 말소등기는 수탁자가 단독신청한다.	
소유권 보존	① 소유권(보)존등기, 소유권(보)존등기의 말소등기는 단독신청	
이전 등기	② (상)속등기, 법인의 합병등기, 포괄승계에 따른 등기(**법인의 분할**로 인하여 분할 전 법인이 소멸하는 경우)는 단독신청한다. ③ 토지를 (수)용한 한국토지주택공사의 소유권이전등기 신청은 단독신청 할 수 있다.	① (**특정, 포괄**)유증에 의한 소유권이전등기(유언 집행자 + 수증자), ② 상속인=포괄승계인에 의한 소유권이전등기 ③ 토지수용의 **재결실효에** 의한 소유권말소등기는 **공동**으로 신청한다.
변경, 경정 등기	④ **부동산(표)시변경**(경정)등기 =(**멸실**)등기 ⑤ **등기명의인** (표)시변경(경정)등기	권리변경, 경정**등기** (전세금 증감변경, 근저당권의 채권최고액을 증액, 감액 하는 변경등기)
말소	⑥ (혼)동에 의한 소멸한 권리의 말소등기 ⑦ (사)망 또는 법인의 해산으로 권리가 소멸한다는 약정이 되어있는 경우의 말소등기 ⑧ 의무자가 **소재(불명)**된 경우 소멸한 권리의 말소등기 ㉠ 공시최고 → 제권판결로 단독신청할 수 있다.	각종권리의 말소등기(원칙) (존속기간만료, 변제로 인한 피담보채권의 소멸에 의한 말소등기)
가등기	⑨ 가등기권리자는 **가등기의무자의 승낙서을 받아 단독으로 가등기를 신청할 수 있다.** ⑩ **가등기권리자는 법원의 가등기 가처분명령정본을 받아** 단독으로 가등기를 신청할 수 있다.	
가등기 말소 등기	⑪ **가등기명의인은 단독으로 가등기의 말소를 신청할 수 있다.** ⑫ **가등기의무자 또는 등기상 이해관계인은** 가등기명의인의 승낙을 받아 단독으로 가등기의 말소를 신청할 수 있다.	
판결에의 등기	⑬ **확정된** (이)행(판)결= 조서(화해, 인락, 조정) (승소한 권리자 또는 의무자)	확인판결, 형성판결 (단, 공유물분할판결은 단독신청)
기타	⑭ 처분금지 **가처분등기** 후 경료된 제3자의 소유권이전등기의 말소등기는 단독신청이다.	

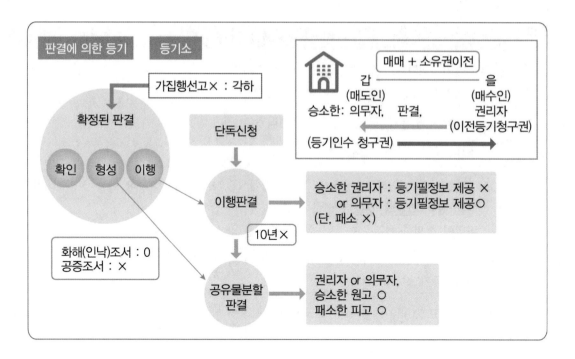

▸ **판결에 의한 등기의 예규**

(1) 단독신청 판결(법 제23조 4항)

① 등기절차의 이행 또는 인수를 명하는 판결에 의한 등기는 승소한 등기권리자 또는 등기의무자가 단독으로 신청한다.

② 등기권리자가 제기한 말소소송에서 승소판결을 받은 자가 그 판결에 의한 말소등기 신청을 하지 아니한 경우에 패소한 등기의무자가 그 판결에 기하여 직접 말소등기를 신청하거나 대위신청 할 수 없다.

③ 판결은 **확정판결**이어야 한다.

④ 등기신청시에 판결정본 외에 '확정증명서'를 첨부하여야 한다. 그러나 송달증명서나 집행문을 첨부할 필요가 없다.

⑤ 확정되지 아니한 가집행선고가 붙은 판결에 의하여 등기신청한 경우 각하한다.

⑥ 단독신청판결은 **이행판결만을** 의미하고, 확인판결이나 형성판결은 이에 해당되지 않는다(판결과 동일한 효력이 있는 화해. 인낙조서_포함).

⑦ 단, 등기절차를 이행할 것을 그 내용으로 하는 공증인 작성의 공정증서가 있는 채권자는 그 공정증서에 기하여 단독으로 등기신청을 할 수 없다.

⑧ 공유물을 분할하는 판결에 의한 등기는 등기권리자 또는 등기의무자(승소한 원고 또는 패소한 피고)가 단독으로 신청한다.

(2) 신청시기 : ① 소유권이전등기를 명하는 확정판결을 받았다면 그 확정시기가 언제인가에 관계없이(확정 후 10년이 경과하여도) 그 판결에 의한 소유권이전등기 신청을 할 수 있다.

(3) 첨부정보

① 이행판결이든 형성판결이는 확정판결정본이 등기원인정보이다, 판결서에 검인필요하다.

② 판결에 의한 등기시 승소한 등기권리자가 단독신청시는 등기필정보를 등기소에 **제공할 필요가 없지만**, 승소한 등기의무자가 단독신청시는 등기필정보를 등기소에 제공하여야 한다.

③ 말소등기의 경우에 판결을 받아 단독으로 등기를 신청하는 경우에도 등기상의 이해관계인의 승낙서등을 첨부하여야 한다.

(4) 채권자대위소송에서 채무자가 채권자대위소송이 제기된 사실을 알았을 경우에는 채무자도 채권자가 얻은 승소판결에 의하여 단독으로 등기를 신청할 수 있다.

(5) 등기신청절차의 이행판결이 아닌 경우

① 신청정보에 기록할 필수적사항이 판결주문에 명시되지 아니한 경우

㉠ 근저당권설정등기를 명하는 판결주문에 필수적기록사항인 채권최고액이나 채무자가 명시되지 아니한 경우로는 등기할 수 없다.

㉡ 전세권설정등기를 명하는 판결주문에 필수적 기재사항인 전세금이나 목적인 범위가 명시되지 아니한 경우로는 등기할 수 없다.

관련기출문제

01 단독으로 등기신청할 수 있는 것을 모두 고른 것은? (단, 판결 등 집행권원에 의한 신청은 제외함) (32회)

㉠ 가등기명의인의 가등기말소등기 신청
㉡ 토지를 수용한 한국토지주택공사의 소유권이전등기 신청
㉢ 근저당권의 채권최고액을 감액하는 근저당권자의 변경등기 신청
㉣ 포괄유증을 원인으로 하는 수증자의 소유권이전등기 신청

① ㉠   ② ㉠, ㉡   ③ ㉡, ㉢   ④ ㉠, ㉢, ㉣   ⑤ ㉡, ㉢, ㉣

정답 ▶ ②
(㉢, ㉣은 공동신청이다)

02 다음 중 단독으로 신청하는 등기에 관한 설명으로 옳은 것은?

① 확정판결에 의하여 등기의 말소를 신청하는 경우, 그 말소에 대하여 등기상 이해관계인이 있는 때에는 그의 승낙서 등을 첨부할 필요가 없다.

② 소유권이전등기의 이행판결에 가집행이 붙은 경우, 판결이 확정되지 아니하여도 가집행선고에 의한 소유권이전등기를 신청할 수 있다.

③ 판결에 의한 소유권이전등기 신청정보에는 판결정본과 그 판결에 대한 송달증명서를 첨부하여야 한다.

④ 공유물분할판결이 확정되면 그 소송의 피고도 단독으로 공유물분할을 원인으로 한 지분이전등기를 신청할 수 있다.

⑤ 소유권이전등기절차 이행을 명하는 판결이 확정된 후 10년이 경과하면 그 판결에 의한 소유권이전등기를 신청할 수 없다.

정답 ▶ ④
① 승낙서 첨부해야 한다. ② 신청할 수 없다. ③ 첨부 필요 없다. ⑤ 신청할 수 있다.

03 등기권리자와 등기의무자가 공동으로 등기신청을 해야 하는 것은? (단, 판결 등 집행권원에 의한 등기신청은 제외함) (35회)

① 소유권보존등기의 말소등기를 신청하는 경우
② 법인의 합병으로 인한 포괄승계에 따른 등기를 신청하는 경우
③ 등기명의인표시의 경정등기를 신청하는 경우
④ 토지를 수용한 사업시행자가 수용으로 인한 소유권이전등기를 신청하는 경우
⑤ 변제로 인한 피담보채권의 소멸에 의해 근저당권설정등기의 말소등기를 신청하는 경우

정답 ▶ ⑤

3 제3자에 의한 등기신청

(1) 포괄승계인(상속인)에 의한 등기신청 (15,16,31회 기출)

1) 의의

① 등기원인이 발생한 후에 등기권리자 또는 등기의무자에 대하여 상속이나 그 밖의 포괄승계가 있는 경우에는 상속인이나 그 밖의 포괄승계인이 그 등기를 신청할 수 있다.

㉠ 甲이 乙에게 부동산을 매도하였으나 소유권이전등기를 하지 않고 있는 동안에 매도인 甲이 사망하여 丙 이 상속한 경우 甲으로부터 丙에게로 상속을 원인으로 한 이전등기를 하지 아니하고 丙과 乙의 공동신청에 의하여 甲으로부터 乙로 직접 이전등기를 신청할 수 있다.

2) 포괄승계인에 의한 등기는 신청정보의 등기의무자의 표시가 등기부의 기록과 불일치함에도 불구하고 각하사유가 아니다(법 제29조 7호).

(2) 대위등기신청

1) 채권자대위등기신청

① 의의 : ㉠甲이 부동산을 乙에게 매도하였음에도 乙이 소유권이전등기 신청을 안 하고 있을 때 乙의 채권자 丙이 乙을 대위하여 甲으로부터 乙로 소유권이전등기를 신청 할 수 있다.

㉡채권자대위권에 의한 등기신청의 경우, 대위채권자는 채무자의 등기신청권을 자기의 이름으로 행사한다.

② 대위신청절차

㉠ 대위채권자에게 등기신청권이 있어야 한다.
㉡ 대위채권자의 채권자도 다시 대위하여 신청할 수 있다.
㉢ 채무자로부터 채권자자신으로의 등기(압류등기)를 동시에 신청하지 않더라도 수리한다.
㉣ 대위등기를 신청할 때 **대위원인을 증명하는 정보를 첨부**하여야 한다.

③ 등기신청인은 채권자가 되고, 절차법상 등기권리자는 채무자가 된다.

④ 등기완료 후의 절차

㉠ 등기관은 등기완료후 대위채권자 및 채무자에게 등기완료 통지를 해야 한다.

㉡ 이 경우 등기필정보는 작성하지 않는다.

2) 구분건물소유자의 표시에 관한 사항의 대위신청

1동의 건물에 속하는 구분건물의 소유자중 일부만이 소유권보존등기를 신청하는 경우에 그 신청인은 나머지 구분건물소유자를 대위하여 구분건물의 표시(권리×)에 관한등기를 동시에 대위 신청할 수 있다.

3) 건물의 멸실등기시 대지소유자의 대위신청

건물소유자와 대지소유자가 다른 경우 건물의 소유자가 1월 이내에 그 멸실등기를 신청하지 아니한 때에는 그 건물 대지의 소유자가 대위하여 그 등기를 신청할 수 있다.

4) 위탁자 또는 수익자의 대위신청(신탁등기의 대위신청)

수익자 또는 위탁자는 수탁자를 대위하여 신탁등기를 신청할 수 있다.

5) 상속등기의 대위신청

상속인의 채권자는 대위원인을 증명하는 서면을 첨부하여 상속인을 대위하여 상속등기를 신청할 수 있는데 이러한 대위상속등기는 상속권의 포기 기간 내에도 가능하다(등기예규).

6) 근저당권설정자가 사망한 경우에 근저당권자가 임의경매신청을 하기 위해 근저당권의 목적인 부동산에 대하여 대위에 의한 상속등기를 신청할 수 있다.

(3) 대리인(법무사)에 의한 신청

1) 방문신청이나 전자표준양식에 의한 등기신청시 임의대리인은 누구나 할 수 있으나, 변호사 또는 법무사가 아닌 자는 등기신청의 대리행위를 업(業)으로 하지 못한다.

2) 다만 전자신청 대리(인터넷)인의 경우에는 누구나 할 수 있는 것이 아니고 변호사나 법무사가 아닌 자는 다른 사람을 대리하여 전자신청할 수 없다.

3) 방문신청의 경우 **자기계약 및 쌍방대리가** 가능하다 → 법무사는 매매계약에 따른 소유권이전등기를 매도인과 매수인 쌍방을 대리하여 신청할 수 있다.

4) 대리인이 변호사 또는 법무사인 경우에는 지방법원장(대법원장×)의 허가를 받은 사무원 1명을 등기소에 출석하게 하여 이를 신청할 수 있다.

관련기출문제

01 채권자 甲이 채권자대위권에 의하여 채무자 乙을 대위하여 등기신청하는 경우에 관한 설명으로 옳은 것을 모두 고른 것은? (31회)

> ㉠ 乙에게 등기신청권이 없으면 甲은 대위등기를 신청할 수 없다.
> ㉡ 대위등기신청에서는 乙이 등기신청인이다.
> ㉢ 대위등기를 신청할 때 대위원인을 증명하는 정보를 첨부하여야 한다.
> ㉣ 대위신청에 따른 등기를 한 경우, 등기관은 乙에게 등기완료의 통지를 하여야 한다,

① ㉠, ㉡   ② ㉠, ㉢   ③ ㉡, ㉣
④ ㉠, ㉢, ㉣   ⑤ ㉡, ㉢, ㉣

정답 ▶ ④
㉡ 대위등기신청에서는 甲이 乙을 대위하여 등기를 신청하므로 등기신청인은 甲이다.

> ## 제3절 등기신청에 필요한 정보

01. 등기신청정보(=등기신청서)
    1) 등기의무자의 권리에 관한 등기필정보 = 등기필증
02. 첨부정보
    1) 등기원인을 증명하는 정보(검인계약서)
    2) 거래신고필증과 매매목록
    3) 인감증명정보
    4) 등기상의 이해관계인의 승낙서 또는 이에 대항할 수 있는 재판등본
    5) 등기권리자(새로 등기명의인이 되는 경우로 한정한다)의 주소 및 주민등록번호(또는 부동산 등기용등록번호)를 증명하는 정보, 다만 소유권이전등기를 신청하는 경우에는 등기의무자의 주소를 증명하는 정보도 제공한다.
    6) 소유권이전등기를 신청하는 경우 토지대장등본 기타 부동산표시를 증명하는 정보
    7) 등기원인에 대하여 제3자의 허가·동의·승낙이 필요한 경우 이를 증명하는 정보
    8) 건물의 도면 또는 지적도

▶ 등기신청서(등기신청정보)

소유권이전등기 신청정보(매매)						
접 수	년 월 일 제 호	처리인	접 수	기 입	교 합	각종 통지
① 부동산의 표시						
서울특별시 서초구 서초동 101 전, 86.03m² (토지의 소재, 지번, 지목, 면적등) 실거래가액 : 350,000,000원						
② 등기원인과 그 연월일		2015년 06월 01일 매매(단, 소유권보존등기는×)				
③ 등기의 목적		소유권 이전				
④ 이전할 지분		㉠ 공유지분 갑2/3, 을1/3, ㉡ 합유인 뜻 (합유지분×)				
구 분	성명 (상호·명칭)	주민등록번호 (등기용등록번호)		주소(소재지)		지분 (개인별)
⑤ 등기 의무자	임 대 호	730320-1617312		서울특별시 서초구 서초동 200		
⑥ 등기 권리자	강 시 우	680412-1011289		서울특별시 종로구 원서동 9		

⑦ 시가표준액 및 국민주택채권매입금액		
부동산 표시	부동산별 시가표준액	부동산별 국민주택채권매입금액
1. 토 지	금 ○○,○○○,○○○원	금 ○○○,○○○원
2. 건 물	금 ○○,○○○,○○○원	금 ○○○,○○○원
국민주택채권매입총액		금 ○○○,○○○원
국민주택채권발행번호		○ ○ ○
⑧ 등록세 금 ○○○,○○○원		교육세 금 ○○○,○○○원
세 액 합 계	금 ○○○,○○○원	
⑨ 등기신청수수료	금 14,000원	

⑩ 등기의무자의 등기필정보(공+승의시 제공)

부동산고유번호	1102-2006-002095	
성명(명칭)	일련번호	비밀번호
이해우	Q77C-LO71-35J5	40-4636

첨부서면

1. 매매계약서	1통	1. 주민등록등(초)본	2통
1. 등록세영수필확인서 및 통지서	1통	1. 부동산거래계약신고필증	1통
1. 인감증명서	1통	1. 위임장	통
1. 토지대장등본	1통	〈기 타〉	
1. 집합건축물대장등본	1통		

2007년 7월 1일

❶ 위 신청인 이 해 우 ㊞ (전화: 200-7766)

김 재 호 ㊞ (전화: 300-7766)

(또는) ❷ 위 대리인 이 동 진 서울특별시 관악구 신림9동11 (전화:)

❸ 법인아닌 사단, 재단: 대표자의 성명, 주소 및 주민등록번호

⑭ 서울 중앙지방법원 등기과 귀중

- 신청서 작성요령 및 등기수입증지 첩부란 -

1.등기신청수수료(등기수입증지)를 이 난에 첩부합니다.

1 등기신청정보 (15,15추가,17,23,32,35회 기출)

(1) 원칙(1건1신청주의 원칙) : 등기의 신청은 1건당 1개의부동산에 관한 신청정보를 제공하는 방법으로 하여야 한다.

(2) 예외(일괄신청)

다만, **등기목적**과 **등기원인**이 동일하거나 그 밖에 대법원규칙으로 정하는 경우에는 여러 개의 부동산에 관한 신청정보를 <u>1개의 신청정보로 일괄</u>하여 제공하는 방법으로 할 수 있다.✱

① **공동저당권**설정등기

같은 채권의 담보를 위하여 소유자가 다른 여러 개의 부동산에 대한 저당권설정등기를 신청하는 경우 1개의 신청정보로 일괄신청 할 수 있다.

② **신탁등기와** 소유권이전등기 :

신탁에 의한 소유권이전등기와 신탁등기는 1건의 신청정보로 일괄신청한다.

③ <u>공매처분으로 인한</u> 권리이전의 등기

매각대금이 지급되면 법원은 매수인 앞으로의 소유권이전등기, 매수인이 인수하지 않는 부동산의 부담에 관한 기입의 말소등기를 1건의 신청정보로 일괄하여 촉탁할 수 있다.

> ▶ **신청서(등기부)의 기재문자에 대한 사무처리지침(2007 예규 1187)**
>
> 1. (부동산소재지의 표시) : 부동산소재지와 등기명의인 주소표시는 그 명칭대로 기재하되 서울특별시는 서울로, 광역시를 부산, 대구, 인천으로 약기하여서는 아니된다.
> 2. 신청정보가 여러 장일 때에는 신청인 또는 그 대리인이 간인을 하여야 하고, 등기권리자 또는 등기의무자가 여러 명일 때에는 그 중 **1명이 간인**하는 방법으로 한다. 다만, 신청서에 서명을 하였을 때에는 각 장마다 연결되는 서명을 함으로써 간인을 대신한다.

(3) 신청정보의 기재사항 ★★

필요적 정보사항 (제29조5호)	① 부동산표시에 관한사항 　㉠ 토지 : **소재와 지번(地番)지목(地目)면적(표시번호x, 접수연월일x)** 　㉡ 건물 : 소재, 지번 및 건물번호. 건물의 종류, 구조와 면적. 부속건물이 있는 경우에는 부속건물의 종류, 구조와 면적도 함께 기록한다. ② 신청인에 관한 사항 : 　㉠ 신청인의 성명(또는 명칭), 주소(또는 사무소 소재지) 및 주민등록번호(또는 부동산등기용등록번호 　㉡ 등기권리자 2인 이상인 경우 　　○ 공유 → 공유지분을 **기재**하여 등기한다. 　　○ 합유 → 전원명의의 <u>합유인 뜻을</u> 기재, **합유자의 지분을 표시하지 아니한다.** 　㉢ 신청인이 법인인 경우에는 그 대표자의 **성명과 주소(주민등록번호x)** 　㉣ 대리인에 의하여 등기를 신청하는 경우에는 **그 성명과 주소(주민등록번호x)** ③ 등기원인과 그 연월일 (예 2007년 5월 5일 매매) : 단, 소유권보존등기는 × ④ 등기의 목적 : (예 소유권보존, 전세권설정) ⑤ 관할등기소의 표시 ⑥ **등기의무자(등기권리자x)의 등기필정보**. 다만, **공동신청 또는 승소한** 등기의무자<u>의 단독신청</u>에 의하여 권리에 관한 등기를 신청하는 경우로 한정한다.
임의적 정보사항	① 임의적기록사항이란 신청정보에 기재할 것이 인정되는 사항으로 반드시 법률에 근거규정이 있어야 한다. ② 임의적 기록사항도 등기원인정보에 기록되어 있으면 신청정보에 기록하여야 하고 이를 기재하지 않으면 제29조 5호에 의하여 각하된다. ③ 등기원인에 등기목적인 권리의 소멸에 관한 약정이 있는 경우 그에 관한 사항 ④ 각종등기의 존속기간, 지료, 이자율 등이다. ⑤ 임의적기록사항은 등기부에 기록하면 제3자에게 대항할 수 있다. ⑥ 임의적기록사항이 등기에 이를 기록하지 않더라도 그 등기는 유효하다. ⑦ 첨부정보가 외국어로 작성된 경우에는 그 번역문을 붙여야 한다.

▶ **각종 권리의 신청서의 특수적 기재사항 ★★★** (이 부분, 꼭 꼭 기억하세요)

암기 (약)(지)(보)(이)(기)는 (임의적) 기록사항이다(등기원인에 있는 경우 등기부에 기록해야 한다)

구 분	필요적 기록사항 (신청정보 또는 등기부)에 기록하여야 한다)	임의적 기록사항 (등기원인에 있는 경우 기록한다)
소유권보존	신청근거조항	등기원인과 그 연월일은 기재 ×
환매특약	① 매수인이 지급한 (대)금 ② 매매 (비)용	환매(기간)
지상권	① (목)적과 ② (범)위	① (지료), ② 존속(기간) 등
지역권	① (목)적과 ② (범)위 ③ 요역지의 표시	부종성 배제(특약)등
전세권	① (전)세금(전전세금) ② (범)위(목적×)	① 존속(기간), ② 위약금, ③ 양도금지(약정)
저당권	① (채)권액 ② (채)무자 ③ (권)리(지상권·전세권)의 표시 ④ 공동담보의 표시	① 변제(기간) ② (이자) ③ 이자 지급시기 ④ 저당부동산에 부합된 물건과 종물이 저당권 의 효력이 미치지 않는다는 (특약)
저당권이전	저당권이 채권과 함께 이전한다는 뜻	
근저당권	① 근저당설정계약이라는 뜻 ② 채권최고액 ③ 채무자	① 존속(기간) **변제기간(x)** **이자(x)**
권리질권	① 저당권의 표시 ② 채권액 ③ 채무자	① 변제(기간), ② (이자) 등
임차권	① (차)임 ② (범)위	① 임차(보증금), ② 존속(기간), ③ 임차권 양도전대에 대한 임대인의 동의

관련기출문제

01 각 권리의 설정등기에 따른 필요적 기록사항으로 옳은 것을 모두 고른 것은? (25회)

> ㉠ 지상권: 설정목적과 범위, 지료   ㉡ 지역권: 승역지 등기기록에서 설정목적과 범위, 요역지
> ㉢ 전세권: 전세금과 설정범위   ㉣ 임차권: 차임과 존속기간
> ㉤ 저당권: 채권액과 변제기

① ㉠   ② ㉡, ㉢   ③ ㉡, ㉣, ㉤   ④ ㉠, ㉢, ㉣, ㉤   ⑤ ㉠, ㉡, ㉢, ㉣, ㉤

정답 ▶ ②

암기 약.지.보.이.기는 임의적 기록사항이다

(4) 등기의무자의 등기필정보 제공(16,17,20,35 기출) = 등기필증

▨ 허위등기를 막기 위해서 파는 사람이 권리자(그 집주인 등) 인지 등을 확인하기 위해서 등기소에서 요구하는 정보죠?

1) 의의 및 제출 필요성

① "등기필정보"(登記畢情報)란 등기부에 새로운 권리자가 기록되는 경우에 그 권리자를 확인하기 위하여 등기관이 작성한 정보를 말한다.

> 그리고 현재 등기필정보를 제공받은 자는 등기필증을 첨부정보로서 등기소에 제공하는 대신에 <u>신청정보의 내용으로 등기소에 제공</u>하는 것으로 대신하고 있다. 이 경우 신청인이 등기필정보를 신청정보의 내용으로 제공하는 방법은 일련번호와 임의로 선택한 비밀번호를 입력 또는 기재한다.

2) 등기필정보를 제공하는 경우   암기 등기필정보는 ⓒ공+ⓒ승 ⓒ의시 제공한다.

ⓒ공동신청일 때 또는 ⓒ승소한 등기ⓒ의무자의 등기신청시 등기필정보를 제공한다. 등기의무자가 소유자이든, 전세권자이든, 저당권자이든 묻지 않는다.

3) 등기필정보를 제공을 요하지 않는 경우(단독신청시, 관공서촉탁의 경우)

암기 ⓒ승권이 ⓒ단독은 등기필정보를 제출하지 않는다.

구 분	등기필정보을 제공하지 않는 경우 (ⓒ단독으로 신청하는 등기)	등기필정보를 제공하는 경우 (ⓒ공동으로 신청하는 등기)
	① 소유권보존등기 ② 상속등기 ③ 등기명의인표시 변경등기 등	① 매매, <u>유증</u>에 의한 등기신청 ② 저당권설정등기 ③ 저당권말소등기
판결	① ⓒ승소한 등기ⓒ권리자가 등기신청시	② ⓒ승소한 등기ⓒ의무자가 등기신청시 그가 보유하는 등기필정보를 제공한다.

4) 등기필정보가 멸실된 경우의 본인 확인방법✱

– 절대로 재교부되지 않는다(단, 종래의 '보증서'제도는 폐지함).

① 등기의무자의 출석(=확인조서)	등기의무자 또는 그 법정대리인이 등기소에 <u>출석</u>하여 등기관으로부터 등기의무자등임을 확인받아야 한다.
② 대리인의 위임 확인정보 제공	등기의무자가 대리인(변호사나 법무사만을 말한다)에게 등기신청을 위임한 경우에는 등기소에 출석대신 등기의무자 또는 법정대리인으로부터 위임받았음을 확인한 경우에는 그 <u>확인사실을 증명하는 정보(확인정보)</u>을 첨부정보로 등기소에 제공하여야 한다.
③ 공증서면 부본의 제공	신청서 중 등기의무자 등의 작성부분에 관하여 <u>공증(公證)</u>을 받고 그 부본 1통을 등기소에 제공하는 방법으로 할 수 있다.

관련기출문제

01 등기필정보의 제공에 관한 설명이다. 틀린 것은? (24회)
   ① 상속등기를 신청하는 경우에는 등기필정보를 제공할 필요가 없다.
   ② 유증을 원인으로 하는 소유권이전등기를 신청할 경우에도 등기필정보를 제공하여야 한다.
   ③ 소유권보존등기신청시에는 등기필정보를 제공하지 않는다.
   ④ 승소한 등기의무자가 등기를 신청하는 경우에는 등기필정보를 제공할 필요가 없다.
   ⑤ 등기필정보가 멸실된 경우 등기의무자 또는 그 법정대리인이 직접 등기소에 출석하여 등기신청을 하면 된다.

   정답 ▶ ④
   ④ 제공해야 한다(암기 공 + 승의)

02 등기소에 제공해야 하는 부동산등기의 신청정보와 첨부정보에 관한 설명으로 틀린 것은? (35회)
   ① 등기원인을 증명하는 정보가 등기절차의 인수를 명하는 집행력 있는 판결인 경우, 승소한 등기의무자는 등기신청시 등기필정보를 제공할 필요가 없다.
   ② 대리인에 의하여 등기를 신청하는 경우, 신청정보의 내용으로 대리인의 성명과 주소를 제공해야 한다.
   ③ 매매를 원인으로 소유권이전등기를 신청하는 경우, 등기의무자의 주소 또는 사무소 소재지를 증명하는 정보를 제공해야 한다.
   ④ 등기상 이해관계 있는 제3자의 승낙이 필요한 경우, 이를 증명하는 정보 또는 이에 대항할 수 있는 재판이 있음을 증명하는 정보를 첨부정보로 제공해야 한다.
   ⑤ 첨부정보가 외국어로 작성된 경우에는 그 번역문을 붙여야 한다.

   정답 ▶ ①
   ① 승소한 등기의무자는 등기신청시 등기필정보를 제공하여야 한다.

첨부정보

2 등기원인을 증명하는 정보 제공

(1) **의의** : 등기할 권리변동의 원인인 법률행위 기타 법률사실의 성립을 증명하는 정보로서 제출 이유는 부진정한 등기신청의 예방을 위해서다.

(2) **각종등기원인서면의 유형**

등기의 종류		등기원인증명정보
소유권이전	매매, 증여	매매(증여) 계약서등 아파트분양계약서(아파트 분양계약사실 증명원 ×)
판결		판결정본(사본×)

(3) 검인계약서 제공 : 19,32회 기출 ★ (이 부분, 꼭 꼭 기억요) 암기 (계)나 (소)나 (검인) 받는다

▨ 부동산의 투기를 방지하기 위하여 일정한 등기는 계약서에 시장 등의 검인이 찍힌 계약서를 가지로 오라 요구하죠?

1) **의의 :** (계)약을 원인으로 하는 (소)유권이전등기신청의 경우에 계약서에 시장, 군수, 구청장 또는 권한을 위임받은 자의 검인필요

검인을 요하는 경우	검인을 요하지 않는경우
① 계약(증여, 교환) + 소유권이전등기	① 소유권이전등기 중 (**계약이** 아닌 **상속**, 수용, 매각 (경매) 또는 진정명의회복 등)
② 양도담보계약	② 매매계약해제를 원인으로 하는 소유권이전등기의 말소등기를 신청하는 경우
③ 공유물 분할계약서	③ 전세권, 저당권등기를 신청하는 경우
④ 명의신탁해지 약정서	④ 계약일방당사자가 국가 또는 지방자치단체인 경우
⑤ 소유권이전가등기에 기한 본등기	⑤ 토지거래허가서, 부동산거래신고필증을 제공한 경우(검인받은 것으로 간주)
⑥ 미등기아파트분양계약시	⑥ 소유권이전 가등기신청시
⑦ 무허가건물	⑦ 매매에 관한거래계약서(2006.1.1이후 작성된)등기 원인을 증명하는 서면으로 하여 소유권이전등기를 신청하는 경우
⑧ **판결서(화해, 인락, 조정조서 포함)인 경우에도 검인받은 확정판결서정본등을 제공하여야 한다.**	

* 구청장의 검인은 법률행위의 구체적인 내용을 심사하는 것이나, 판결은 법률행위의 존재를 확인하는 것에 불과하기 때문에 **판결서(조서)등에도 검인을 받는다.**

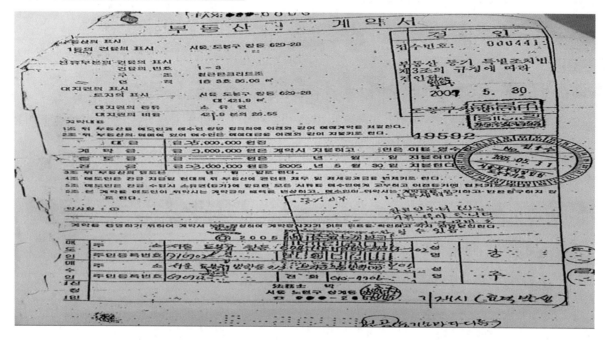

관련기출문제

01 2021년에 사인(私人)간 토지소유권이전등기 신청시, 등기원인을 증명하는 서면에 검인을 받아야 하는 경우를 모두 고른 것은? (32회)

| ㉠ 임의경매 | ㉡ 진정명의 회복 | ㉢ 공유물분할합의 |
| ㉣ 양도담보계약 | ㉤ 명의신탁해지약정 | |

① ㉠, ㉡ ② ㉠, ㉢ ③ ㉡, ㉣ ④ ㉢, ㉤ ⑤ ㉢, ㉣, ㉤

정답 ▶ ⑤

(암기) 계나 소나)

3 거래신고필증과 매매목록 제공 (18,32회 기출) 핵심테마

▨ 다운 계약서의 등장으로 국가가 세금의 탈루를 막기 위해서 일정한 경우에는 부동산거래신고를 하게 되어있죠?

(암기) (매매) + (계)나 (소)나 실거래가액 등기한다.

(1) 의의	**(매)**매에 관한 **거래(계)**약서를 등기원인을 증명하는 서면으로 하여 **(소)**유권이전등기를 신청하는 경우에는 부동산거래신고를 한 후 시, 군, 구청장으로부터 교부받은 거래신고필증을 첨부하여야 하고, 일정한 경우에는 매매목록을 함께 제공하여야 한다.
(2) 거래가액 등기의 대상	① 거래가액은 2006년 1월 1일 이후 작성된 매매계약서를 등기원인증서로 하여 소유권이전등기를 신청하는 경우이다. ② 그러므로 다음의 경우에는 거래가액을 기재하지 않는다. ㉠ 2006년 1월 1일 이전에 작성된 매매계약서에 의한 등기신청을 하는 때 ㉡ 등기원인이 매매라 하더라도 등기원인증서가 판결, 조정조서 등 매매계약서가 아닌 때 ㉢ 매매계약서를 등기원인증서로 제출하면서 소유권이전등기가 아닌 소유권이전청구권 가등기를 신청하는 때 ③ 신청인은 법률에 따라 신고한 거래가액을 신청정보의 내용으로 등기소에 제공해야 한다. ④ 신청인은 시장·군수 또는 구청장이 제공한 거래계약신고필증정보를 첨부정보로서 등기소에 제공해야 한다.
(3) 매매목록 제공	① 1개의 신고필증에 2개 이상의 부동산이 기재되어 있는 경우 ② 신고필증에 기재되어 있는 거래부동산이 1개라 하더라도 **여러 명의 매도인과** 여러 명의 매수인 **사이의 매매계약인 경우**에는 매매목록을 제공한다
(4) 등기부에의 기재	① 매매목록의 제출이 필요 없는 경우 : 등기부 중 갑구의 권리자 및 기타 사항란(등기원인란x)에 신고가액을 기록한다. ② 매매목록이 제출된 경우 : 등기부 중 갑구의 권리자 및 기타 사항란에는 그 매매목록의 번호를 기록하며, 구체적인 거래가액을 등기기록에 기록하지 않는다. 왜냐하면 거래가액은 매매목록에 기록되어 있기 때문이다. ③ 등기된 매매목록은 당초의 신청에 착오가 있는 경우 또는 등기관의 잘못으로 잘못 기록된 경우 이외에는 경정 또는 변경할 수 없다.

■ 부동산 거래신고 등에 관한 법률 시행규칙 [별지 제2호서식] <개정 2020. 10. 27.>

| 관리번호 | 제   호 | 접수번호 | 제   호 | 접수일 |

부동산거래계약 신고필증

QR코드

매도인
- 성명(법인명) / 생년월일(법인·외국인등록번호) / 국적
- 주소(법인소재지) / 거래지분 비율 (분의   )
- 전화번호 / 휴대전화번호

매수인
- 성명(법인명) / 생년월일(법인·외국인등록번호) / 국적
- 주소(법인소재지) / 거래지분 비율 (분의   )
- 전화번호 / 휴대전화번호

개업공인중개사
- 성명(법인명) / 생년월일(법인 외국인등록번호)
- 전화번호 / 휴대전화번호
- 상호 / 등록번호
- 사무소 소재지

거래대상
- 종류: [ ]토지 [ ]건축물(   ) [ ]토지 및 건축물(   ) / [ ]공급계약 [ ]전매 [ ]분양권 [ ]입주권 / [ ]준공 전 [ ]준공 후 [ ]임대주택 분양전환
- 소재지/지목/면적: 소재지 / 지목 / 토지면적 ㎡ / 토지 거래지분 (분의   ) / 대지권비율 (분의   ) / 건축물면적 ㎡ / 건축물 거래지분 (분의   )
- 계약대상 면적: 토지 ㎡ / 건축물 ㎡
- 물건별 거래가격: 거래금액 원 / 공급계약 또는 전매 원 / 분양가격 원 / 발코니 확장 등 선택비용 원 / 추가 지불액 등 원

총 실제 거래가격(전체)
- 합계 원 / 계약금 원 / 계약체결일 / 중도금 원 / 중도금 지급일 / 잔금 원 / 잔금 지급일

계약의 조건 및 참고사항

「부동산 거래신고 등에 관한 법률」 제3조제5항 및 같은 법 시행규칙 제2조제11항에 따라 부동산거래계약 신고필증을 발급합니다.

년   월   일

시장·군수·구청장 [직인]

※ 유의사항
입주권 거래신고의 경우에는 입주권 거래가격이 표시된 신고필증과 종전 토지 거래가격이 표시된 신고필증 등 2부가 발급됩니다.
소유권을 이전하려는 부동산의 종류에 있는 신고필증을 부동산등기 신청서에 첨부하고, 「부동산등기 특별조치법」 제2조제1항 각 호의 구분에 따른 날부터 60일 이내에 소유권이전등기 신청을 하시기 바랍니다.

210mm×297mm[백상지(80g/㎡) 또는 중질지(80g/㎡)]

▶ (매매목록을 제출하지 않은 경우) 1개의 신고필증에 1개의 부동산이 기재된 경우
(토지 : 서울특별시 강남구 신사동 153)

【 갑구 】 (소유권에 관한 사항)

순위 번호	등기목적	접 수	등기원인	권리자 및 기타사항
2	소유권 이전	2006년 5월 10일 제5500호	2006년 5월 9일 매매	소유자 한성우 591027-1014325 서울 중구 다동 6
3	소유권 이전	2007년 6월 5일 제8000호	2007년 6월 4일 매매	소유자 김미숙 560325-1672512 서울 강남구 개포동 100 거래가액 금 300,000,000원

▶ **(매매목록이 제출된 경우) 1개의 신고필증에 여러 개의 부동산이 기재되어 있는 경우**

(토지 : 서울특별시 강남구 신사동 153)

【 갑구 】 (소유권에 관한 사항)

순위 번호	등기목적	접 수	등기원인	권리자 및 기타사항
2	소유권 이전	2006년 5월 10일 제5501호	2006년 5월 9일 매매	소유자 한성우 591027−1014325 서울 중구 다동 6
3	소유권 이전	2007년 6월 5일 제8001호	2007년 6월 4일 매매	소유자 김미숙 560325−1672512 서울 강남구 개포동 100 매매목록 제2011−101호

(매매목록 제2011−101호)

매매 목록

목록번호	2011−101			
거래가액	금 500,000,000원			
일련번호	부동산의 표시	순위번호	예비란	
1	[토지] 서울특별시 강남구 신사동 153	3	2007년 6월 4일 매매	경정원인
2	[건물] 서울특별시 강남구 신사동 153	3	2007년 6월 4일 매매	

관련기출문제

01 소유권에 관한 등기의 설명으로 옳은 것을 모두 고른 것은? (32회)

ⓐ 공유물분할금지약정이 등기된 부동산의 경우에 그 약정상 금지기간 동안에는 그 부동산의 소유권 일부에 관한 이전등기를 할 수 없다.

ⓑ 2020년에 체결된 부동산매매계약서를 등기원인을 증명하는 정보로 하여 소유권이전등기를 신청하는 경우에는 거래가액을 신청정보의 내용으로 제공하여야 한다.

ⓒ 거래가액을 신청정보의 내용으로 제공하는 경우, 1개의 부동산에 관한 여러 명의 매도인과 여러 명의 매수인 사이의 매매계약인 때에는 매매목록을 첨부정보로 제공하여야 한다.

ⓓ 공유물분할금지약정이 등기된 경우, 그 약정의 변경등기는 공유자 중 1인이 단독으로 신청할 수 있다.

① ㉠, ㉡   ② ㉠, ㉢   ③ ㉡, ㉢
④ ㉡, ㉣   ⑤ ㉢, ㉣

정답 ▶ ③

(암기 매,계,소)

㉠ 공유물분할금지약정이 등기된 부동산의 경우에 그 약정상 금지기간 동안에도 그 부동산의 소유권 일부에 관한 이전등기를 할 수 있다.

㉣ 공유물분할금지약정이 등기된 경우, 그 약정의 변경등기는 공유자 중 전원이 공동으로 신청한다.

4 **인감증명정보 제공** (15추가,16,17,21 기출) ★★ 핵심테마

▨ 위임장이나 신청정보에 기명날인할 때 신청인의 진정한 의사를 확인하기 위해서 인감을 날인하게 되는데 날인한 인감이 진짜인지 확인하기 위해서 요구하죠?

그리고 인감증명은 <u>방문신청을 하는 경우에만</u> 제공하고, 전자신청의 경우에는 공인인증서 정보의 제공으로 인감증명의 제공에 갈음할 수 있기 때문에 인감증명정보를 제공하지 않는다.

암기 (공동) + (의무) = (소유)자 다

(1) 제출이 필요한 경우 ✪	① <u>소유권의 등기명의인이</u> <u>등기의무자로서</u> 등기를 신청한 때 등기의무자의 인감정보를 제공한다. {표} ② <u>소유권 이외의 권리의 등기명의인이</u> 등기의무자(저당권말소등기등)로서 등기를 신청하는 경우에 　㉠ **등기필정보를** 제공하면 등기의무자의 인감정보를 제공할 필요가 <u>없다.</u> 　㉡ <u>등기필정보를</u> 분실하여 출석하여 확인조서, 확인서면 또는 공증서면을 작성하는 경우에는 등기의무자의 **인감증명정보를** <u>제공하여야 한다.</u> ③ 소유권에 관한 가등기명의인이 <u>가등기말소를</u> 신청할 때 <u>가등기명의인(소유자×)의</u> 인감 ④ <u>협의분할</u>에 의한 상속등기시 **상속인 전원의** 인감증명 　(단, 법정지분에 의한 상속등기는×) ⑤ 등기신청서에 제3자의 동의 또는 승낙을 증명하는 서면을 첨부하는 경우 그 제 <u>3자의</u> 인감증명
(2) 제공이 필요치 않는 경우	① 단독신청의 경우 → 소유권보존등기, 상속등기, 멸실등기 등 ② 소유권 이외의 권리(저당권·전세권 등)의 이전등기·말소등기(등기필증 = 등기필정보의 제공시) ③ **상속재산분할협의서, 제3자의 동의서·**승낙서의 서면이 공정증서인 **경우나** 당사자가 서명 또는 날인하였다는 뜻의 **공증인의 인증**을 받은 서면인 경우에는 인감증명을 제출할 필요가 없다. ④ 인감증명을 제출하여야 하는 자가 **국가 또는 지방자치단체인** 경우에는 인감증명을 제출할 필요가 **없다.** <개정 2018. 8. 31.> ⑤ **전자신청**의 경우 인감증명을 제공하여야 하는 자가 공인인증정보를 송신하는 때에는 진정성이 담보되므로 **인감증명정보의 송신을 요하지 않는다.**

표 내용:

제공하는 등기	제공하지 않는 등기
㉠ 소유권이전등기 및 소유권말소등기 ㉡ 용익권설정, 저당권설정등기 ㉢ 전세금 **증액** 변경등기 （암기 : 증인）	㉠ 용익물권과 **저당권의 이전등기와 말소등기** ㉡ 전세금 **감액** 변경등기

(3) 제출시 유의사항

1) 자연인 : 주소지, 시, 구, 읍, 면, 동장이 발행한 인감

2) 법정대리인등기신청시 → 법정대리인의 인감(본인×)

3) 법인 또는 외국회사인 때에는 등기소의 증명을 얻은 그 대표자의 인감증명을, 법인 아닌 사단 또는 재단이 등기의무자인 때에는 그 대표자 또는 관리인의 인감증명을 제출하여야 한다.✱

(4) 유효기간과 용도

1) 등기신청서에 첨부하는 인감증명, 법인등기사항증명서, 주민등록표등본·초본, 가족관계등록사항별증명서 및 건축물대장·토지대장·임야대장 등본은 발행일부터 3개월 이내의 것이어야 한다.

2) 매도용일 때에는 부동산매수자란에 매수인의 성명, 및 주민등록번호를 기재 단, 매매 이외의 경우에는 사용용도의 기재가 없어도 무방하다.

3) 인감증명서상의용도와 그 등기의 목적이 다르더라도 등기신청을 각하할 수 없다. 따라서 ① 가등기용으로 기재된 인감증명서를 근저당권설정등기 신청서에 첨부하여도 등기신청을 각하 하여서는 안 된다.

4) 인감증명을 제출하여야 하는 자는 인감증명을 제출하는 대신 신청서 등에 서명을 하고 본인서명사실확인서를 제출하거나 전자본인서명확인서의 발급증을 제출할 수 있다.

관련기출문제

01 부동산등기를 신청하는 경우 제출해야 하는 <u>인감증명에 관한 설명으로 틀린 것은?</u> (21회)

① 소유권의 등기명의인이 등기의무자로서 등기신청을 하는 경우 등기의무자의 인감증명을 제공하여야 한다.

② 인감증명을 제출하여야 하는 자가 국가 또는 지방자치단체인 경우에도 등기의무자로서 인감증명을 제공하여야 한다.

③ 소유권 외의 권리의 등기명의인이 등기의무자로서 등기필정보가 없어 구제되는 수단으로 등기를 신청하는 경우 등기의무자의 인감증명을 제공하여야 한다.

④ 협의분할상속등기를 신청하는 경우 분할협의서에 날인한 상속인 전원의 인감증명을 제공하여야 한다.

⑤ 소유권에 관한 가등기명의인이 가등기의 말소등기를 신청하는 경우 가등기명의인의 인감증명을 제출하여야 한다.

정답 ▶ ②

인감증명을 제출하여야 하는 자가 국가 또는 지방자치단체인 경우에는 인감증명을 제출할 필요가 없다(규칙 제60조 제3항, 2018.8.31. 개정, 2019.1.1. 시행).

5 등기상 이해관계인의 승낙서 첨부

의의 : 등기상 이해관계인은 등기부 기재상 형식적으로 그 등기로 인하여 손해보는 자이다.

1. 변경등기	(1) 권리변경등기 : 전세권 증액변경시 후순위 저당권자는 이해관계인이다.
	  ① 부기등기 : 이해관계인이 없거나, 이해관계인 승낙서 첨부시
	  ② 주등기 : 이해관계인의 승낙서를 첨부하지 못하면(각하 ×)
	(2) **부동산표시변경등기, 등기명의인표시변경등기는 이해관계인인 존재하지 않는다.**

2. 직권경정등기	직권경정등기시 이해관계인이 있으면 **승낙서가 필요**하다.

3. 말소등기	(1) 이해관계인○ **(등기부 형식상 손해 보는 자)** = 말소할 그 권리를 목적으로 하는 등기
	  예 전세권말소시 그 전세권을 목적으로 하는 저당권자
	(2) 이해관계인× = 동구의 선, 후 관계사이
	  예 1번 저당권말소등기시 2번 전세권자
	(3) 말소등기시 이해관계인의 승낙서를 첨부하지 않으면 각하된다.

4. 말소회복등기	(1) **손해보고 + 양립이 가능한 자만이** 이해관계인에 해당된다.
	  ㉠ 이해관계인에 해당하는 경우
	    ⓐ 순위1번 저당권회복에 있어서 1번 저당권 말소 후에 등기한 순위
	      2번의 저당권자
	  ㉡ 이해관계인에 해당하지 않는 경우(양립이 불가능하므로)
	    ⓐ 1번 전세권 회복시, 2번으로 경료된 전세권자
	(2) 말소회복등기시 이해관계인의 승낙서를 첨부하지 않으면 각하된다.

5. 멸실등기	이해관계인에게 통지만 하지 승낙서 첨부가 필요없다.

6 등기원인에 제3자의 허가 · 동의 또는 승낙을 증명하는 정보 (19회)

(1) 의의 : 등기를 신청함에 있어서 등기원인에 대한 제3자의 허가 · 동의 · 승낙을 필요로 하는 경우에는 이를 증명하는 정보를 제공하여야 한다.

(2) 제3자의 허가 등 증명정보의 제출을 요하는 경우

  ① '토지거래허가지역' 내에 있는 토지는 시장 · 군수 · 구청장의 토지거래허가정보

    (대)가를 원인으로 하는 (소)유권이전, 지(상)권설정, 이전하는 계약(예약 포함)

    암기 (대) (소) (상) (가)는 토지거래허가다.

    − 단, (가)등기시에 허가증을 제출하면 본등기시에 별도로 제출할 필요성이 없음

토지거래허가를 받아야 하는 등기	토지거래허가를 받지 않아도 되는 등기
㉠ 대가(매매 등) ㉡ 소유권이전, 지상권설정, 이전등기	㉠ 무상계약 : 증여계약, 신탁등기 등 ㉡ 전세권, 임차권, 지역권, 근저당권 ㉢ 계약이 아닌 경우 : 상속, 유증, 진정명의회복, 취득시효등
㉢ 소유권이전가등기, 지상권설정, 이전가등기	㉠ 가등기시에 토지거래허가를 받은 경우의 **본등기** ㉡ 토지거래허가구역으로 지정되기 **전에** 계약을 체결한 경우 ㉢ 등기신청**이전**에 토지거래허가구역에서 해제된 경우

② 농지취득자격증명정보(농지법) : 시, 구, 읍, 면장이 발급함

농취증의 제공이 필요한 등기

㉠ **유, 무상을 불문**하고 법률행위에 의한 **소유권이전등기**를 신청하는 경우
㉡ 등기원인에 대하여 행정관청의 허가, 동의 또는 승낙 등을 받을 것이 요구되는 때에는 해당 허가서 등의 현존사실이 그 판결서에 기재되어 있는 경우에 한하여 허가서 등의 제출의무가 면제된다. 그러나 소유권이전등기를 신청할 때에는 해당 허가서 등의 현존사실이 판결서 등에 기재되어 있다 하더라도 행정관청의 허가 등을 증명하는 서면을 반드시 제출하여야 한다.
㉢ 농지에 대한 소유권이전등기를 신청하는 경우, 등기원인을 증명하는 정보가 집행력 있는 판결인 때에도 특별한 사정이 없는 한 농지취득자격증명을 첨부하여야 한다.

농취증의 제공 필요치 않은 등기

㉠ 상속, 포괄유증, 상속인에 대한 특정적 유증, 취득시효완성, 공유물분할, 매각허가결정, 진정명의회복으로 농지를 취득하는 경우

7 기타의 첨부정보

대장정보

암기

대 변 보 실 이

▨ 토지대장(건축물대장)에는 부동산표시(지목, 면적,구조 등)이 기록되어 있는데 일정한 경우에 지목, 면적 등을 확인하기 위해서 등기소에서 **대**장의 제공을 요구하고 있죠?

① **부동산표시변경등기**(면적증감=분필등기,합필등기), 지목변경등기 등
② **소유권 보존등기**(표제부만들기 위해서)
③ 멸**실**등기
④ 소유권**이**전등기는 토지(임야)대장,건축물대장등본을 제공하여야 한다.

▨ 부동산 중 어느 특정 부분만의 등기를 할 때 어느 부분인지 확인하기 위해서 도면을 요구하죠?

(도면)정보

암기

(도면)(일),(보)

1) **부동산의 (일)**부(전부x)에 대한 용익권(**지상권, 지역권, 전세권, 임차권**)설정등기 신청할 때에는 그 부분을 표시한 **지적도나 건물도면을** 첨부정보로 등기소에 제공하여야 한다.

2) 건물의 소유권(보)존등기

   ① 일반**건물(토지x)**의 소유권(보)존등기신청시

   건물의 소유권보존등기를 신청하는 경우에 **그 대지 위에 여러 개(1개x)의 건물**이 있을 때에는 그 대지 위에 있는 건물의 소재도를 첨부정보로서 등기소에 제공하여야 한다. 다만 건물의 표시를 증명하는 정보로서 건축물대장정보를 제공한 경우에는 그러하지 아니하다.

(주소)를 증명하는 정보

암기

(보)(설)(이),

(주소)

▨ 등기부에 **새로** 신청인(권리자)의 주소를 적어야 할 때 주소가 정확한지 확인하기 위해서 요구하죠?

① 소유권(보)존등기, 담보권과 용익물권의 ② (설)정등기, 각종권리의 ③ (이)전등기의 경우에는 등기권리자의 (주소)를 증명하는 정보를 제공하면 된다.

④ 다만 소유권이전등기신청시에는 등기권리자와 등기의무자의 모두의 주소증명정보를 제공하여야 한다.

⑤ 등기부에 새롭게 등기명의인이 되는 자가 없는 변경등기, 말소등기 등의 경우에는 주소증명정보를 등기소에 **제공할 필요가 없다.**

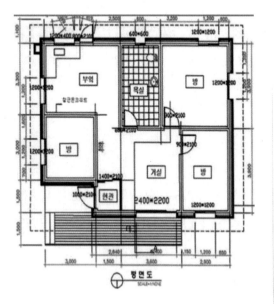

평면도
SCALE:1/100

부동산등기용 등록번호 등록증명서

1. 등록번호 :

2. 등록명칭 :   종중

3. 주소(주사무소) : 경기도 고양시 일산서구

「부동산등기법」 제49조 및 「법인 아닌 사단 · 재단 및 외국인의 부동산등기용 등록번호 부여절차에 관한 규정」 제 8조에 따라 위와같이 증명합니다.

8 주민등록번호 또는 부동산등기용 등록번호를 증명하는 서면

(1) 의의 : 신청정보에 등기권리자의 성명·명칭을 기재함에 있어서는 등기권리자의 주민등록번호를 기록하여야 하고 주민등록번호가 없는 경우에는 부동산등기용 등록번호를 기록해야 한다.

(2) ★**부동산등기용 등록번호의 부여기관**⊛ (27회) 핵심테마 (이 부분, 꼭 꼭 기억하세요)

암기 ㉯㉯이가 ㉫㉰를 ㉰㉯카드로 사서 ㉰㉯하기 위해 ㉴㉶해야 (등록번호)가 부여된다.

등기권리자	등록번호 부여기관
① ㉯가, 지방자치단체, 국제기관, 외국 정부	㉯토교통부장관이 지정, 고시 : ㉯㉯
② ㉫인(외국법인)	㉰된 사무소 소재지 관할등기소 등기관 : ㉫㉰
③ 법인 아닌 사단, 재단(㉰법인 사단) 및 국내에 영업소나 사무소의 설치 등기를 하지 아니한 외국법인	(관할제한 없이 ㉷장, 군수, 구청장 : ㉰㉷
④ 주민등록번호 없는 ㉟외국민	㉰법원소재지관할등기소(=서울중앙지방법원등기국)의 등기관 : ㉟㉰
⑤ ㉴국인	체류지 관할 지방 ㉶입국. 외국인 관서의 장 : ㉴㉶

▶ 각종 권리별 첨부정보 제공

	① 검인 계약서	② 실거래 가액등기	③ 등기필정보	④ 인감 증명정보	⑤ 주소증명 정보	⑥ 대장정보	⑦ 도면 정보	⑧ 토지거래 허가서
① 소유권 보존	×	×	×	×	○	○	1필지- 수개건물	×
② 소유권 이전	계약, 판결서	매매	○매매, 유증 ×상속, 수용	○매매, 유증 ×상속, 수용	○ (등기의무 자것도)	○	×	대가 + 소유권 이전(가)
③ 용익권 (저당권) 설정	×	×	○	○	○	×	일부에 용익권 등기	지상권 설정 이전(가)
④ 용익권 (저당권) 변경	×	×	○	○증액 × : 감액	×	부동산 표시변경	×	×
⑤ 용익권 (저당권) 말소	×	×	○	×	×	멸실등기	×	×
⑥ 용익권 (저당권) 이전	×	×	○	×	○	×	×	×
암기	계 나, 소나	매매,계,소	공동 + 승의	공동 + 의무자= 소유자	보,설,이, 주소	대,변, 보실,이	도면, 일,보	대,소, 상,가

관련기출문제

01 부동산등기용등록번호에 관한 설명으로 옳은 것은? (27회)

① 법인의 등록번호는 주된 사무소 소재지를 관할하는 시장, 군수 또는 구청장이 부여한다.
② 주민등록번호가 없는 재외국민의 등록번호는 대법원 소재지 관할 등기소의 등기관이 부여한다.
③ 외국인의 등록번호는 체류지를 관할하는 시장, 군수 또는 구청장이 부여한다.
④ 법인 아닌 사단의 등록번호는 주된 사무소 소재지 관할 등기소의 등기관이 부여한다.
⑤ 국내에 영업소나 사무소의 설치 등기를 하지 아니한 외국법인의 등록번호는 국토교통부장관이 지정·고시한다.

정답 ▶ ②
(**암기** 국국,법주,비시,제대,외출)해야 등록번호가 부여된다.

02 등기신청을 위한 첨부정보에 관한 설명으로 옳은 것을 모두 고른 것은? (34회)

㉠ 토지에 대한 표시변경등기를 신청하는 경우, 등기원인을 증명하는 정보로서 토지대장정보를 제공하면 된다.
㉡ 매매를 원인으로 소유권이전등기를 신청하는 경우, 등기의무자의 주소를 증명하는 정보도 제공하여야 한다.
㉢ 상속등기를 신청하면서 등기원인을 증명하는 정보로서 상속인 전원이 참여한 공정증서에 의한 상속재산 분할협의서를 제공하는 경우, 상속인들의 인감증명을 제출할 필요가 없다.
㉣ 농지에 대한 소유권이전등기를 신청하는 경우, 등기원인을 증명하는 정보가 집행력 있는 판결인 때에는 특별한 사정이 없는 한 농지취득자격증명을 첨부하지 않아도 된다.

① ㉠, ㉡　　　　② ㉢, ㉣　　　　③ ㉠, ㉡, ㉢
④ ㉠, ㉢, ㉣　　　⑤ ㉡, ㉢, ㉣

정답 ▶ ③
㉣ 농지에 대한 소유권이전등기를 신청하는 경우, 등기원인을 증명하는 정보가 집행력 있는 판결인 때에는 특별한 사정이 없는 한 농지취득자격증명을 첨부하여야 한다.

제**4**절 **등기신청에 대한 등기관의 처분**

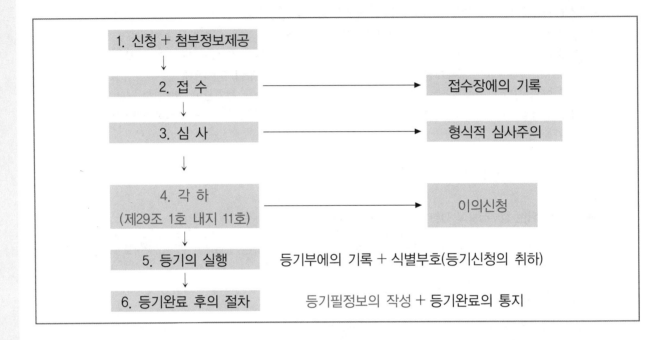

1 등기신청의 접수

(1) 방문신청의 경우

　① 같은 부동산에 관하여 동시에 여러 개의 등기신청이 있는 경우에는 같은 접수번호를 부여하여야 한다.

　② 접수번호는 1년(1월×)마다 새로 부여하여야 한다.

　③ 등기관이 신청서를 접수하였을 때에는 신청인의 청구에 따라 그 신청서의 접수증을 발급하여야 한다.

(2) 전자표준양식(E-Form)에 의한 접수

　① 방문신청을 하고자 하는 신청인은 신청서를 등기소에 제출하기 전에 전산정보처리조직에 신청정보를 입력하고, 그 입력한 신청정보를 서면으로 출력하여 등기소에 제출하는 방법으로 할 수 있다.

2 등기신청에 대한 심사(형식적심사주의 = 서면심사)

(1) 등기관은 등기신청에 대하여 실체법상 권리관계와 일치하는지 여부를 심사할 실질적 권한은 없고, 신청정보 및 첨부정보와 등기부에 의하여 등기요건에 합당한지 여부를 심사할 형식적 권한밖에 없다.

(2) 심사의 기준시점은 등기를 실행한 때이다.

3 등기신청의 각하(법 제29조) 2 순위

(1) 의의

▨ 등기관이 심사해서 등기부에 기록하기 전에 등기부에 기록할 수 없는 신청이 들어오면 그 등기신청을 거부하는 행위죠?

(2) 각하사유 (15,16,17,21,23,24,26,28,29,30,34,35회 기출) ★★★ (꼭 꼭 기억하세요)

법 제29조	각하사유	실행된 경우
01호	사건이 그 등기소의 **관할이** 아닌 경우	**당연무효,** **직권말소** 이의신청
02호	사건이 등기할 것이 **아닌** 경우	
03호	신청할 권한이 없는 자가 신청한 경우 (무권대리인의 신청, 당사자능력이 없는 자의 신청	실체관계와 부합하면 **유효** (직권말소x) (이의신청x)
04호	방문신청규정에 따라 등기를 신청할 때에 당사자나 그 대리인이 **출석하지** 아니한 경우	
05호	**신청정보의** 제공이 대법원규칙으로 정한 **방식에** 맞지 아니한 경우	
06호	**신청정보의** 부동산 또는 등기의 목적인 권리의 표시가 등기기록과 일치하지 아니한 경우	
07호	**신청정보의** 등기의무자(등기권리자×)의 표시가 등기기록과 일치하지 아니한 경우. 다만, 가. 포괄승계인(=상속인)이 등기신청을 하는 경우 나. 신청정보와 등기기록의 등기의무자가 동일인임을 대법원규칙으로 정하는 바에 따라 확인할 수 있는 경우는 제외한다.	
08호	**신청정보와 등기원인**을 증명하는 정보가 일치하지 아니한 경우	
09호	등기에 필요한 **첨부정보를 제공하지 아니한** 경우(위조서류 제출 등)	
10호	**취득세**, 등록면허세 또는 수수료를 내지 아니하거나 등기신청과 관련하여 다른 법률에 따라 부과된 **의무를 이행**하지 아니한 경우	
11호	신청정보 또는 등기기록의 부동산의 표시가 토지**대장**·임야대장 또는 건축물대장과 일치하지 아니한 경우	

암기 무대, 위조, 신청정보~는 ①제29조 **3호 이하**의 각하사유이다, ②유효한 등기고, ③직권말소되지 않고, ④ 등기실행시 이의신청대상도 아니다.

▶ **사건이 등기할 것이 <u>아닌</u> 경우(제29조 2호)(절차법상(등기법상) 허용되지 않는 경우)**

1. <u>등기능력 없는</u> 물건 또는 권리에 대한 등기를 신청한 경우
   (1) 등기할 수 없는 물권 :
       ㉠ 터널, 교량 ㉡ 가설건축물, ㉢ 주유소개노피, ㉣ 관광용 수상호텔선박 등
   (2) 등기할 수 없는 권리 : ㉠ 점유권, ㉡ 부동산 유치권, ㉢ 동산질권 ㉣ 주위토지 통행권 ㉤ 분묘기
       지권등, ㉥ 하천에 대한 용익권(지상권, 지역권, 전세권, 임차권) 등
2. <u>법령에</u> 근거가 없는 **특약**사항의 등기를 신청한 경우
   (지상권양도금지특약은 각하사유, 단 전세권양도금지특약은 등기가능)
3. 구분건물의 전유부분과 대지사용권의 <u>분리처분</u> 금지에 위반한 등기를 신청한 경우
4. 농지를 (전세)권설정의 목적으로 하는 등기를 신청한 경우(농지 지상권, 농지 저당권은 가능)
5. 저당권을 <u>피담보채권과 분리</u>하여 양도하거나, 피담보채권과 분리하여 다른 채권의 담보로 하는 등기
   를 신청한 경우
6. 일부 (지분)에 대한 소유권(보존)등기를 신청한 경우(단, 1인이 전원명의 보존등기는 가능함)
7. 공동상속인 중 일부가 자신의 상속(지분)만에 대한 (상속)등기를 신청한 경우(단, 1인이 전원명의의
   상속등기는 가능함)
8. 관공서 또는 법원의 (촉탁)으로 실행되어야 할 등기를 <u>신청한 경우</u>(채권자의 신청에 의한 가압류등기)
9. 이미 보존등기된 부동산에 대하여 <u>다시 보존등기</u>를 신청한 경우
10. 그 밖에 신청취지 자체에 의하여 법률상 허용될 수 없음이 명백한 등기를 신청한 경우

등기가 가능 (각하사유가 아닌 경우)	등기 불가능 (29조 2호 각하 사유인 경우)
㉠ 공유(지분)에 대한 소유권이전, 처분제한등기, 저당권등기	㉠ 공유 (지분)에 대한 (용익)권 (지상, 지역, 전세, 임차권)등기
㉡ 부동산의 **특정일부**에 대한 용익권	㉡ 부동산의 **특정일부**에 대한 소유권보존, 소유권이전, 처분제한, 저당권설정등기
㉢ 가등기상 권리의 처분금지 가처분등기	㉢ 가등기에 기한 본등기금지 가처분<u>등기</u>
㉣ 수인의 가등기권리자중 자기 (지분)만에 대한 (본)등기 신청시	㉣ 가등기권리자중 1인이 공유물보존행위에 준해서 전원명의 본등기
㉤ 수인의 포괄(수증)자중 자기지분만에 대한 소유 권이전등기신청	㉤ 물권적청구권 보전을 위한 가등기 (소유권이전등기 말소청구권)
㉥ 처분금지 가처분이후의 새로운 등기신청 ㉦ 미등기건물에 대한 강제경매 기입등기 촉탁시 ㉧ 소유권이전 등기의무자의 등기부상 주소가 신청 정보의 주소로 변경된 사실이 명백한 때	㉥ 합유자의 지분에 대한 합유지분이전등기, 저당권, 가압류, 가처분등기 ㉦ 소유권이전등기 이후에 마쳐진 환매특약등기

256 제2편 부동산등기법

	소유권 보존등기, 상속등기	가 가등기에 기한 본등기, 유 증에 의한 소유권이전
① 공유 지분 만	×	○

암기 ① 자기 지분 만에 대한 소유권 보 존등기와 상 속등기는 안 되고, ② 자기 지분 만에 대한 가 등기에 기한 본등기, 유 증에 의한 소유권이전등기 가능하다.

	용 익권 (지상, 지역, 전세, 임차권)	저당권설정(소유권이전) (가등기, 가압류, 가처분)
① 공유지분	×	○
② 부동산의 일 부	○	×(안방만 팔 수 없다)

암기 (부동산 일 부, 용 익권(엄마)은 등기 가능하나, 공유 지 분은 용 익권 등기가 불가능하다.

(3) 각하결정 : 법 제29조 각호의 사유에 해당하면 등기관은 이유를 적은 결정으로 신청을 각하(却下)하여야 한다.

관련기출문제

01 **등기관이 등기신청을 각하해야 하는 경우를 모두 고른 것은?** (30회)

> ㉠ 일부지분에 대한 소유권보존등기를 신청한 경우
> ㉡ 농지를 전세권의 목적으로 하는 등기를 신청한 경우
> ㉢ 법원의 촉탁으로 실행되어야 할 등기를 신청한 경우
> ㉣ 공동상속인 중 일부가 자신의 상속지분만에 대한 상속등기를 신청한 경우
> ㉤ 저당권을 피담보채권과 분리하여 다른 채권의 담보로 하는 등기를 신청한 경우

① ㉠, ㉡, ㉤   ② ㉠, ㉢, ㉣   ③ ㉠, ㉢, ㉣, ㉤
④ ㉡, ㉢, ㉣, ㉤   ⑤ ㉠, ㉡, ㉢, ㉣, ㉤

정답 ▶ ⑤
모두 각하사유이다.

02 **등기신청의 각하사유에 해당하는 것을 모두 고른 것은?** (29회)

> ㉠ 매매로 인한 소유권이전등기 이후에 환매특약등기를 신청한 경우
> ㉡ 관공서의 공매처분으로 인한 권리이전의 등기를 매수인이 신청한 경우
> ㉢ 전세권의 양도금지 특약을 등기신청한 경우
> ㉣ 소유권이전 등기의무자의 등기부상 주소가 신청정보의 주소로 변경된 사실이 명백한 때

① ㉠, ㉡   ② ㉡, ㉢   ③ ㉢, ㉣
④ ㉠, ㉡, ㉢   ⑤ ㉠, ㉡, ㉢, ㉣

정답 ▶ ①
㉢㉣은 각하사유가 아니다.

03 부동산등기법 제29조 제2호의 '사건이 등기할 것이 아닌 경우'에 해당하는 것을 모두 고른 것은? (다툼이 있으면 판례에 따름) (34회)

> ㉠ 위조한 개명허가서를 첨부한 등기명의인 표시변경등기신청
> ㉡ 「하천법」상 하천에 대한 지상권설정등기신청
> ㉢ 법령에 근거가 없는 특약사항의 등기신청
> ㉣ 일부지분에 대한 소유권보존등기신청

① ㉠　　　　　　　② ㉠, ㉡　　　　　　③ ㉢, ㉣
④ ㉡, ㉢, ㉣　　　　⑤ ㉠, ㉡, ㉢, ㉣

정답 ▶ ④
㉠무대, 위조, 신청정보~는 제29조 3호 이하의 각하사유다.

04 등기신청의 각하사유로서 '사건이 등기할 것이 아닌 경우'를 모두 고른 것은? (35회)

> ㉠ 구분건물의 전유부분과 대지사용권의 분리처분 금지에 위반한 등기를 신청한 경우
> ㉡ 농지를 전세권설정의 목적으로 하는 등기를 신청한 경우
> ㉢ 공동상속인 중 일부가 자신의 상속지분만에 대한 상속등기를 신청한 경우
> ㉣ 소유권 외의 권리가 등기되어 있는 일반건물에 대해 멸실등기를 신청한 경우

① ㉠, ㉡　　　　　　② ㉡, ㉣　　　　　　③ ㉢, ㉣
④ ㉠, ㉡, ㉢　　　　⑤ ㉠, ㉡, ㉢, ㉣

정답 ▶ ④
㉣ 소유권 외의 권리가 등기되어 있는 일반건물에 대해 멸실등기를 신청한 경우는 각하사유가 아니다.

4 신청의 취하(철회) (18회) ★ (이 부분, 꼭 꼭 기억하세요)

1) 의의	등기신청의 취하(철회)란 등기신청인이 등기가 마치기 전에 또는 등기신청이 각하되기 전까지 등기소에 대하여 등기신청을 철회하는 것을 말한다.
2) 취하권자	공동으로 한 등기신청은 공동으로 취하하여야 한다.
3) 취하시기	등기신청의 취하는 등기관이 등기를 마치기 전까지 할 수 있다.
4) 취하방법	㉠ "방문신청"의 경우는 신청인 또는 그 대리인이 등기소에 출석하여 취하서를 제출하는 방법 ㉡ "전자신청"의 경우에는 전산정보처리조직을 이용하여 취하정보를 전자문서로 등기소에 송신하는 방법으로 한다. ㉢ 특별수권: 임의대리인이 등기신청을 취하하는 경우에는 취하에 관한 특별수권이 있어야 한다. ㉣ 일부취하가능: 수 개의 등기를 일괄 신청한 경우 그중 일부만의 취하도 가능하다.

| 5) 신청정보등의 반환 | 등기신청이 취하된 경우 등기관은 **신청정보와 그 부속서류 일체를 신청인에게 반환**하여야 한다. | | |

구분	수수료	서류의 반환(환부)
등기취하시	반환함	신청정보 및 부속서류 반환
등기각하시	반환하지 않음	신청정보반환×, 부속서류는 반환

관련기출문제

01 **등기신청의 취하에 관한 설명 중 틀린 것은?** (18회)

① 등기신청대리인이 등기신청을 취하하는 경우에는 취하에 대한 특별수권이 있어야 한다.
② 등기관이 등기부에 등기사항을 기입하고 등기마치기 전까지는 등기신청의 취하가 가능하다.
③ 등기의 공동신청 후 등기권리자 또는 등기의무자는 각각 단독으로 등기신청을 취하할 수 없다.
④ 동일한 신청서로 수개의 부동산에 관한 등기신청을 한 경우 일부 부동산에 대한 등기신청을 취하할 수 없다.
⑤ 전자신청을 취하하려면 전자신청과 동일한 방법으로 사용자인증을 받아야 한다.

정답 ▶ ④
동일한 신청서로 수개의 부동산에 관한 등기신청을 한 경우 일부 부동산에 대한 등기신청을 취하할 수 있다.

---

5 등기완료 후의 절차

(1) 등기필정보의 작성 및 통지 (34회)

▨ 등기관이 등기를 마친 경우 등기부에 새로운 권리자 기록될 때 그 권리자를 확인하기 위해서 작성한 정보를 등기권리자에게 교부하는 것이죠. 옛날에 땅문서, 집문서(권리증) 등을 말하죠?

1) 등기관은 등기권리자의 신청에 의하여 새로운 권리에 관한 등기를 마쳤을 때에는 등기필정보를 작성하여 등기권리자에게 통지하여야 한다.

2) 등기필정보의 기재사항
   등기필정보에는 권리자, (주민)등록번호, 부동산고유번호, 일련번호(영문 또는 아라비아숫자를 조합한 12개로 구성) 및 비밀번호(50개를 부여함)를 기재한다.❋

3) 등기필정보는 부동산 및 등기명의인의 된 신청인별로 정하되 대법원예규가 정하는 경우에는 등기명의인별로 정할 수 있다.❋

4) 등기필정보의 작성 ★ 〔핵심테마〕 (이 부분, 꼭 꼭 기억요)

등기필정보 작성 ○	등기필정보 작성 ×
① 권리를 ⓑ존, ⓢ정, ⓘ전 등기를 하는 경우	(1) 변경등기
② 위 (1)의 권리의 설정 또는 이전청구권 보전을 위한 ㉮등기를 하는 경우	① 권리 ⓥ경, 경정등기
	② 부동산표시⧍변경등기
③ 권리자를 ⓐ가하는 경정 또는 변경등기(甲 단독 소유를 甲, 乙 공유로 경정하는 경우나 합유자가 추가되는 **합유명의인표시변경 등기** 등)를 하는 경우	③ 등기명의인표시**변경**, 경정등기
	(2) ⓜ소등기
④ 다만, 관공서가 등기권리자를 위해 소유권보존, 이전등기를 촉탁하는 경우	(3) 등기권리자(등기명의인)가 신청하지 않은 등기
	① 승소한 등기 의무자가 등기를 신청한 경우
⑤ ⓢ소한 등기ⓟ리자의 신청등기	② 채권자 대위신청의 경우
〔암기〕 ⓢ권아 ⓑ ⓢ ⓘ, ⓐ ㉮되면 등기필정보를 작성한다. ⓥ,ⓜ 은 작성 안 한다.	③ 등기관이 직권으로 보존등기를 한 경우
	(4) 관공서가 등기를 촉탁한 경우: 처분제한등기(가압류, 가처분등기)

(2) 등기필정보의 작성, 통지를 요하지 않는 경우◉

다음 각 호의 어느 하나에 해당하는 경우에는 <u>등기필정보를 통지하지 아니한다.</u>

> ① 등기권리자가 등기필정보의 통지를 원하지 아니하는 경우
> ② 국가 또는 지방자치단체가 등기권리자인 경우
> ③ 등기필정보를 전산정보처리조직으로 통지받아야 할 자가 수신이 가능한 때부터 3개월 이내에 전산정보 처리조직을 이용하여 수신하지 않은 경우
> ④ 등기필정보통지서를 수령할 자가 등기를 마친 때부터 3개월 이내에 그 서면을 수령하지 않은 경우
> ⑤ 공유자 중 일부가 「민법」 제265조 단서에 따른 공유물의 보존행위로서 공유자 전원을 등기권리자로 하여 권리에 관한 등기를 신청한 경우(등기권리자가 그 나머지 공유자인 경우로 한정한다)

(3) 등기필정보 통지의 상대방

① 등기관은 등기를 마치면 등기필정보를 등기명의인이 된 신청인에게 통지한다. 다만, 관공서가 등기권리자를 위하여 등기를 촉탁한 경우에는 대법원예규로 정하는 바에 따라 그 관공서 또는 등기권리자에게 등기필정보를 통지한다.

② 법정대리인이 등기를 신청한 경우에는 그 **법정대리인**(본인×)에게, 법인의 대표자나 지배인이 신청한 경우에는 그 대표자나 지배인에게, 법인 아닌 사단이나 재단의 대표자나 관리인이 신청한 경우에는 그 대표자나 관리인에게 등기필정보를 통지한다.

(4) 등기명의인 또는 그 상속인 그 밖의 포괄승계인은 등기필정보의 실효신고를 할 수 있다.

관련기출문제

01 등기필정보에 관한 설명으로 틀린 것은? (30회)

① 승소한 등기의무자가 단독으로 등기신청을 한 경우, 등기필정보를 등기권리자에게 통지하지 않아도 된다.

② 등기관이 새로운 권리에 관한 등기를 마친 경우, 원칙적으로 등기필정보를 작성하여 등기권리자에게 통지해야 한다.

③ 등기권리자가 등기필정보를 분실한 경우, 관할 등기소에 재교부를 신청할 수 있다.

④ 승소한 등기의무자가 단독으로 권리에 관한 등기를 신청하는 경우, 그의 등기필정보를 등기소에 제공해야 한다.

⑤ 등기관이 법원의 촉탁에 따라 가압류등기를 하기 위해 직권으로 소유권보존등기를 한 경우, 소유자에게 등기필정보를 통지하지 않는다.

정답 ▶ ③

등기필정보는 어떠한 경우에도 재교부가 되지 않기 때문에 등기권리자가 등기필정보를 분실한 경우, 관할 등기소에 재교부를 신청할 수 없다.

02 등기필정보에 관한 설명으로 옳은 것은? (34회)

① 등기필정보는 아라비아 숫자와 그 밖의 부호의 조합으로 이루어진 일련번호와 비밀번호로 구성한다.

② 법정대리인이 등기를 신청하여 본인이 새로운 권리자가 된 경우, 등기필정보는 특별한 사정이 없는 한 본인에게 통지된다.

③ 등기절차의 인수를 명하는 판결에 따라 승소한 등기의무자가 단독으로 등기를 신청하는 경우, 등기필정보를 등기소에 제공할 필요가 없다.

④ 등기권리자의 채권자가 등기권리자를 대위하여 등기신청을 한 경우, 등기필정보는 그 대위채권자에게 통지된다.

⑤ 등기명의인의 포괄승계인은 등기필정보의 실효신고를 할 수 없다.

정답 ▶ ①

② 법정대리인이 등기를 신청하여 본인이 새로운 권리자가 된 경우, 등기필정보는 특별한 사정이 없는 한 법정대리인에게 통지된다.

③ 등기절차의 인수를 명하는 판결에 따라 승소한 등기의무자가 단독으로 등기를 신청하는 경우, 등기필정보를 등기소에 제공하여야 한다.

④ 등기권리자의 채권자가 등기권리자를 대위하여 등기신청을 한 경우, 등기필정보는 작성, 통지하지 않는다.

⑤ 등기명의인의 포괄승계인도 등기필정보의 실효신고를 할 수 있다.

6 대장소관청(구청)에의 등기완료 통지(소유권변경사실의 통지)(31회)☀ ★(이 부분, 꼭 꼭 기억하세요)

▨ 등기소에서 그 부동산의 소유자가 바뀐 경우에 구청의 토지대장에도 소유자가 기록되어 있기 때문에 이를 일치시키기 위해서 등기소에서 구청에 소유자 등을 바꾸어 기록해 달라고 요구하는 부분이죠?

(1) 등기관이 다음 각 호의 등기를 하였을 때에는 지체 없이 그 사실을 토지의 경우에는 지적소관청에, 건물의 경우에는 건축물대장 소관청에 각각 알려야 한다.

통지 대상 ○	통지 대상 ×
① **소유권**의 보존 또는 소유권이전등기 ② 소유권의 등기명의인의 표시의 변경 또는 경정등기 ③ 소유권의 변경 또는 경정등기 　（예 공유지분이 변경） ④ 소유권의 말소 또는 말소회복등기	① 소유권(가등기, 가압류, 가처분등기) ② 소유권이외의 권리등기(전세권, 저당권 등) 암기 '가'씨는 대장소관청에 통지하지 않는다.

7　과세자료의 송부

등기관이 소유권의 보존, 소유권이전등기(가등기 포함)를 한 때에는 부동산의 소재지를 관할하는 세무서장에게 송부하여야 한다.

등기필정보 및 등기완료통지

대리인 법무사 홍길동

권　리　자 : 김갑동
(주민)등록번호 : 451111-1234567
주　　　소 : 서울 서초구 서초동 123-4

부동산고유번호 : 1102-2006-002634
부 동 산 소 재 : [토지] 서울특별시 서초구 서초동 362-24

접 수 일 자 : 2006년6월11일　　접 수 번 호 : 9578
등 기 목 적 : 소유권이전
등기원인및일자 : 2006년6월10일　매매

▶ 부착기준점

일련번호 : WTDI-UPRV-P6H1
비밀번호 (기재순서 : 순번-비밀번호)

01-7952	11-7072	21-2009	31-8642	41-3168
02-5790	12-7320	22-5102	32-1924	42-7064
03-1568	13-9724	23-1903	33-1690	43-4443
04-8861	14-8752	24-5554	34-3155	44-6994
05-1205	15-8608	25-7023	35-9695	45-2263
06-6899	16-5164	26-3858	36-6031	46-2140
07-5311	17-1538	27-2389	37-8569	47-3151
08-3481	18-3188	28-6119	38-9800	48-5318
09-7450	19-7312	29-1505	39-6977	49-1314
10-1176	20-1396	30-3488	40-6557	50-6459

2006년 6월 11일

서울중앙지방법원 등기과

* 이 서면은 부동산등기법 제177조의9에 따라 등기필증을 대신하여 발행한 것입니다.
* 앞으로 등기신청할 경우에는 일련번호와 50개의 비밀번호 중 1개를 선택하여 기재해야 합니다

등 기 완 료 통 지 서

접수번호 : 3456 대리인 : 법무사 홍길동
아래의 등기신청에 대해서 등기가 완료되었습니다.
신 청 인 : 김갑동
(주민)등록번호 : 730305-1******
주 소 : 서울특별시 서초구 서초동 200
부동산고유번호 : 1102-2006-002634
부 동 산 소 재 : [토지] 서울특별시 서초구 서초동 111

접 수 일 자 : 2011년 9월 15일
접 수 번 호 : 3456
등 기 목 적 : 근저당권설정등기말소
등기원인및일자 : 2011년 9월 15일 해지

2011년 9월 28일
서울중앙지방법원 등기국
등기관

---

8 등기관의 처분에 대한 **이의신청** (26,28,30,31,34회) ★ 핵심테마

▨ 등기신청내용에 대하여 등기관이 잘못(부당하게) 등기를 해 준 경우에 신속한 구제방법으로 법은 이의신청 제도를 인정하고 있다. **암기** 이의신청 시 (새),(집) 에는 (구),(기) 가 (없다).

(1) 이의신청의 요건	㉠ 등기관의 결정 또는 처분에 이의가 있는 자는 그 결정 또는 처분을 한 등기관이 속한 지방법원(이하 이 장에서 "관할 지방법원"이라 한다)에 이의신청을 할 수 있다.
(2) 이의신청 사유	㉠ 각하에 대해서는 이의신청을 하는 데에는 <u>제한이 없이</u>(법 제29조 제1~11) 모두 가능 ㉡ <u>실행에 대해서는</u> 법 제29조 제1호(관할위반의 등기), 제2호(사건이 등기할 것이 아닌 때)에 해당되는 경우에만 등기를 말소하라는 <u>의의신청을 할 수 있으며</u>, 제3호 이하의 각하사유를 간과하고 등기가 실행되어 실체관계에 부합하는 한 유효하므로 이의신청을 할 수 없다.
(3) 처분의 판단시점	㉠ 등기관의 결정 또는 처분이 부당한지의 여부는 그 결정 또는 처분을 한 시점으로 판단함 ㉡ 따라서 (새)로운 사실이나 새로운 증거방법을 근거로 이의신청을 할 수는 (없다)

(4) 이의신청 절차	① 이의신청자가 등기상 이해관계 있는 자일 것 　㉠ 각하결정 : 등기신청인(권리자＋의무자)(이해관계인인 제3자×) 　㉡ 등기가 실행된 경우 : 등기신청인 ＋ 이해관계인도 ② 채권자가 채무자를 대위하여 경료된 등기가 채무자의 신청에 의하여 말소된 경우에는 그 말소 　처분에 대하여 채권자는 등기상이해관계인으로서 이의신청을 할 수 있다. ③ 상속인이 아닌 자는 상속등기가 위법하다고 하여 이의신청을 할 수 없다. ④ 저당권설정자는 저당권양수인과 양도인 사이의 저당권이전의 부기등기에 대하여 이의신청을 　할 수 없다. ⑤ 이의신청은 서면으로 한다.(구두로 할 수 없다) ⑥ 이의신청은 당해 등기관을 감독하는 관할지방법원에 대하여 하지만, 대법원규칙으로 정하는 바 　에 따라 결정 또는 처분을 한 등기관이 속한 등기소에 이의신청서(지방법원x)를 제출하거나 　전산정보처리조직을 이용하여 이의신청정보를 보내는 방법으로 한다. (암기 ~합격 하,소,서) ⑦ 등기소에 제출하는 이의신청서에는 이의신청인의 성명과 주소, 이의신청의 대상인 등기관의 　결정 또는 처분, 이의신청의 취지와 이유, 그 밖에 대법원예규로 정하는 사항을 적고 신청인이 　기명날인 또는 서명하여야 한다. ⑧ 등기사무는 성질상 신속을 요하기 때문에 이의신청이 있다고 해서 등기관의 결정 또는 처분에 　대한 집행정지의 효력이 없다 　따라서 이미 실행한 등기에 대하여는 이의가 있다는 취지를 부기하여야 한다. 그러나 이의의 　취지를 부기한 경우에도 다른 등기신청은 수리하여야 한다. ⑨ 이의신청의 기간에는 제한이 없다
(5) 이의신청에 대한 조치	1) 등기관의 조치 　① 등기각하처분(소극적 부당)에 대한 이의 신청시 　　㉠ 이의가 이유 없다고(있다고×) 인정한 때에는 3일 이내에 의견을 붙여서 이의신청서 또 　　　는 이의신청정보를 관할 지방법원에 보내야 한다. 　　㉡ 이의가 이유 있다고 인정한 때에는 해당하는 처분(등기실행처분) 2) 지방법원의 조치 　① 결정 전의 조치 : 관할 지방법원은 이의신청에 대하여 결정하기 **전에(후에×)** 등기관에게 　　**가등기 또는 이의가 있다는 뜻의 부기등기를** 명령할 수 있다. 　② 관할지방법원이 이의신청을 인용하여 등기를 명하는 경우 등기관은 그 명령에 따른 등기를 　　하여야 한다.

관련기출문제

01 등기관의 결정 또는 처분에 대한 이의에 관한 설명으로 틀린 것을 모두 고른 것은? (31회)

> ㉠ 이의에는 집행정지의 효력이 있다.
> ㉡ 이의신청자는 새로운 사실을 근거로 이의신청을 할 수 있다.
> ㉢ 등기관의 결정에 이의가 있는 자는 관할 지방법원에 이의신청을 할 수 있다.
> ㉣ 등기관은 이의가 이유 없다고 인정하면 이의신청일로부터 3일 이내에 의견을 붙여 이의신청서를 이의신청자에게 보내야 한다.

① ㉠, ㉢   ② ㉡, ㉣   ③ ㉠, ㉡, ㉣
④ ㉠, ㉢, ㉣   ⑤ ㉡, ㉢, ㉣

정답 ▶ ③
㉠ 이의에는 집행정지의 효력이 없다.
㉡ 이의신청자는 새로운 사실을 근거로 이의신청을 할 수 없다.
㉣ 등기관은 이의가 이유 없다고 인정하면 이의신청일로부터 3일 이내에 의견을 붙여 이의신청서를 지방법원에게 보내야 한다.

02 등기관의 처분에 대한 이의신청에 관한 설명으로 틀린 것은? (34회)

① 등기신청인이 아닌 제3자는 등기신청의 각하결정에 대하여 이의신청을 할 수 없다.
② 이의신청은 대법원규칙으로 정하는 바에 따라 관할 지방법원에 이의신청서를 제출하는 방법으로 한다.
③ 이의신청기간에는 제한이 없으므로 이의의 이익이 있는 한 언제라도 이의신청을 할 수 있다.
④ 등기관의 처분시에 주장하거나 제출하지 아니한 새로운 사실을 근거로 이의신청을 할 수 없다.
⑤ 등기관의 처분에 대한 이의신청이 있더라도 그 부동산에 대한 다른 등기신청은 수리된다.

정답 ▶ ②
이의신청서는 등기소에 제출하는 방법으로 한다(~ 합격 하소소).

제5절 전산정보처리조직(인터넷)에 의한 등기신청 (16,17,18,22회 기출)

▨ 등기신청은 대부분 방문해서 신청하지만, 인터넷의 발달로 인하여 인터넷으로 등기를 신청할 수 있게 되어 있는데 그 특징을 적어놓은 부분이죠?

의의 : 전자신청이란 전산정보처리조직을 이용[이동통신단말장치에서 사용되는 애플리케이션(Application)을 통하여 이용하는 경우를 포함한다]하여 신청정보 및 첨부정보를 보내는 방법으로 등기를 신청하는 경우를 말한다.

전자신청을 할 수 있는 자	① 사용자등록을 한 자연인 및 전자증명서 받은 법인 전자신청은 '사용자등록'을 한 자연인(등록된 외국인도 포함(제외×))과 '전자증명서'를 발급받은 법인의 경우에 할 수 있다. ② 법인 아닌 사단 또는 재단(=종중 등)은 전자신청을 할 수 없다. ③ 대리인에 의한 신청의 경우 : 변호사나 법무사[이하 '자격대리인'이라 한다]가 아닌 자는 다른 사람을 대리해서 전자신청을 할 수 없다.
등기유형제한	전산정보처리조직에 의하여 등기사무를 처리하는 규정에 의한 등기의 신청은 법원행정처장이 지정하는 등기유형으로 한정한다.
사용자 등록	① 전자신청을 하는 경우 해당 당사자 또는 대리인은 미리 사용자등록을 하여야한다. ② 당사자 또는 자격자대리인은 등기소(주소지나 사무소 소재지 관할 이외의 전국 어느 등기소에서도 할 수 있다)에 직접 출석(전자신청으로×)하여 사용자등록을 하여야 한다.✱ ③ 다만, 사용자등록은 본인이 직접전자신청을 하고자 할 경우에 하는 것이므로 자격대리인에게 등기신청을 위임한 본인은 사용자등록을 할 필요가 없다.✱ ④ 사용자등록의 유효기간은 3년으로 한다. 다만, 자격자대리인 외의 자의 경우에는 대법원예규로 정하는 바에 따라 그 기간을 단축할 수 있다. <개정 2024. 11. 29.> ⑤ 사용자등록의 유효기간 만료일 3월 전부터 만료일까지는 그 유효기간의 연장을 신청할 수 있다. 다만, 연장기간은 3년으로 하고, 연장의 횟수는 제한되지 않는다(1회에 한한다×). 유효기간의 연장신청은 전자문서로 신청할 수 있다.✱ ⑥ 사용자등록신청서에 인감증명법에 의하여 발행된 신청인의 인감증명 및 주소증명서면(등기필정보×)을 첨부하여야 한다.✱
취하, 보정	① 전자신청의 취하나 보정은 전산정보처리 조직을 이용하여 한다. ② 다만 전자신청에 대한 각하는 서면신청과 동일한 방법으로 한다.
등기의 접수시기	전산정보처리 조직에 따라 등기사무를 처리하는 경우에는 대법원규칙이 정하는 등기신청정보가 전산정보처리조직에 저장된 때에 접수된 것으로 본다.
첨부정보의 전자문서와	① 전산정보처리조직에 의하여 등기사무를 처리하는 경우에는 전자문서 그 밖의 방법으로 신청정보는 물론 첨부정보도 대신할 수 있고, 전자문서의 경우에 신청인·작성자 또는 발행자의 기명날인 또는 서명은 전자서명으로 대신할 수 있다.✱ ② 전자신청의 경우 인감증명을 제공하여야 하는 자가 공인인증정보를 송신하는 때에는 등기의무자의 인감증명정보의 송신을 요하지 않는다.

출석주의 배제	전산정보처리조직에 의하여 등기사무를 처리 규정에 의하여 등기를 신청하는 경우에는 제29조 제4호(출석)를 적용하지 아니한다.

관련기출문제

01 전산정보처리조직에 의한 등기신청(이하 '<u>전자신청</u>'이라 한다)에 관한 설명으로 옳은 것은? (22회)

① 전자신청의 경우, 인감증명을 제출해야 하는 자가 공인인증서정보를 송신할 때에는 인감증명서정보도 같이 송신해야 한다.

② 등기신청의 당사자나 대리인이 전자신청을 하려면 미리 사용자등록을 해야 하며, 사용자등록의 유효기간은 3년이다.

③ 전자신청에 대하여 보정사항이 있는 경우, 등기관은 보정사유를 등록한 후 반드시 전자우편 방법에 의하여 그 사유를 신청인에게 통지해야 한다.

④ 법인이 아닌 사단의 경우, 그 사단 명의로 대표자가 전자신청을 할 수 있다.

⑤ 전자신청의 취하는 서면으로 해야 한다.

정답 ▶ ②

① 전자신청의 경우, 인감증명서정보는 송신하지 않는다.

③ 구두, 팩스, 전자우편 방법 등에 의하여 그 사유를 신청인에게 통지해야 한다.

④ 법인이 아닌 사단의 경우, 그 사단 명의로 대표자가 전자신청을 할 수 없다.

⑤ 전자신청의 취하는 전자신청으로 해야 한다.

제6절 등기의 대상(등기할 사항)

1 등기되어야할 물건(부동산) (16,17,19,21 기출) 핵심테마

(1) **토지** : 지적법의 규정에 의한 1필지가 1개의 토지로서 각 필지는 독립성이 인정된다.

(2) **건물**

① 건물 : 지붕 + 벽 + 토지에 정착성이 있어야 한다.

② ★등기할 사항인 물건과 등기할 사항이 아닌 물건(예규, 판례상)

등기대상이 될 수 있는 물건	등기대상이 될 수 없는 물건 (제29조 2호의 각하사유다)
① 하천 : 소유권보존, 소유권이전, 저당권, 권리질권 등 등기가능	① (하)천 : (용)익권(지상권, 지역권, 전세권, 임차권)은 불가능 암기 (하)(용)이 엄마는 등기할 수 없다
② (유)류저장탱크, (방)조제(제방), 「도로법」상의 (도)로	② 터널, 교량, 토굴, 가설건축물, 견본주택 (모델하우스), 비닐하우스
③ (비)각, (싸)일로	③ 급유탱크. 태양광발전시설
④ (개)방형 축사(=우사) (돈사×)	④ 방조제의 부대시설물(배수갑문, 양수기 등)
⑤ 농업용 고정식 유리온실	⑤ 지붕 없는 공작물(양어장, 치어장, 옥외풀장)
⑦ 구분건물의 <u>규약상</u> 공용부분 : 표제부만	⑦ 구분건물의 <u>구조상</u> 공용부분(복도, 계단 등)
⑧ 건축물대장에 <u>조적조</u> 및 컨테이너구조 슬레이트 지붕주택으로 등재된 건축물	⑧ <u>주유소의 캐노피</u> ⑨ 공작물 시설로 등록된 해상관광호텔용 선박
	⑩ 건물의 부대설비(승강기, 발전시설, 보일러시설, 냉난방시설, 배전시설)등
	⑪ 주위토지 통행권

2 등기되어야할 권리

등기할 수 있는 권리		등기할 수 없는 권리 (제29조 2호의 각하사유다)
1. 소유권	2. 지상권	1. 점유권
3. 지역권	4. 전세권	2. 유치권
5. 저당권		3. 동산질권
6. 권리질권(權利質權)		4. 주위토지통행권
7. 채권담보권(債權擔保權)		5. 구분임차권
8. 환매권(판 물건을 다시 사올 수 있는 권리)		6. 분묘기지권
9. 임차권등		

제7절 등기할 사항인 권리변동

1 법률행위로 인한 물권변동(등기 → 효력발생요건임)

민법 제186조에 의하면 법률행위(계약, 단독행위(=소유권의 포기))로 인한 부동산의 물권변동은 등기를 하여야 물권변동의 <u>효력이 발생한다</u>.

2 법률의 규정에 의한 물권변동(등기 → 처분요건임)

민법 제187조에 의하면 <u>상속, 공용징수, 판결, 경매</u> 기타 법률의 규정에 의한 부동산에 관한 물권의 취득은 <u>등기를 요하지 아니한다</u>. 다만, 등기를 하지 않으면 취득한 권리를 <u>처분하지 못한다</u>고 규정한다.

① 상속 (=포괄유증)	㉠ 상속(회사의 합병) : 피상속인 **사망시(회사합병은 합병등기한때)**소유권이전 등기가 없더라도 효력이 발생 ㉡ 유증 : 포괄적 유증은 상속과 같은 포괄승계이므로 포괄유증은 유언자가 **사망한때에 등기 없이** 물권변동의 효력이 발생한다(☞ 단, 특정유증은 등기해야 효력이 발생한다.)
② 공용징수	보상금의 지급(공탁)을 정지조건으로 협의(재결)에서 정하여진 <u>수용의 개시일</u>에 등기없이 소유권을 취득한다.
③ 판결	㉠ 등기 없이도 물권변동의 효력이 발생하는 판결에는 '형성판결'**만이** 이에 해당한다 (**예** 공유물분할판결 등). ㉡ 물권변동이 일어나는 시기는 '판결이 확정된 때'이다. ☞ 단, 이행판결은 등기 **필요함**.
④ 경매 (공경매만)	경락인(매수인)이 경락대금을 <u>완납한 때 등기 없이 물권변동이 이루어진다</u>.
⑤ 기타 법률규정에 의한 물권변동	㉠ <u>신축건물의 소유권취득</u>, 공유수면매립지의 소유권취득 ㉡ 용익물권의 **존속기간만료에 의한 소멸** ㉢ 피담보채권소멸에 의한 저당권의 소멸 ㉣ 부동산의 멸실에 의한 물권의 소멸 ㉤ 혼동에 의한 타 물권의 소멸 ㉥ 원인행위의 실효(무효·취소·해제)로 인한 물권의 복귀(판례 : 유인설) ☞ 단, 부동산의 <u>점유취득시효(20년)</u>인한 소유권취득은 법률의 규정에 의한 물권취득이지만 예외적으로 + 등기 **필요함**

제8절 등기의 효력과 유효요건

1 등기의 효력 (15,16,18,20,21,32,34 기출) ★★ [핵심테마] (이부분, 꼭 꼭 기억하세요)

(암기) 등기의 효력은 (물)(순)(대)(후)(추)(점)이다

1. (물)권 변동적	법률행위(계약, 소유권포기)로 인한 부동산의 물권변동은 등기해야만이 그 효력이 발생한다.		
2. (대)항적 효력	부동산(임)차권, (신)탁등기, 부동산(환)매권, 물권의 임의적 기록사항(존속기간, 이자, 지료, ~ (약)정 등)은 등기한 때에 당사자 이외의 <u>제3자에 대해서도 주장(대항)할 수 있다.</u> (암기) (임),(신),해서 (환),~(약)먹으면 대항력이 발생한다.		
3. (점)유적 효력	일반시효취득의 점유기간이 20년인데 반하여, <u>등기부취득시효</u>의 점유기간을 10년으로 함으로서 등기가 10년 동안 점유한 것처럼 인정되는데 이를 등기의 <u>점유적효력</u>이라 한다.		
4. (후)등기 저지력 (형식적 확정력)	등기가 존재하고 있는 이상 그것이 비록 실체법상 무효라 하더라도 그것을 말소하지 않고서는 그것과 양립할 수 없는 등기를 할 수 없다. ① 전세권의 존속기간이 만료된 경우에는 그 존재 자체만으로 형식상효력을 갖게 되므로 전세권을 말소하지 않고서는 또 다른 전세권설정등기는 수리할 수 없다. ② 소유권보존등기가 무효인 경우에도 그 소유권보존등기를 말소하지 않고서는 또 다른 소유권보존등기를 할 수 없다.		
5. (순)위 확정적 효력	같은 부동산에 관하여 등기한 권리의 <u>순위는</u> 법률에 다른 규정이 없으면 등기한 <u>순서</u>에 의한다 (법 제4조 제1항).		
	등기의 순서는	① 같은 구((동)구)에서 한 등기 상호간은	(순)위번호에 의하고, (암기) (동)(순)
		② 다른 구((별)구)에서 한 등기 상호간은	(접)수번호에 의한다. (암기) (별)(접)
		③ **부기등기**는	**주등기의** 순위에 의하고, 부기등기 상호간의 순위는 그 등기순서에 따른다.
		④ 본등기는	<u>가등기</u> 순위에 의한다.
		⑤ 말소회복등기는	<u>종전의</u> 등기와 동일한 순위와 효력을 보유한다.
	⑥ 구분건물에 (대)지권에 대한 등기로서 효력이 있는 등기와 대지권의 목적인 <u>토지</u> 등기기록 중 해당구 사항란에 한 등기의 순서는 (접)수번호(순위번호×)에 따른다. (암기) (대)(접)		

6. 권리의 (추)정적 효력[추정력] ★★

의의 - '일단 등기가 있으면 그에 대응하는 실체적 권리관계가 존재하는 것으로 추정되는 효력으로, 소송시의 입증책임의 문제이다.

1) 민법이나 부동산 등기법상 명문규정이 없으나, 등기는 국가기관에 의하여 관리되므로 등기된 대로 권리관계가 존재할 가능성이 높다는 점에서 <u>판례상</u> 인정되는 권리이다.

2) 인정되는 경우	① 저당권설정등기에서 저당권의 존재는 물론, 이에 상응하는 <u>**피담보채권의 존재가 추정**</u>된다. ② 등기원인의 적법추정 : 등기신청시 등기원인증명서면을 첨부하므로 <u>**등기원인(매매 등)**</u>에 대하여도 추정력을 인정한다. ③ 등기<u>절차의</u> 적법추정 : 농지를 취득한 경우 적법한 <u>**농지취득자격절차에**</u> 의하여 소유권이 전등기 받은 사실이 추정된다. ④ 소유권이전등기의 경우에는 제3자에 대해서뿐만 아니라 그 <u>**전 소유자에 대해서도**</u> 적법한 등기원인에 의하여 소유권을 취득한 것으로 <u>추정된다.</u>
3) 부정되는 경우	① <u>**부동산표시의 등기**</u> : 추정력은 권리의 등기에만 인정되는 것일 뿐 표제부(<u>사실의 등기=지목, 면적</u>)에는 <u>**추정력이 인정되지 않는다.**</u> ② 등기의 추정력은 등기부에만 인정되므로 건축물대장에 소유자로 등재되어 있다는 사실만으로 소유권자로 추정되지 아니한다. ③ 소유권이전청구권보전을 위한 <u>가등기</u>가 있다고 하여 소유권이전 등기를 청구할 어떤 법률관계가 있다고 <u>추정되지 않는다.</u> ④ 소유권보존등기는 소유권이 진실하게 보존되어 있다는 사실에 관하여서만 추정력이 있고 권리변동이 진실하다는 점에 관하여는 <u>**추정력이 없으므로**</u> **전 소유자가** 양도사실을 부정하거나, 보존등기의 명의인이 원시취득자가 아니라는 것이 밝혀진 경우 그 보존등기의 <u>**추정력은 깨어지고**</u> 그 보존등기의 명의자 측에서 그 양수 사실을 입증할 책임이 있다. ⑤ <u>사망자 명의의</u> 신청으로 마쳐진 이전등기에 대해서는 추정력이 인정되지 아니한다. ⑥ <u>허무인 명의의</u> 등기에도 추정력이 인정되지 아니한다. ⑦ 민법 **제200조의** <u>점유의 추정력은</u> 등기된 부동산에 대하여는 인정되지 <u>**않는다.**</u> ⑧ 등기의 기재자체에 의하여 <u>**부실등기임이 명백**</u>한 경우(공유지분합계가 4/3)에도 추정력은 인정되지 않는다.

7. 가등기의 효력

① 본등기 전의 효력(가등기 자체의 효력)

　㉠ 실체법상의 효력은 없다.

　㉡ 처분금지효력도 없다.

② 본등기 후의 효력(본등기 순위보전의 효력)

　㉠ 본등기의 순위보전 : 본등기의 순위는 가등기의 순위에 의함

　㉡ 물권변동의 효력발생시기 : 가등기 당시에 소급하는 것이 아니라 본등기시에 발생한다.

관련기출문제

01 등기한 권리의 순위에 관한 다음 설명 중 옳지 않은 것은?

① 동일한 부동산에 관하여 등기한 권리의 순위는 법률에 다른 규정이 없는 때에는 그 순서에 의하여 정하여진다.

② 등기의 순서는 등기부 중 같은 구(同區)에서 한 등기에 대하여는 순위번호에 의하고, 다른 구(別區)에서 한 등기에 대하여는 접수번호에 의한다.

③ 구분건물에서 대지권에 대한 등기로서 효력 있는 등기와 대지권의 목적인 토지의 등기기록 중 해당구에 한 등기의 순서는 순위번호에 의한다.

④ 부기등기의 순위는 주등기의 순위에 의하고 부기등기 상호간의 순위는 그 순서에 의한다.

⑤ 말소회복등기는 종전등기의 순위에 의한다.

정답 ▶ ③
순위번호 → 접수번호(**암기** 대접)

02 등기한 권리의 순위에 관한 설명으로 틀린 것은? (다툼이 있으면 판례에 따름) (34회)

① 부동산에 대한 가압류등기와 저당권설정등기 상호간의 순위는 접수번호에 따른다.

② 2번 저당권이 설정된 후 1번 저당권 일부이전의 부기등기가 이루어진 경우, 배당에 있어서 그 부기등기가 2번 저당권에 우선한다.

③ 위조된 근저당권해지증서에 의해 1번 근저당권등기가 말소된 후 2번 근저당권이 설정된 경우, 말소된 1번 근저당권등기가 회복되더라도 2번 근저당권이 우선한다.

④ 가등기 후에 제3자 명의의 소유권이전등기가 이루어진 경우, 가등기에 기한 본등기가 이루어지면 본등기는 제3자 명의 등기에 우선한다.

⑤ 집합건물 착공 전의 나대지에 대하여 근저당권이 설정된 경우, 그 근저당권등기는 집합건물을 위한 대지권등기에 우선한다.

정답 ▶ ③
말소회복등기는 종전순위에 의하므로 위조된 근저당권해지증서에 의해 1번 근저당권등기가 말소된 후 2번 근저당권이 설정된 경우, 말소된 1번 근저당권등기가 회복되면 1번 근저당권이 우선한다.

2 등기의 유효요건 (15,17,18 기출)

1) 제29조의 등기	① 법 제29조 1호(관할위반등기)2호(등기할사항이 아닌 경우)에 해당하는 등기를 간과하고 실행된 경우에는 **실체관계부합여부를 불문하고 당연무효(절대무효)로서 직권말소가** 가능하다. ② 그러나 제29조 **3호내지 11호에** 해당하는 등기는 실행된 경우에는 **실체관계에 부합하는 한** 그 등기는 유효하다. 　ⓐ 소유자의 대리인으로부터 토지를 적법하게 매수한 이상 설사 매수인의 소유권이전 등기가 위조된 서류(제29조9호)에 의하여 경료되었다 하더라도 그 등기는 **실체관계에 부합**하면 유효한 것이다. 　ⓑ 신청대리권이 없는 자(무권대리인=제29조3호)가 신청대리를 하여 이루어진 근저당권 및 지상권설정등기라도 그 설정원인사실이 **실체관계와 부합**되는 한 유효하다.
2) 부동산 표시의 불일치	① 표제부의 부동산의 기록이 실체관계와 부합하지 않는 것이 중대하고 명백한 경우에는 그 등기는 **무효**이다. ② 그러나 부동산의 물리적 현황이 등기부의 기록과 다소의 불일치가 있더라도 **사회통념상 동일성 또는 유사성이 인정**되는 경우에는 그 등기는 **유효**하다.
3) 질적 불일치	① 권리의 **주체**의 불일치 : 갑이 을과 계약했는데 병이 등기된 경우, ② 권리의 **객체**의 불일치 : A 토지를 계약했는데 B건물이 등기된 경우 ③ 권리의 **종류**의 불일치 : 전세권설정 계약했는데 저당권이 등기된 경우→ 그 모든 등기는 **실체관계부합여부를 묻지 않고 무효인 등기**이다.
4) 양적 불일치	ⓐ 등기(저당채권 1억)된 양이 > 물권행위의 양보다 큰경우에는 (저당채권 9천) 물권행위 한 도에서 유효하다. ⓑ 등기(저당채권 7천) 된 양이 < 물권행위(저당채권 9천)보다 적은 경우에는 민법 제 137조 의 **일부 무효**의 법리가 적용된다.
5) 중간생략 등기	① 의의 : 부동산물권이 최초의 양도인(A)으로부터 중간취득자(B)에게, 중간취득자로 부터 최종취득자(C)에게 전전이전되어야 할 경우에, 그 중간취득자에의 등기를 생략하고 최초의 양도인(A) 으로부터 직접최후의 양수인(C)에게 등기하는 것을 말한다. ② 전원의 합의 또는 중간취득자의 동의를 요건으로 **실체관계에 부합하면 유효하다.** ③ 다만, **토지거래허가지역에서 중간생략합**의가 있었을지라도 그 중간생략등기는 **무효이다.** ④ 상속인이 상속등기없이 부동산을 양도하고 피상속인으로부터 양수인 앞으로 직접소유권이 전등기를 하는 경우에도 **실체관계에 부합**하면 유효하다.
6) 모두(冒頭) 생략등기	미등기부동산에 대하여 토지대장상 최초의 소유자 명의로 소유권보존등기를 하지 않니하고 **양수 인이 직접 소유권보존등기를** 하는 경우에도(모두생략등기) **실체관계에 부합**하는 한 유효하다.
7) 실제와 다른 등기원인에 의한 등기	**증여**에 의한 소유권이전등기를 **매매**에 의한 소유권이전등기로 한 경우에 이들 등기도 **실체관 계에는 부합**한다는 점에서 그 **유효성을 인정**하는 것이 판례이다.

8) 무효등기의 유용	① 의의: 처음에 그에 부합하는 실체관계가 없어서 무효인 등기가 나중에 실체관계를 갖춘 경우에 그 등기를 유효한 등기로서 유용할 수 있는가의 문제이다. ② 권리의 등기(저당권등기, 가등기의 유용): 피담보채권의 소멸로 무효인 저당권설정등기이 더라도 **중간에 이해관계를 가지게 된 제3자가 없는 한** 새로운 채권을 담보하는 **유효**한 저당권설정등기로 **유용할 수 있다.** ③ 사실의 등기: **멸실된 건물의 보존등기**를 멸실 후에 신축한 건물의 보존등기로서 유용할 수는 없다.
9) 중복등기	① 소유권보존등기명의인이 동일한 경우 1부동산 1등기기록 원칙상 먼저 행하여진 것이 유효하고 뒤에 이루어진 것은 무효이다. ② 소유권보존등기명의인이 동일인이 아닌 경우에도 먼저 이루어진 보존등기가 원인무효가 아닌 한 먼저 한 것이 유효하다.

▶ **등기의 무효와 유효** ★★ 핵심테마 (이 부분, 꼭 꼭 기억하세요)

무효인 등기	유효인 등기
① (관할)위반의 등기(법 제29조 1호) ② '사건이 등기할 것이 (아닌) 때'에 위반된 등기(법 제29조 2호) ③ (토)지허가거래구역에서 한 (중)간생략등기 ④ (질적) 불일치인 등기(주체, 객체, 종류) ⑤ 등기된 권리의 양이 물권행위보다 적을 경우(일부 무효법리 적용함) ⑥ (멸실)된 건물의 보존등기를 신축건물의 보존등기로 ⑦ 이중의 소유권보존등기(후등기) ⑧ 등기사무 정지기간 중 실행된 등기 (법 제29조 2호)	① 등기법 제29조 3호 내지 11호위반 ② 중간생략등기 ③ 모두생략등기(양수인의 보존등기) ④ 실제와 다른 등기원인에 의한 등기 ⑤ 등기된 권리의 양이 물권행위보다 큰 경우 ⑥ (무)권(대)리인에 의한 등기신청(제29조 3호) ⑦ (위조)서류에 의한 등기신청(제29조 9호) ⑧ 제척규정을 위반한 등기

암기 (무대),(위조),(신청)정보~는 등기가 유효하다.

관련기출문제

01 **등기의 유효요건에 대한 설명으로 옳은 것은?**

① 무권대리인에 의한 등기신청의 경우에는 법 제29조 제2호에 의한 각하사유이기 때문에 실체관계에 부합하더라도 무효인 등기이다.

② 甲의 미등기부동산을 乙이 매수하여 직접 보존등기를 한 경우 그 등기가 실체관계와 부합하더라도 무효이다.

③ 멸실된 건물의 등기를 신축건물의 등기로서 유용하는 것은 무효라고 하여 부동산표시에 관한 무효등기의 유용은 허용하지 않는다.

④ 甲이 乙에게 증여를 하였음에도 등기원인을 매매라고 기재하여 소유권이전등기를 한 경우에는 乙은 소유권을 취득할 수 없다.

⑤ 권리의 객체를 그르치거나 권리의 주체를 그르친 경우라 하더라도 실체관계에 부합하는 한도 내에서는 유효로 인정한다는 것이 판례의 입장이다.

정답 ▶ ③
① 제29조 제2호 → 제29조3호 무효 → 유효인 등기이다
② 무효 → 유효
④ 없다 → 있다
⑤ 유효 → 무효

Chapter 05 등기의 기관과 설비

이 장은 출제비중이 조금 낮은 부분이지만 등기부는 기억해야 한다.

제1절 등기소

1 의의

등기소란 등기사무를 담당하는 관서로 현행 등기사무는 지방법원 등기과(국), 지방법원지원 등기계 및 그 관할구역 안에 있는 각종 등기소에서 취급한다.

2 등기소의 관할

(1) 원칙	① 등기사무는 부동산의 소재지를 관할하는 지방법원, 그 지원(支院) 또는 등기소(이하 "등기소"라 한다)에서 담당한다. ② 관할 등기소가 다른 여러 개의 부동산과 관련하여 등기목적과 등기원인이 동일하거나 그 밖에 대법원규칙으로 정하는 등기신청이 있는 경우에는 그 중 하나의 관할 등기소에서 해당 신청에 따른 등기사무를 담당할 수 있다. ③ 상속 또는 유증으로 인한 등기신청의 경우에는 부동산의 관할 등기소가 아닌 등기소도 그 신청에 따른 등기사무를 담당할 수 있다.
(2) 관할등기소의 **지**정	① 1개의 부동산(건물에 한함)이 여러 등기소의 관할구역에 걸쳐 있는 경우 각 등기소를 관할하는 **상**급법원의 장(지방법원장×)으로부터 관할을 지정받은 등기소만이 관할권을 갖는다. 암기 **지** **상**열 ② 단지를 구성하는 여러 동의 건물 중 일부 건물의 대지가 다른 등기소의 관할에 속하는 경우에도 준용한다.
(3) 등기사무의 **위**임	**대**법원장이 교통사정, 등기사무의 양 등의 사유로 어느 등기소에 속하는 **등기사무를 다른 등기소에 위임하게** 할 수 있다. 암기 **정**,**대**,**위**

(4) 등기사무의 **정**지	① 의의: **대**법원장(지방법원장×)은 등기소에서 **등기사무를 정지**하여야 하는 사유가 발생하면(등기소의 화재, 수해 등) **기간을** 정하여 등기사무의 정지를 명할 수 있다. ② 대법원장은 다음 각 호의 어느 하나에 해당하는 경우로서 등기소에서 정상적인 등기사무의 처리가 어려운 경우에는 기간을 정하여 등기사무의 정지를 명령하거나 대법원규칙으로 정하는 바에 따라 등기사무의 처리를 위하여 필요한 처분을 명령할 수 있다. 1. 「재난 및 안전관리 기본법」 제3조 제1호의 재난이 발생한 경우 2. 정전 또는 정보통신망의 장애가 발생한 경우 3. 그 밖에 제1호 또는 제2호에 준하는 사유가 발생한 경우 ③ 정지기간 중에 행한 등기의 효력: 이 정지기간 중에 등기의 신청은 **각하사유(제29조 2호) 해당**하여 각하하여야 하나 이를 간과하고 실행된 등기는 실체관계의 일치여부에 불구하고 **당연 무효, 직권말소** 이의신청 대상이 된다.

제2절 **등기관**

구 분	내 용
1. 의의	(1) **등기사무는** 등기소에 근무하는 **법원서기관(4급), 등기사무관(5급), 등기주사(6급), 등기주사보(7급) 중에서** 지방법원장(대법원장×)이 지정하는 자가 처리한다.✱ (2) 등기관은 **접수번호의 순서에** 따라 등기사무를 처리하여야 한다.
2. 등기관의 제척	(1) 제척대상: 등기관은 자기, 배우자 또는 **4촌(8촌×)** 이내의 친족(이하 "배우자등"이라 한다)이 등기신청인인 때에는 그 등기소에서 소유권등기를 한 성년자로서 등기관의 배우자 등이 아닌 자 **2명** 이상의 참여가 없으면 등기를 할 수 없다. **배우자 등의 관계가 끝난 후에도 같다.**✱ (2) 제척위반시의 효력: 실체관계에 부합하면 **유효**하다.

▶ **각종 등기사무처리의 권한자들**

등기사무 **정**지권자 등기사무 **위**임권자	**대**법원장 암기 **정**,**대**,**위**
관할등기소 **지**정권자	**상**급법원장 암기 **지 상**열
등기관 지정권자	**지방법원장** or 지원장
법원행정처장	㉠ **무**인발급기 설치권자 ㉡ **인**터넷 열람 ㉢ **전자**신청의 유형지정권자

제3절 등기에 관한 장부

1 등기법의 용어정리(법 제2조) ✱

① "등기부"란	전산정보처리조직에 의하여 입력·처리된 등기정보자료를 대법원규칙으로 정하는 바에 따라 편성한 것을 말한다.
② "등기부부본 자료"란	㉠ 등기부와 동일한 내용으로 보조기억장치에 기록된 자료를 말한다. ㉡ 등기관이 등기를 마쳤을 때는 등기부부본자료를 작성해야 한다.
③ "등기기록"란	1필지의 토지 또는 1개의 건물에 관한 등기정보자료를 말한다.
④ "등기필정보" (登記畢情報)란	등기부에 새로운 권리자가 기록되는 경우에 그 권리자를 확인하기 위하여 등기관이 작성한 정보를 말한다.

2 등기부의 편성(물적편성주의)

(1) 토지 및 일반건물(1부동산 1등기기록원칙)

등기부를 편성할 때에는 1필의 토지 또는 1개의 건물에 대하여 1개의 등기기록을 둔다.

(2) 집합건물(1부동산 1등기기록 원칙의 예외)

① 1동의 건물을 구분한 건물에 있어서는 1동의 건물에 속하는 전부에 대하여 **1개의** 등기기록을 사용한다.

② **구분건물에 대한** 등기사항증명서의 **발급**에 관하여는 <u>1동의 건물의 표제부</u>와 해당(전체x) <u>전유부분</u>에 관한 등기기록을 1개의 등기기록으로 본다.

원칙	1동건물의 표제부(단, 갑구, 을구×) + 전체 전유부분의 표제부, 갑구, 을구
열람/발급	1동건물의 표제부 + **해당** 전유건물이 표제부, 갑구, 을구

3 등기부의 구성(표제부, 갑구, 을구) (21,24,27,31,32 기출) (꼭 꼭 기억하세요)

(1) 고유번호

① 등기기록을 개설할 때에는 1필의 토지 또는 1개의 건물마다 부동산고유번호를 부여하고 이를 등기기록에 기록하여야 한다.

② 구분건물에 대하여는 전유부분마다 부동산고유번호를 부여한다.

(2) 표제부

① 토지등기기록의 표제부에는 표시번호란, 접수란(접수번호×), 소재지번란, 지목란, 면적란, 등기원인 및 기타사항란을 두고,

② 건물등기기록의 표제부에는 표시번호란, 접수란, 소재지번 및 건물번호란, 건물내역란, 등기원인 및 기타사항란을 둔다.

특징	㉠제부에는 ★ ① ㉱수번호 없다. ② ㉬효등기의 유용 인정되지 않는다. ③ ㉫기등기가 없다. ④ ㉸정력이 없다. ⑤ ㉮등기는 인정되지 <u>않는다</u>. ㉠㉱네는 ㉬와 ㉫,㉸,㉮ 없다.

【토지등기부】 서울특별시 동작구 상도동 7   고유번호 1955-1996-467540

【 표제부 】					(토지의 표시)
표시번호	접 수	소재 지번	지 목	면 적	등기원인 및 기타 사항
1 (전2)	2000년 10월 15일 (접수번호 ×)	서울특별시 동작구 상도동 7	대	359m²	「부동산등기법」 제177조의6 제1항의 규정에 의하여 2001년 7월 25일 전산이기

(3) 갑구(소유권) : 갑구와 을구에는 순위번호란, 등기목적란, 접수란, 등기원인란, 권리자 및 기타사항란을 둔다.

> ▶ **갑구에 등기되는 사항(소유권의 권리에 관한 사항)**
> ① 소유권보존, 소유권이전, 소유권변경, 소유권말소, 소유권말소회복, 소유권에 관한 <u>가등기</u>, 소유권에 대한 처분제한등기(압류, 가압류, 가처분, 경매), 환매특약등기, 신탁등기 등
> ② 전세권(저당권)에 기한 임의경매기입등기는 (**소유권에** 대한 경매이므로) 갑구사항란에 적는다.
> ③ 소유권이 ㉯지권이라는 ㉮의 등기

【 갑구 】 (소유권에 관한 사항)

순위 번호	등기목적	접 수	등기원인	권리자 및 기타사항
1	소유권 보존	2001년 3월3일 제115호(접수번호)		소유자 전주성 751027-1460212 서울 은평구 갈현동 15
2	소유권이전 청구권 가등기	2005년 3월 2일 제334호	2005년 2월 19일 매매예약	소유자 배기용 671115-1067035 서울 관악구 신림동 127
	소유권 이전	2007년 5월 5일 제235호	2007년 5월 3일 매매	소유자 배기용 671115-1067035 서울 관악구 신림동 127
3	1소유권 가압류	2006년 3월 2일 제124호	2006년 3월 1일 서울지방법원 가압류결정	청구금액 5,000,000 채권자 김재호 671115-1067035 서울 관악구 신림동 127

(4) 을구 : 순위번호란, 접수란, 등기목적란, 등기원인란, 권리자 및 기타사항란

> ▶ 을구에 등기되는 사항(소유권 이외의 권리에 관한 사항)
> ① 지상권, 지역권, 전세권, 저당권, 권리질권, 채권담보권, 임차권 등)에 대한 설정, 이전, 변경, 말소, 말소회복, 처분제한, 가등기 등
> ② 지상권, 전세권, 임차권이 (대)지권이라는 (뜻)의 등기
> ③ 을구는 등기사항이 없는 경우 두지 아니한다.

【 을구 】 (소유권 이외의 권리에 관한 사항)

순위 번호	등기목적	접 수	등기원인	권리자 및 기타사항
1 (전2)	전세권설정	2010년 3월 6일 제45호(접수번호)	2010년 2월5일 설정계약	전세금 2억 범위 주거용 전부 존속기간 3년 전세권자 김 치국 631127-1362012 서울 강서구 방화동12
1-1	1 전세권 가압류	2012년 6월5일 제113호	2012년 5월5일 서울민사지방법원의 결정	가압류 금액 1억 가압류채권자 김 예찬

(4) 구분건물등기기록의 구성 (암기) 대지권 등기는 ① (토), (전)(권)이다

1) ①동의 건물의 표제부	① 1동의 건물의 표시란(상단)(표시번호란, 접수란, 소재지번 · 건물명칭 및 번호란, 건물내역란, 등기원인 및 기타사항란을 둔다)✸
	② 대지권의 목적인 (토)지의 표시란(하단)(표시번호란, 소재지번란, 지목란, 면적란, 등기원인 및 기타사항란을 둔다)✸
2) (전)유건물의 표제부	① 전유부분의 건물의 표시란(상단) (표시번호란, 접수란, 건물번호란, 건물내역란, 등기원인 및 기타사항란을 둔다. 단 소재와 지번은 ×)
	② 대지(권)의 표시(하단)(대지(권)종류란, 대지(권)비율란) 등 등기원인 및 기타사항란을 둔다.
3) 규약상 공용부분(노인정)	규약상 공용부분의 등기는 (전유부분) 표제부만을 둔다.

4 폐쇄등기부 (32회)

(1) 의의	① 등기관이 등기기록의 전환을 위해 등기기록에 등기된 사항을 새로운 등기기록에 옮겨 기록한 때에는 종전 등기기록을 폐쇄해야 한다.
(2) 폐쇄사유	① 등기부의 양식을 전환한 경우(종이식 → 전산식으로) ② 토지의 **합필(분필×)건물의 합병(분할×)**등기의 경우 ③ 부동산의 멸실등기 ④ 보존등기를 말소하는 경우
(3) 보관	폐쇄등기부는 **영구히** 보존한다.
(4) 열람, 발급	폐쇄등기부에 대한 <u>등기사항증명서발급 및 열람청구가</u> 인정된다.
(5) 경정등기	폐쇄된 등기기록에 기록되어 있는 등기사항에 관한 경정등기를 할 수 없다.

제4절 장부의 보존 및 관리, 공개

1 장부의 보존

(1) 영구보존장부 (✓ 부(夫))	등기부, 폐쇄등기부, 공동담보목록, 매매목록, 신탁원부, 도면 (암기 공 매 신 도)
(2) 10년 보존장부 (✓~장)	기타문서접수장, 결정원본편철장, 이의신청서류편철 장
(3) 5년 보존장부 (✓신청서~)	• 신청서기타 부속서류편철장 • 신청서 기타 부속서류송부부 • 부동산등기신청서 접수장 • 신청정보 및 첨부정보와 취하정보
(4) 1년 보존장부(통지부)	각종통지부

2 장부의 관리(이동금지)

> 법 제14조
> ① 등기부는 대법원규칙으로 정하는 장소에 보관·관리(등기부의 보관·관리 장소는 중앙관리소로)하여야 하며, 전쟁·천재지변이나 그 밖에 이에 준하는 사태를 피하기 위한 경우 외에는 그 장소 밖으로 옮기지 못한다.
> ② 등기부의 부속서류는 전쟁·천재지변이나 그 밖에 이에 준하는 사태를 피하기 위한 경우 외에는 등기소 밖으로 옮기지 못한다. 다만, 신청서나 그 밖의 부속서류에 대하여는 법원의 명령 또는 촉탁(囑託)이 있거나 법관이 발부한 영장에 의하여 압수하는 경우에는 **옮길 수 있다.**

이동의 예외	전쟁, 천재, 지변	법원에 송부, 촉탁	수사기관의 압수
등기부(광의)	반출○	×	×
신청정보와 그 부속서류	반출○	○	○

① 등기관이 전쟁·천재지변 그 밖에 이에 준하는 사태를 피하기 위하여 신청서나 그 밖의 부속서류를 등기소 밖으로 옮긴 경우에는 지체 없이 그 사실을 지방법원장(등기소의 사무를 지원장이 관장하는 경우에는 지원장을 말한다)에게 보고하여야 한다.

② 등기관이 법원으로부터 신청서나 그 밖의 부속서류의 송부명령 또는 촉탁을 받았을 때에는 그 명령 또는 촉탁과 관계가 있는 부분만 법원에 송부하여야 한다.

3 장부의 공개(등기사항증명과 열람)

(1) 등기사항증명서의 발급

1) 의의 : 등기사항전부증명서란 등기부의 내용을 증명하기 위해 등기부의내용을 동일한 문자와 부호로써 전부 옮긴 서면에 <u>인증문을 부기</u>한 것이며, 등기사항일부증명서는 등기부의 일부에 관해서 옮긴 서면을 말한다.

2) ★등기사항증명서의 종류 ★ (이부분, 꼭 꼭 기억하세요)

등기사항증명서의 종류는 다음 각 호로 한다.

① 등기사항<u>전부</u>증명서(<u>말소사항</u> 포함)

② 등기사항<u>전부</u>증명서(<u>현재 유효</u> 사항)

③ 등기사항<u>일부</u>증명서(특정인 <u>지분</u>)

④ 등기사항<u>일부</u>증명서(현재 소유현황)

⑤ 등기사항<u>일부</u>증명서(<u>지분취득</u> 이력)

　 다만, 폐쇄한 등기기록에 대하여는 제1호로 한정한다.

(2) 등기부등의 열람 및 발급 (18회 기출)

1) 신청인

① <u>누구든지</u> 수수료를 내고 대법원규칙으로 정하는 바에 따라 <u>등기기록</u>에 기록되어 있는 사항의 전부 또는 일부의 열람(閱覽)과 이를 증명하는 등기사항증명서의 발급을 청구할 수 있다.

② 다만, **신청서** 그 밖의 부속서류를 의미(＝등기원인을 증명하는 정보)에 대하여는 **이해관계 있는 부분에만** <u>열람</u>(발급×)을 청구할 수 있다.

③ 등기기록의 열람은 등기기록에 기록된 등기사항을 전자적 방법으로 그 내용을 보게 하거나 그 내용을 기록한 서면을 교부하는 방법으로 한다.

2) 열람/발급 방법

① 대리인이 신청서나 그 밖의 부속서류의 열람을 신청할 때에는 신청서에 그 권한을 증명하는 서면을 첨부하여야 한다.®

② 등기기록의 열람 및 등기사항증명서의 발급 청구는 관할 등기소가 아닌 등기소에 대하여도 할 수 있다.

③ 무인발급기

　㉠ <u>법원행정처장은</u> "무인발급기"를 이용하여 등기사항 증명서의 발급업무를 처리하게 할 수 있다.

　㉡ 무인발급기는 등기소 이외의 장소에도 설치할 수 있다.

　㉢ 무인 발급할 수 있는 등기사항증명서는 등기사항 전부증명서에 한한다.

④ ㉠동담보목록, ㉢매목록, ㉣탁원부, ㉤면은 그 사항의 증명도 함께 <u>신청하는 뜻의 표시가</u> 있는 경우에만 등기사항증명서에 이를 포함하여 발급한다.✳

암기 ㉠ ㉢ ㉣ ㉤는 신청시만 발급된다.

⑤ 신탁원부, 공동담보(전세)목록, 도면 및 매매목록은 보조기억장치(자기디스크, 자기테이프, 그 밖에 이와 유사한 방법으로 일정한 등기사항을 기록·보관할 수 있는 전자적 정보저장매체를 말한다. 이하 같다)에 저장하여 보존하여야 한다.

⑥ **구분건물에 대한** 등기사항증명서의 **발급**에 관하여는 <u>1동의 건물의 표제부</u>와 해당(전체×) <u>전유부분</u>에 관한 등기기록을 1개의 등기기록으로 본다.

⑦ 등기신청이 접수된 부동산에 관하여는 등기관이 그 등기를 마칠 때까지 등기사항증명서를 발급하지 못한다. 다만, 그 부동산에 등기신청사건이 접수되어 처리 중에 있다는 뜻을 등기사항증명서에 표시하여 발급할 수 있다.

⑧ 등기사항증명서를 발급하거나 등기기록을 열람하게 할 때에는 등기명의인의 표시에 관한 사항 중 주민등록번호 또는 부동산등기용등록번호의 일부를 공시하지 아니할 수 있다.

⑨ 등기사항의 열람, 전자문서를 이용한 등기신청 등 그 밖에 대법원예규가 정하는 사항은 법원행정처장이 정하는 이동통신단말장치에서 사용되는 애플리케이션(Application)을 통하여서도 할 수 있다.

보충학습➕ 인터넷에 의한 등기부의 열람 등(등기예규 1262)

등기사항증명서의 발급 또는 등기기록의 열람업무는 법원행정처장이 **정**하는 바에 따라 인터넷을 이용하여 처리할 수 있다.

1) 등기사항증명서 발급 : 민원인은 등기기록에 기록되어 있는 내용의 전부나 일부를 증명하는 서면을 인터넷을 통하여 발급받을 수 있다.

2) 등기신청사건 <u>진행상태 확인</u> : 민원인은 자신의 등기신청사건에 대하여 그 진행상태(접수중, 기입중, 보정중, 완료 등)를 인터넷을 통하여 확인할 수 있다.

3) 등기기록 발급 확인 : 민원인은 타인으로부터 교부받은 등기사항증명서의 진위 여부를 인터넷을 통하여 확인할 수 있다.

4) 신청에 관한특칙 : 인터넷에 의한 등기기록의 열람 및 등기사항증명서 발급의 경우에는 **신청서의 제출을 요하지 아니한다.**

5) 수수료액등
   인터넷에 의한 등기부의 열람 및 등기사항증명발급의 경우에는 **수수료 면제에 관한 규정을 적용하지 아니한다.**

6) 신청서나 그 밖의 부속서류의 열람 업무는 법원행정처장이 정하는 바에 따라 인터넷을 이용하여 처리할 수 있다.

7) 신청서나 그 밖의 부속서류의 열람을 신청할 수 있는 자는 다음 각 호와 같다.
   ㉠ 해당 등기신청의 당사자
   ㉡ 당사자로부터 열람을 위임받은 변호사나 법무사

관련기출문제

01 등기기록(등기부)에 관한 설명 중 옳은 것은?

① 전세권에 기한 임의경매기입등기는 을구에 기록한다.
② 저당권설정청구권보전 가등기는 을구에 기록된다.
③ 환매특약등기는 갑구 또는 을구에 기록된다.
④ 신탁등기는 을구에 기록된다.
⑤ 구분건물에 대지권이 있는 경우 그 권리의 표시(대지권표시)에 관한 사항은 갑구에 기록한다.

정답 ▶ ②
① 소유권에 대한 경매이므로 갑구에 기록한다.
③ 환매특약등기는 갑구에 기록된다.
④ 신탁등기는 갑구에 기록된다. ⑤ 전유건물의 표제부에 기록한다.

02 등기부에 관한 설명으로 틀린 것은? (26회)

① 폐쇄한 등기기록은 영구히 보존해야 한다.
② A토지를 B토지에 합병하여 등기관이 합필등기를 한때에는 A토지에 관한 등기기록을 폐쇄한다.
③ 등기부부본자료는 등기부와 동일한 내용으로 보조기억장치에 기록된 자료이다.
④ 구분건물등기기록에는 표제부를 1동건물에 두고 전유부분에는 갑구, 을구만 둔다.
⑤ 등기사항증명서 발급신청시 매매목록은 그 신청이 있는 경우에만 등기사항증명서에 포함하여 발급한다.

정답 ▶ ④
전유부분에는 표제부, 갑구, 을구를 둔다.

03 등기제도에 관한 설명으로 옳은 것은? (27회)

① 등기기록에 기록되어 있는 사항은 이해관계인에 한해 열람을 청구할 수 있다.
② 등기관이 등기를 마친 경우, 그 등기는 등기를 마친 때부터 효력을 발생한다.
③ 전세권의 존속기간이 만료된 경우, 전세금반환채권의 일부양도를 원인으로 한 전세권 일부이전등기도 가능하다.
④ 말소된 등기의 회복을 신청할 때에 등기상 이해관계 있는 제3자가 있는 경우, 그 제3자의 승낙은 필요하지 않다.
⑤ 등기소에 보관 중인 등기신청서는 법관이 발부한 영장에 의해 압수하는 경우에도 등기소 밖으로 옮기지 못한다.

정답 ▶ ③
① 누구나 열람을 청구할 수 있다.
② 등기를 접수한때 효력을 발생한다.
④ 그 제3자의 승낙은 필요하다.
⑤ 등기소 밖으로 옮길 수 있다.

www.pmg.co.kr

04 전산이기된 등기부 등에 관한 설명으로 **틀린** 것은? (33회)

① 등기부는 영구(永久)히 보존해야 한다.

② 등기부는 법관이 발부한 영장에 의하여 압수하는 경우에는 대법원규칙으로 정하는 보관·관리 장소 밖으로 옮길 수 있다.

③ 등기관이 등기를 마쳤을 때는 등기부부본자료를 작성해야 한다.

④ 등기원인을 증명하는 정보에 대하여는 이해관계 있는 부분만 열람을 청구할 수 있다.

⑤ 등기관이 등기기록의 전환을 위해 등기기록에 등기된 사항을 새로운 등기기록에 옮겨 기록한 때에는 종전 등기기록을 폐쇄해야 한다.

정답 ▶ ②
등기부는 법관이 발부한 영장에 의하여 압수하는 경우에는 대법원규칙으로 정하는 보관·관리 장소 밖으로 옮길 수 없다.

‘나는 반드시 합격한다’

♧♧ 꼭꼭 합격하시길 **기도** 드립니다 ♣
♥♥♥

제36회 공인중개사 시험대비 **전면개정판**

2025 박문각 공인중개사
강철의 필수서 2차 부동산공시법령

초판인쇄 | 2025. 1. 20. **초판발행** | 2025. 1. 25. **편저** | 강철의 편저
발행인 | 박 용 **발행처** | (주)박문각출판 **등록** | 2015년 4월 29일 제2019-000137호
주소 | 06654 서울시 서초구 효령로 283 서경빌딩 4층 **팩스** | (02)584-2927
전화 | 교재 주문 (02)6466-7202, 동영상문의 (02)6466-7201

저자와의
협의하에
인지생략

정가 29,000원
ISBN 979-11-7262-577-1